# 妖怪の通り道

俗信の想像力

常光徹

吉川弘文館

# はじめに

「妖怪の通り道」という少し変わった書名をつけたが、本書で取り上げる内容は妖怪や怪異だけではない。副題に「俗信の想像力」とそえたのは、信仰、妖怪、説話などついて、これまであまり注目されてこなかった俗信という視座から見たとき、その関わりの一端を多面的に描いてみたいという意図からである。

俗信の概念や範疇は人によって必ずしも一様ではないが、通常は、兆（予兆）・占（占い）・禁（禁忌）・呪（呪《まじな》い）を中心に、妖怪・幽霊・憑き物に関する伝承を含んで用いられる場合が多い。ただ、民俗学の世界を離れると一般にはなじみの薄い言葉である。「俗信」という語は、明治期にわが国で誕生したと考えられるが、その背景についてはよくわかっていない。鈴木棠三の『日本俗信辞典』（一九八二年、角川書店）によれば、当初、さまざまな意味を帯びて使われていた「俗信」が、現在のように兆・占・禁・呪を中心とした用語として定着したのは、昭和六〜八年（一九三一〜三三）頃であろうという。俗信研究の道を拓き、その豊かな可能性を示唆したのは柳田国男である。柳田は、昭和十年に出版した『郷土生活の研究法』で民俗資料の三部分類案を示し、第一部「有形文化」、第二部「言語芸術」、第三部「心意現象」に分けてその意義について述べている。なかでも、ものの見方や感じ方、心のくせといった人びとの精神活動の領域である心意現象に注目し、これを「知識」「生活技術」「生活目的」の視点から論じた。そのねらいは「知識」に基づいて「生活技術」（手段と方法）を駆使し、人は何のために生きているのかという「生活目的」を解明することである。具体的には、心意を明らかにしていく手がかりとして兆・応（のちに占に替わる）・禁・呪を設定した。そして、心意現象にかかわる諸事象を俗信と呼んだ。

心意をさぐる方法として俗信の重要性は早くから意識されていたが、これまで活発な議論が展開されてきたわけではない。私たちの身辺には、「カラス鳴きが悪いと人が死ぬ」「夜、爪を切ってはいけない」など、数えきれないほどの俗信が伝承されていて、その多くは一行知識にもたとえられる短い言葉で表現される内容で占められている。そのことが、どこか捉えどころのない俗信イメージと結びついているのかも知れないが、ただ、俗信が帯びているあいまいさの根底には、私たちの兆・占・禁・呪に対する認識のあいまいさが影響しているように思われる。兆・占・禁・呪は、産育・婚姻・昔話・伝説などと分類されるようなある領域を示す概念ではなく、むしろ、それらの領域を横断する「知識」と「生活技術」として認識すべきであろう。この点に着目するとき、俗信は実に多様な民俗のなかにその姿を見出すことができ、それぞれの場で人びとの心意を表出する興味深い機能を発揮していることがわかる。

第Ⅰ部「神霊の宿る木」は、土地の人びとのあいだで信仰の対象として特別視されてきた木を取り上げて、その独特の樹形にまつわる俗信について論じた。とりわけ、二股の木に顕著に見られる禁忌や縁結びといった伝承に注目し、二股の形状が帯びている民俗的な意味について考察したものである。第Ⅱ部「怪異と妖怪」は、妖怪や幽霊を描いた錦絵や摺物などを紹介しながら、そこに描かれている俗信的な世界や、災厄をめぐる人びとの行動と心意に注目した。書名に使用した「妖怪の通り道」は、中国地方や四国に色濃く伝承されている妖怪や幽霊などが通るとされる特定の道筋に着目し、そこに出没する魔性のモノと人との間で取り沙汰される俗信の報告である。第Ⅲ部「民間説話と俗信」では、昔話や世間話を取り上げて、俗信との関係や恐怖感の変容などについて論じた。特に、物語の結末で節供由来と俗信由来が語られる「食わず女房」譚を分析し、東西に分かれるモティーフの分布の特徴を指摘するとともに、その先後関係について論究した。第Ⅳ部「俗信の民俗」は、兆・占・禁・呪にまつわる俗信を生活道具や葬送儀礼など多彩な民俗のなかにさぐった。人びとの心意の一面を明らかにする手がかりとしての俗信の可能性について言及したものである。第Ⅴ部「伝説の時間と昔話の時間―研究史素描―」では、伝説・昔話・世間話・俗信について、その特徴と研究の軌跡を紹介した。

本書はこれまでに発表した拙論のなかから、主に俗信と関わるものを選んで構成した。俗信そのものを正面に据えて論じた文章よりも、右に述べたように、多様な民俗のなかに見え隠れする俗信の働きに注目したものが多数を占めている。

# 目次

## Ⅱ 怪異と妖怪

## V　伝説の時間と昔話の時間　研究史素描

# 図版目次

# Ⅰ　神霊の宿る木

# 一　二股の木と霊性

## はじめに

山仕事に従事する人たちのあいだで、「神の宿り木」とか「夫婦木《めおとぎ》」などと称して伐ることを嫌う木がある。伐採をすると祟りがあるとされる忌木《いみき》で、独特の樹形をしたものが多く、さまざまな禁忌や伝説を伴っている。本章で取り上げる二股の木もその一つである。

幹がほぼ同じ大きさでY字形やV字形に分かれた二股の木は、しばしば神霊の宿る特別の木として信仰の対象となり、またときには、この木をめぐって怪異が語られる。ここでは、伝承の諸相を紹介するとともに二股の木が帯びている民俗的な意味をさぐってみたい。

### 1　二股の木に現れた大蛇

『西播《せいばん》怪談実記』は、江戸時代中期の西播磨に伝わる怪異談を紹介した本である。その巻五に「乃井野《のいの》何某《なにがし》蝮蛇《うわばみ》二ツを見る事」と題して、こんな話が載っている。

佐用郡乃井野（三日月町）の御家中に島村氏という人がいた。狩猟が好きで、なかでも鉄砲が上手だと評判であった。享保年中（一七一六〜三六）の八月上旬のこと、猪を撃とうと思い、まだ夜が深かったけれども出発し、あなハら村の奥の谷に向かった。すると、後ろで大きな羽音が聞こえ、頭をこするようにして何かわからない鷲のように大きな鳥が飛んでいき、二、三十間（約四十〜六十メートル）先の大きな榎に止まった。島村は「何であるにせよ、大きな鳥だ。撃ってやろう」と思って、十間（約二十メートル）ばかり近づいてみた。けれども、明け方近くで横雲がかかり、ひどく曇っていて見分けがつかなかった。飛び立つ音もしなかったから、他の木に止まりかえたのだろうかと懸命に探していると、奥の方から大風が吹くような音をたててやって来たものがある。何かと思って見れば、あの鳥の止まっていた榎の木の股に、大きな蟒蛇《うわばみ》が頭をもたれかけ島村をきっとにらんでいた。榎の木の股までは地面から三間（約六メートル）もあり、（その蟒蛇は）ひと抱え以上あるかと思われる榎とほとんど同じ太さだった。島村は生まれつき気丈な性質だったので、少しも恐れず鉄砲を取って構え、ここと思った急所を外《はず》さぬように撃った。鉄砲の音と同時に（蟒蛇が）落ちたので気をよくしていたところ、再び（何かが）やって来る音がした。これも蟒蛇かと思って見てみると、思ったとおり最初と同じ榎の股に（蟒蛇が）頭を掛けている。目の光は鋭く、大きな口を開けて気を吐く勢いの激しさは言い表しようもない。しかし、島村は臆することなく、もう一度撃ち落とそうと鉄砲を構えた。が、つくづくと考えて「鳥の止まっていた木に、蟒蛇が来た。そのうえ、鉄砲で撃ったが、鳥の飛び去る音はしなかった。それどころか、また蟒蛇が来て、初めの木の股に頭を掛けた。これは怪しいことだ。撃つべきではない」と思案をめぐらし、そっと帰って行った。あなハら村に着

図Ⅰ－1　二股の榎に巻きつく二匹の大蛇
（『西播怪談実記』より）

くと、夜はほのぼのと明けた。そこで再び考えて、「その場を見届けないで帰ってきたのは心残りだ」と引き返した。その場所に着くとよくよく調べたが、少しも変わったところはなく、草一本傷んでいるところもなかった。それで「どういうことだろうか。今になっても疑問は解けない」と言ったそうだ。島村より直接聞いた人が話したことを書き留めておく。

小栗栖健治・埴岡真弓の現代語訳による『播磨の妖怪たち――「西播怪談実記」の世界――』に拠った。話の出所は、怪異に遭遇した島村氏から直接聞いた人物が語ったものだという。当時、村人たちのあいだでまことしやかに話され流布していた世間話であろう。情報の提供者は、事件の体験者ときわめて近い距離にいたことが窺えて、実際にあった出来事のような印象を受けるが、しかし、この種の怪異談は常に伝聞のかたちをとって伝えられるのがふつうで、体験者自身によって語られることは少ない。

ところで、ここで話題にしたいのは、鉄砲を持った島村の頭上すれすれに飛んだ鷲のような大鳥が止まった榎の存在である。奇妙なことに大鳥の止まったはずの榎の幹の股から大蛇が姿を現す。原文では、「おくのかたより大かぜのふきくるやうなるおとしてきたるものあり。なにならんと見れバ、かのとりのとまりしゑのきのまたへ、かしらをもたせて、大のうハばミ、しまむらをきつとにらミたり」（傍線筆者）〔金井 一九七〇〕とあり、榎の股に大蛇が頭をもたれかけて島村を睨みつけている。豪胆な島村はこれを見事に撃ち落とすが、ところが、すぐさま次の大蛇が現れ、またも榎の股に首を掛けて気を吐く。榎は一抱え以上もあろうかという大木である。挿絵（図Ⅰ-1）を見ると、榎に二匹の大蛇が巻きつき、一匹は左右に分かれた幹の股に頭をのせて舌を出している。

それにしても、二匹の大蛇はなぜ榎の幹の股のあいだから頭を出したのか。多分、偶然の構図ではないだろう。この問題を考えるとき、挿絵に描かれた榎がみごとな二股の姿をしている点が重要な意味を帯びてくる。山中に立つこの榎の大木は、おそらく尋常の榎ではない。後述するように、山仕事に従事する人たちが、神霊の宿る木として特別視する〈二股の木〉の形状を持つ巨樹のイメージに近い。本話は鉄砲上手の島村何某の体験談として語られているが、本来この話の核心は霊木である二股の榎をめぐって取り沙汰されていた怪異譚ではなかったかと思われる。

時代はさらに遡るが、二股の木に出没する妖怪のうわさ話は、『看聞日記』の応永二十三年（一四一六）四月二十五日条にも書き留められている。

廿五日。晴。聞。北野社ニ今夜有恠鳥。鳴声大竹ヲヒシクカ如云々。社頭モ鳴動ス。二またの杉ニ居テ鳴。参詣通夜人消肝云々。宮仕一人以弓射落了。其形頭ハ猫。身ハ鶏也。尾ハ如蛇。眼大ニ光アリ。希代恠鳥也。室町殿へ注進申。射之宮仕有御感。練貫一重。太刀一振被下。鳥ハ河ニ可流之由被仰云々〔太田 一九三〇〕

夜、北野社の二股の杉に恠鳥が現れて大竹をひしぐような声で鳴いた。社頭は鳴動し、参詣通夜の人びとは肝を消した。宮仕が射落としたが、その形は頭は猫、身は鶏、尾は蛇で、眼の光る希代の恠鳥だったという。室町時代の北野社を描いていると認められる「北野曼荼羅」を分析した西山克は、画面に異様に大きく描かれた「二またの杉」に注目し、「神変霊応記」の記述からそれが御神体の杉と見なされていたこと、和合神の性格を漂わせている点を指摘している。そのうえで、右の『看聞日記』のうわさについて、「聖樹二またの杉は、北野社の社頭という天神の霊力のただちに及ぶところにあり、しかも聖歓喜天の神体ともみなされる象徴物であった。にもかかわらず悪霊と見まがう恠鳥が、この杉に止まり鳴いたのである。室町時代を生きた人びとの心性からすれば、このことは、浄域を統《す》べる天神の霊力の減退と読み解かれたにちがいない。『北野天神衆生ニ相替有二御悩一』とは、霊力の減退の原因として誰かが考案し、巷間に流布させたうわさだろう」と述べている（西山 一九九八）。

図を見ると、「二またの杉」は中門の内側すぐのところに立っており、勝ち負けのない幹が左右に分かれて伸びている（図I-2）。この「二またの杉」は奇跡的に今も命脈を保っていて大杉社の神体として祀られているが、残念なことに地上より七、八メートルの主幹を残すのみで、往事の枝ぶりを偲ぶことはできない（図I-3）。杉のそばには、「当宮随一のご神木である。室町時代に作成された『社頭古絵図』には、すでに樹齢数百年らしき二又の杉の巨木が描かれており、これより推定しても一千年以上の時を経たものと思われる。神仏習合時代の室町期には『聖歓喜天』の宿る諸願成就の神木として一層の信仰を集めた。のち落雷によって惜しくも二又の幹はくじけ、根幹を残すのみとなったが、その威容は多くの崇敬者によって守り継がれ、いささかも衰えることはない」と記された案内板が立っている。現状の姿から推察するに、二株が合着したケースではなく、一本の杉の幹が途中で分岐し二股に分かれた樹形であっただろうと思われる。

「恠鳥が二股の杉に止まって鳴いた話」と、先の「大鳥が止まった二股の榎から大蛇が現れた話」は、説話のモティーフレベルで一脈通じているような気もするが、それよりも、時空を隔てて記録された両話が、ともに「二股の巨

図Ⅰ-2　北野社の「二またの杉」(「北野宮曼荼羅図」より)

図Ⅰ-3　「二またの杉」の現況(京都市上京区・北野天満宮所在)

樹」にまつわって取り沙汰された怪異である点が興味深い。そこで次に、このような怪異伝承の背後に横たわっていると思われる「二股の木」の民俗について見ていきたい。

## 2　二股の木をめぐる禁忌

杣や炭焼きといった山中での仕事に従事する人たちが、伐採を嫌う木がある。栃木県栗山村で会った阿久津徳次郎氏（昭和五年生れ）は、かつて炭焼きをしていたころ、幹の途中で二股に分かれた木は伐採をしなかったという。そのわけを尋ねたところ、こうした形の木には山の神がいると言い伝えられていて、伐れば大怪我をするからだと教えてくれた。二股の木、つまり幹がほぼ同じ大きさでY字形に分岐した木の伐採を忌む伝承は少なくない。徳島県三好郡では、マナバシといって松の木が上の方で二股に分かれ、二本松のようになっているものは伐ってはならないといい、青森県七戸町でも、二本に分かれた木には神様がのっているから伐ってはならぬと伝えている。松山義雄はその著『山国の神と人』で、長野県峰川谷の杣のあいだに伝わるこんな話を紹介している。伊那市富県《とみがた》で山林を伐採したとき、杣がメオトギ（夫婦木）の伐採を嫌って、この木だけは伐り残していった。しかし、山の買主は経済的な損失を惜しんで、家の下男にこの木を切らせたところ、下男は木にはねられて即死したという〔松山　一九六二〕。メオトギとは二股の木のことである。鹿児島県郡山町の今藤義男氏（大正十三年生れ）によれば、炭を焼く人たちは二股の木を神の宿り木と呼び、この木を伐るときには塩と米で清めてから伐ったという。今藤氏の経験では、二股の木は二本の木がくっついたものが多く、一山に一つとか二つあるものだという。堀田吉雄は、各地の山の神の神木とされる伝承を収集し、その成果をもとに、「一番普遍的で全国的にいわれるのは二股か三つ股の神木であることは、既述の諸例からも察せられるところである。『峯の三つ股沢の二股』という諺がもっとも端的に山の神の依代を象徴していると、筆者は思う。所詮山の神は蕃殖の神であると言うの外はないのである。この意味から見ても、山の神が最初に撰ばれた御神木は股木であったかと思われる。すべての人間は皆母親の股間から呱々の声を放って、この世に生れてきたことを思うべきであろう」と述べている〔堀田　一九六六〕。

また、土地によっては二股の形状をしているというだけでなく、左右に分かれる幹の方角に大きな関心を払っている。和歌山県高野口町あたりで「南北に二股になった木を伐るといけない」といっているのは、高知県物部村で「二股の木の股のあいだをお日様が通る木は伐らない」というのと同じ意味であろう。愛知県東加茂郡では、松の木の二股になったところを、朝日と夕日が同じように射す木（日ざしの松）は神が宿るので伐らない。このような木を中部地方で広くヒドオシと呼ぶのも、木の股のあいだを太陽が通るところからの命名である。松山義雄は信州の事例について『山国の神と人』のなかで、「遠山谷や大鹿村ではヒトオシ、市野瀬ではヒノマタと呼んでいます。これは枝が南北に別れて出ているため、朝日・夕日が一日に二度、この木の股を通過するところから出た名称です。新野では、ヒトオシを建材に用いると家屋が火災にかかるという理由から、たとえどんな良材であろうとも薪炭の材料以外には用いないふうがあります。これは、日は火に音が通じるからです」と報告している。建材として用いないのは日が火に通じるためだけでなく、神霊が宿ると信じられている木を一般民家に使用するのを忌むためで、寺社の木を在家に用いると位負けするとか不吉などという俗信と共通の心意に根ざしたものであろう。「庭木に二股の木を植えると繁盛しない」（秋田県）というのも同想である。

二股の木に特別の感情を抱いて不用意な伐採を避けてきた事実は、今日、巨木や古木と言われる長い時間を生き抜いてきた木々の歴史とも深く関わっていると考えられる。『岡山の巨樹』をまとめた立石憲利は次のように述べている。

大木、古木を訪ねて「なぜ切られなかったのか」ということがわかった。その大きな一つは、木に「切ったらいけない」というタブーが存在しているのだ。「切るな」「枝を折るな」、さらには「枯木や落ち葉にもかまうな」など、きびしいタブーがある。それを破れば、けがをする。病気になる、家畜が死ぬ、火事になるなどのバチ（障り）が起こるとされている。実際にバチが当たっている。それがタブーを生きたものにしている。「迷信」だといわれる方もおられるだろうが、迷信であったとしても、それが現実に木を残してきたことは確かだ。私たちの先祖は、木を守ること、自然を守ることの大切さをよく知っており、そのためにタブーという方法をとったのではないかとも考えられる〔立石他　一九九三〕。

伐ってはいけないという禁忌を犯せばさまざまな障り（祟り）が発生する。その規制力が結果として、木を守り自然を守ることにつながってきた。立石によれば、巨樹や古木があるのは奥山、深山よりも、むしろ「お宮やお寺、それとも聖地とでもいえる特別の場所が多い」という。実際、環境庁（現在の環境省）が幹回り三メートル以上の巨木の全国調査をしたところ、五七パーセントは寺社の所有だったという〔毎日新聞　二〇一二〕。めったに人目に触れないような場所ではなく、私たちの身近な生活空間のなかで何百年、希には数千年という樹齢を重ねてきたのは、多くの場合、信仰の対象として人びとの日常とともにあった存在をぬきには考えられない。聖なる木であるがゆえにさまざまな禁忌がまとりわりついているのである。

## 3　神木と二股の木

ある特定の樹木が禁忌の対象とされる要因は単純ではないと想像されるが、ここで取り上げてみたいのは、樹木の形状、具体的には主幹が二股に分かれた木が帯びている霊性である。旅に出ると、神社の境内やお堂の傍らなどに立つ二股の木を神樹として祀っている風景にしばしばであう。二、三例を挙げてみよう。

○八坂神社の大杉（高知県大豊町、図Ⅰ-4）

樹齢三千年とも言われる大杉が八坂神社の境内に聳えている。案内板には、「伝承　延喜十二年（九百十二）杉本太郎なる者が、この巨木のもとに〈貴船大明神と共に祇園牛頭天王〉の尊像を鎮祀したという伝説もある。今を去る千年以前、既に大木であったことが語られている」と記されている。この杉は、二株が根元で合着して幹がV字形に成長したもので、それぞれ南大杉、北大杉と呼ばれている。柳田国男は「杖の成長した話」のなかで、「土佐では又豊永の薬師堂より上流に、有名な杉の大杉があった。往還に近い為によく知られて居る。樹の周囲四丈八尺、如法の大木であって、村の名の之に基づくことは疑ひが無い。其由来として昔平家の残党が、祖谷山に遁げ籠らうとする途中で此地に憩ひ、携へ来たる杖を挿したのが根付いたと謂って、境の杖の一例であるが、一方には又延喜年中に、杉本太郎義家なる者が、大杉の下に今の牛頭天王を勧請したとも語って居た。何れにせよ八坂神社の勧請は、此老木と関係する所があるのである」と述べて、神勧請と杖の問題に言及している〔柳田　一九六九〕。

○御鋒《みさき》神社の巨杉（岡山県高梁市高倉町、図I－5）

備中松山藩主水谷勝宗（一六二三～八九）が猪狩りの帰途、高梁川（当時は松山川）を舟でくだっていた。御鋒の難所にさしかかると、船頭は川岸にある大杉を拝み、それから舟は無事通過した。勝宗が船頭にたずねると、「大杉の根元に祀られている御鋒様を拝むと危険をまぬがれる」と。勝宗は早速、高梁川の水難防止を祈願してその場所に社殿を建てた。それが御鋒神社である。貞享元年（一六八四）、藩主水谷勝美の造営寄進の棟札が残っている。（中略）神社には大杉がたくさんあるが、そのなかでずば抜けているのが神木となっている巨杉。地上五メートルぐらいで二股に分かれ、二本が競うようにまっすぐに伸びている。この木の皮を口にふくめば歯痛が治るといい、昔は、多くの人が皮を取って帰っていたという〔立石他　一九九三〕。道路の拡張工事の際に境内が削られたため、現在、二股の杉は道のきわに立っている。二株が合着したように見える。

○大倭神社の相生杉（埼玉県さいたま市三橋）

大倭神社の境内にある。「樹齢ほぼ六〇〇年で、氏子はこれを御神木として敬重している。樹幹は地上一〇米足らずのところから、二又にわかれているが、兄弟の区別なく、亭々と聳えて、その両立する鉾杉は、一里も遠くからこれを望むことができる。目通り周囲六米二七糎。樹高三十三米。昭和三十四年七月十一日市指定天然記念物」〔韮塚　一九七三〕。

二股の木を神聖視している例は枚挙にいとまないほどで、また、それらの巨樹や古木にはたいてい何らかの言い伝えが付着している。しかし、二股の木と言っても、その成り立ちの事情は一通りではない。少し注意深く観察をして

図Ⅰ-4　八坂神社の大杉（高知県大豊町・八坂神社所在）

図Ⅰ-5　御鋒神社の巨杉（岡山県高梁市・御鋒神社所在）

みると、もともと一本の木の幹が途中からY字形に分かれたものと、隣り合う二本の木が合着してY字形あるいは根元からV字形に分かれて成長している場合が見られる。さらに、二股の形状は、合着の後に上方に向かって分岐したものだけではない。高知県でマタギ（股木）と称しているのは、「樹幹と樹幹が上方で一つになり、下方が股状になっている木をさして言い、土佐山村では是を山の神の休み場、休み木と言って伐採を禁忌している。イタブ、チョーメン、ユス、カタシ等の木に多く、幡多郡富山村や大正村の農民達の間でも同様の禁忌がある」という〔桂井　一九四八〕。これは、Yの形を上下逆にした形でいわゆる叉ぶり杖（鹿杖）とよく似た姿をしている。自然が偶然作り出した二股の木に神秘や霊力を感じ、その成長を見守る過程で信仰の対象として傍らに祠が作られたりお堂が建立されて聖なる空間を形成してきた歴史が読み取れるが、一方では、あらかじめ近接する位置に植樹した二本の木が後に合着して二股の木としての霊威を示すようになったケースも少なくないだろう。詳細な調査を行なってみる必要があるが、霊木とされている二股の木には、「相生の松」のように当初からそのような姿形を期待した先人の意思が働いている場合がずいぶんあるのではないだろうか。柳田国男は大正三年（一九一四）に発表した「武蔵野雑談（一）」という文章のなかでこんなことを言っている。

東京の西郊、所謂四谷丸太の産地の村々をあるくと、高地の乏しい此地方としては甚だ必要な火見櫓兼半鐘臺の高梯が、多くは一本の杉の木で作られて居るのを見る。下から三四尺の處で二つに分れ、双方同じ程の太さで間隔も二尺以内、良い工合に真直に延びた中へ、鉄棒を通して足掛として居る。如何に杉の名處でもよく又都合のいゝ木が見付かるものだと感心して居たが、後に注意して居ると、それはわざ〳〵火見櫓用に始から計画して作るのだと云ふことが判った。総体に此辺の杉林は密植であるが、其中でも特に林の端《はづれ》などの監視しやすい場所に、同じような二本が特に接触して栽えてある。此が成長する間に連理となり、右に言うが如き二股杉が出来るのである。古来箸を立てゝ根芽を生じ成木したと云ふ二本松二本楠の類到る處の神社に多くあり、又鳥居木女夫木などと称して、社頭路傍に連理の木のあるのを考へると、此風習は遥かに火見櫓の制なき昔に起った所謂相生の松の流裔であらうと考へられる〔柳田　一九一四〕。

火見櫓に利用している二股の杉が、たまたま都合よくその場所に生えていたのではなく、実は遠い昔に二本の木を接触して植えた名残だったことに気づいている。柳田のこの記述は、後に『神樹篇』として結実していく樹木の信仰や伝説への関心の芽生えを示している。

## 4　二股の木の霊性

各地に残る「二股の木」の呼称は、幾通りかに分類できる。

a　ヒドオシ（中部地方）、ヒマタノキ（静岡・山梨）、ヒマタ（群馬）、ヒノマタ（長野）、ヒザシノマツ（愛知）

b　ヤマノカミノヤスミギ（山梨）、カミノキ（宮崎）、カミノヤドリギ（鹿児島）

c　メオトギ（長野・静岡）、メオトスギ（長野）、アイオイスギ（埼玉）

aは、南北に分かれた股のあいだを太陽が通るところから名づけられた呼称。bは、二股の木には神霊が宿るとの伝承に拠っているが、それは同時にこの形状が神霊が出現する媒体としての意味を帯びていることを示唆している。

cのメオトギは言うまでもなく夫婦木の意で、土地によっては相生とか連理などとも呼ばれる。ふつうは、ほぼ同齢の二本の木、例えば杉や松などが根元で合着して勝ち負けのない二股の幹に分かれたものをいうが、ただ、その取り合わせは常に同種とは限らず異種の場合もあれば、大きさがまちまちの場合も見られる。二本の木の合着から（二木の交叉や寄り添った形も含めて）二股に分岐した姿を特別の心持で受け止めてきた背景には、この形を男女の契り・交合を表現するものと見なして、そこに霊威を感得する心意を伝えてきたからである。和歌や謡曲「高砂」などで名高い高砂神社（兵庫県高砂市、図Ⅰ-6）の松や尾上神社（兵庫県加古川市、図Ⅰ-7）の松は、代は替わっているが、黒松と赤松が根元でくっついてから両幹に分かれて成長した相生の松である。

ちなみに、松は正月の門松をはじめとして、祭祀、年中行事、あそび、文学、民話など多方面に登場し、実に豊かな文化の層を形成している樹木である。常緑樹で常に変わらぬ緑をたたえた姿が尊ばれてきた大きな要因とされるが、それとともに、成長に従って変化に富む樹形を現す点、とりわけ「二股の木」の形状を強く示すためではないだろうか。相生の松、夫婦松、天狗松などと呼ばれる二股の松は各地にあって、個々の生い立ちは異なっても、霊木としてさまざまな言い伝えをまとっている。例えば、岡山県加茂川町正枝の天狗松（樹齢四百五十年）は、隠岐島の大満寺と四国の石鎚山の寺との使いをしていた天狗が羽根を休めたと伝える赤松で、地上一・五メートルのところで二股に分かれ、二本の幹がまっすぐ伸びている〔立石他　一九九三〕。山の神の化身である天狗に所縁の深い二股の松はほかにもあるが、松山義雄はこうした二股の形状の木が松樹に多く見られることを指摘している〔松山　一九六一〕。「二股の木」に松樹が目立つとの指摘は重要だが、さらにこの木の霊性を考察するうえで見逃せないのは松葉であろう。その形状自体が「二股に分かれた針葉」で、松の木はいわば無数の二股の葉の集合から成り立っていると言ってよい。松

図Ⅰ-6　高砂神社の相生の松
（兵庫県高砂市・高砂神社所在）

図Ⅰ-7　尾上神社の七代目相生の松（兵庫県加古川市・尾上神社所在）

（松葉、松の枝）はいろいろな神事、祭礼、芸能などに用いられており、状況に応じて、清浄、依代、魔よけ、不浄払いといった働きが読み取れる。その背後には、さまざまな歴史や文化が堆積しているのは言うまでもないが、松の木そのものに注目すれば、常に緑を失わない木であると同時に、左右に釣り合いの取れた二股の形状をみごとに具えた針葉が、この樹木の霊性について語る際には無視できないと思われる。(1)

二股の木の霊性の源は、相生の松に象徴されるように、男女和合が生成する「力」に発している面が大きい。牧野和春は各地の巨樹を調査して歩いた経験をもとに「一、二、三、七、八などの数は、日本人にとって伝統的に聖数とされてきた（いまもそうである）。巨樹の例でいえば、峠の一本杉、夫婦松、親子杉など。とくに『二』という数字は母子、父子、男女、姉妹、兄弟など、たがいに協力しあって、新しい生産のエネルギーを生む根源の構図を示している。巨樹をたずねると、このように二本の木の組み合わせ（セット）で植樹された事例を各地でみかける」と述べている〔牧野　一九九八〕。確かに、多くの場合二本の木は一対の存在であって、基本的には男女の役割を担って伝承されている。特に、合着し双生した二股の木は両性の睦み合う姿を表現したものとして、その交感する関係のうちに超越的な力の創造の契機を孕んでいる。言うならば、一つに溶け合った二つの関係が生成する力の淵源には神霊の顕現、霊威の発動といった原理が働いていると言ってよい。それは、もともと一本の木の幹が途中でY字形になった股木においても変わらない。勝ち負けのない両幹は雌雄に喩えられ、「二つで一つ」とも「一つが二つ」とも置き換えられるように、それ自体のうちに男女の融合した原理、分岐と統合の境界性を宿しているからだ。

そうした思想は、はやく『常陸国風土記』に見える童子女《うない》の松原の伝説にうかがえる。お互いの思いを募らせていた那賀の寒田の郎子《いらつこ》と海上の安是《あぜ》の嬢子《いらつめ》が歌垣で出会い、松の木の下で夜通し恋心を打ち明けるが、やがて鶏が鳴き狗が吠えて空が明るくなってくると、二人は松の木に化してしまった。郎子を奈美松といい、嬢子を古津松という。

この悲恋の物語について秋本吉徳が、「挙げられた二首の歌謡は、いずれも歌垣という特定の場における集団歌謡であり、しかも前の歌が明言しているとおり、その歌垣は同時に神祭りの場の歌謡であった。おそらく歌垣は、奈美松・古津松と名付けられた特異な――あたかも人二人が寄り添うかのような姿であったろう――二本の松を中心とする浜辺で行われていたのであろう」と解説しているのは示唆に富む〔秋本　一九七九〕。二本の松の具体的な姿は想像の域をでないが、秋本が言うように、「あたかも人二人が寄り添うかのような姿」、おそらくは、二本の松が合着または交叉したのちに幹が二股に伸びたような形状か、あるいは、枝と枝が結びついた連理の姿を髣髴とさせる。歌垣の場の神祭りと響き合うこの物語は、男女が寄り添い交わった姿の松の由来を説く伝説として語り継がれていたのであろう。

二股の木に現れた妖怪の世間話から、背景にある民俗について述べてきたが、超越的な力の生成の源に横たわる二股の原理は、それを取り込んでいく歴史的・民俗的世界の文脈に沿って多彩な展開を見せている。工藤健一は、主に絵巻をはじめ絵画資料に描かれた樹木とくに松樹の分析から、中世の人びとの樹木に対するイメージについて、「明恵上人が二股の樹の上に描かれ、源太夫が『二股なる木』から往生を遂げたとされているように、このような二股、あるいは幹の途中から枝分かれする木は、当時の人びとにとっては、きわめて特殊なイメージを感じさせるものと考えられるのである。また、根元から分かれる木についても同じようなイメージがあった」と述べている〔工藤　一九九五〕。工藤の指摘した二股の木に対する特別のイメージは、その様相は異なっても今日の伝承のなかにも汲み取ることができる。源太夫が二股の木から往生をとげたという『今昔物語集』（巻十九）の話は、棄老譚の一つである「姥捨山」の昔話を想起させる。六十歳（六十一歳とも六十二歳とも）になった年寄りを山に捨てに行くという誰でも知っている話だが、東北地方では年寄りを山中の木のまっか（木の股）に捨てるモティーフが広く分布している。何故老人を木の股に捨てるのか。清野照夫は「木の股年」とも呼ばれるこの昔話の意味について、『古事記』で大国主命が八十神から迫害を受けるなかで大樹の割れ目に挟み殺され再び蘇生する話や、木俣神誕生の由来説話を参照しながら、「神が誕生するような神聖な場所に老人が放置されたりするのは、大穴牟遅神が御祖命の援助を借りて蘇生していることなどから判断すると、一定年齢を迎えた老人は蘇生（転生・復活）を願って神聖視され、木俣に放置されたと語り伝えて来たと考えることも可能となってくる」と説いている（清野　一九七五）。吉川祐子も「木の股年」を取り上げて、「『木の股年』とは木の股から生まれる年、つまり山の神から新たな命をもらって生まれ変わる年だということになる」「棄老譚は決して老人を棄てる話でなく、還暦の大厄を棄てる儀礼とその効用の説話化であろうと思われる」との解釈を示している（吉川　一九九八）。これらの問題については、山本節も神話や民間伝承を素材に言及しており、木の股が、この世と異界という両界の境に見え隠れする存在であることを論じている（山本　一九九四）。股木が帯びている生まれ変わりの力は、豊かな幸の再生を願うマタギの狩猟儀礼や、津軽石川でY字形の藁人形（又兵衛）を立てて行われる豊漁儀礼などとも関わっている可能性がある。ほかにも「柿本人麻呂は柿の股から生まれた」とか「一寸法師は木の股から生まれた」といった伝説や昔話、あるいは子供に向かって「お前は木の股から生まれてきた」などという俗信まで、木の股をめぐる伝承の裾野は広い。ただ、多くの場合「木の股」とのみ言っているのは、二股の木の〈股〉の部分を指しているのだろう。ここでは、もっぱら霊木としての二股の木の形状に注目してきたが、より具体的には、主幹が二つの幹に分かれるところ、言い換えれば、二つの幹が一つになる〈股〉の部分に超越的な力は現象する。そこは両性の結合・交わりを象徴しているとともに、人間の股そのものにもイメージがつながっている。

〔註〕

（1）　二股の形状だけでなく、根上り松なども特別視されるし、針のような鋭い葉にも魔よけの力があると見なされてきた。笠状の枝葉には何かを伏せるようなイメージがあり、樹下に立つものをその霊威に包み込む。松に対する美的感覚は遠く中国の影響を強く受けていることが指摘されているが、有岡利幸は『松と日本人』（一九九三年、人文書院）で、「今、私たちが感じる松についての諸々のものは、天平時代に取り入れた中国の思想、感覚ではあっても、それが日本人にぴったりとフィットしたから取り込んだのである。そのため、現代に至るまで引き継がれているのである」と述べている。

〔引用・参考文献〕


秋本吉徳訳注　一九七九　『風土記・常陸国風土記』　講談社

太田藤四郎編纂　一九三〇　『看聞御記』上　続群書類従完成会

小栗栖健治・埴岡真弓編著　二〇〇一　『播磨の妖怪たち―「西播怪談実記」の世界―』　神戸新聞総合出版センター

桂井和雄　一九四八　『土佐民俗記』　海外引揚者高知県更生連盟

金井寅之助編著　一九七〇　『西播怪談実記』　松蔭女子学院大学

工藤健一　一九九五　「描かれた樹木―東寺本『弘法大師行状絵詞』を読む試み―」藤原良章・五味文彦編『絵巻に中世を読む』　吉川弘文館

清野照夫　一九七五　「棄老譚―その信仰性の側面―」『季刊民話』二

立石憲利・難波浩　一九九三　『岡山の巨樹』　山陽新聞

西山　克　一九九八　『聖地の想像力―参詣曼荼羅を読む―』　法蔵館

韮塚一三郎編著　一九七三　『埼玉県伝説集成』上巻・自然編　北辰図書出版

堀田吉雄　一九六六　『山の神信仰の研究』　伊勢民俗学会

毎日新聞　二〇一二　一〇月二一日付夕刊「特集ワイド」

牧野和春　一九九八　『巨樹と日本人』　中央公論社

松山義雄　一九六一　『山国の神と人』　未來社
柳田国男　一九一四　「武蔵野雑談（一）」『郷土研究』二―一
柳田国男　一九六九　『定本柳田国男集』一一　筑摩書房
山本　節　一九九四　『神話の海』　大修館書店
吉川祐子　一九九八　「生まれ清まりの民間説話―棄老譚の宗教民俗―」『説話・伝承学』六

# 二　菅江真澄が描いた神の木

## はじめに

土地の人びとの信仰の拠りどころとして、特別の扱いを受けている巨樹や古木には独特の樹形をしたものが少なくない。野本寛一は「聖樹の風景と伝承」で、松や杉など各地に伝えられている形態異常樹木を取り上げて、その背後に、「神が寄り着くとする信仰心意を読みとることができる」と指摘している〔野本　二〇〇六〕。菅江真澄は樹齢を重ねて独自の形状を具備した樹木に強い関心を持っていた。田口昌樹は『菅江真澄読本』三で、巨樹や奇樹に関する真澄の記述を紹介している〔田口　一九九九〕。

通常、二本の木が合着したのち途中から幹がY字形に分岐した木、あるいは隣り合う二本の木の枝が接合した形を信仰の対象としている例は方々で見られる。ここでは真澄が記録した二股の木と連理の木を中心にその民俗的な意味を考えてみたい。

# 1　二股の木

文政八年（一八二五）に秋田県山内村を訪ねた真澄は、三十番神社の境内にある二股の大杉について次のように書き留めている〔内田他　一九七六〕。

○三十番神ノ社　○末社《エダガミ》春日大明神、本社ノ西ノ山に在り。祭日本末社並四月八日、九月八日。別当佐藤伊預ノ太夫。そも〳〵此神社は大銅三（八〇八）年の草創といへり。うべならむ神木の両丫《フタマタ》ノ大杉は、人尺《タケ》の中《トコロ》に斗レば周回《メグリ》八尋に余れり。雄勝ノ郡ノ常法寺ノ古杉、同郡役内ノ嵩《タケ》ノ下ノ古杉にもをさ〳〵劣るまじきか。常法寺の杉は切口にいな筵八枚をしき、嵩の下の杉は伐リ口の中巾広キ処は一丈五尺亘リしを、此両本《フタモト》は千五六百年に及しと雲文ノ重りをかぞへてそれと知りて、あたら古木を空ク伐りたふしける事かなと、老人のよゝと哭《ナキ》たりしといへり。その二《フタ》本の杉伐《コ》りし者には祟《タタリ》をうけしといひ伝ふ。此卅番神の斎杉もいくばくの年を歴たらむものか、小田嶋忠朝が元和八（一六二二）年ノ夏四月に書記し三十番神の縁起に、当国の郡代小野（「寺」が脱字）景道朝臣、天正三（一五七五）年の夏深山猟して日暮レ幽谷に道をふみ迷ひ、いとくらきにしるべなく人々うちつどひイに、すべなう景道東ノ方にむかひ咒文を唱へて空をふりあふぎ給ふに、三十の竜燈くだりて昼の明さにもいやまさりて、やをら道を得てわが城に皈り、かくて後に善つくし美つくして一宇を建立し、竜燈三十降の神霊を三十番神と号《ナズラヘ》奉りて今マ在ス御神是也。そは天正四年四月朔日ぞ始なる、云々と見えたり。しかまち〳〵にいへれど、此二跨《フタマタ》の杉は天正三四年のものならず（「雪の出羽路　平鹿郡一四」）。

スケッチを見るとみごとな二股の大杉である（図Ⅰ-8）。真澄の図会には、お堂や塚のまわりに幹がY字形あるいは根元からV字形に分かれた形状の木が立っている風景がよく見られる。

田口昌樹が昭和六十年（一九八五）に山内村を訪ねたときには、大杉の二股の部分に山桜が寄生していたという（田口　一九九九）。山桜の寄生がいつごろからなのか定かではないが、高知県では、一つの木に異種の木が寄生しているものを縁木《えんぎ》と呼んで神聖視し、禁忌の対象とする伝承があり興味深い。桂井和雄の『土佐民俗記』には、土佐山村では縁木は「縁結びの木として、願掛けなどをされる艶っぽい神木になったりしている」という（桂井　一九四八）。柳田国男は、各地で榎が神木となっている要因の一つとして、「榎を信仰に結び附けた天然の不思議の一つは、やはりホヨ即ち宿木の現象であろうと思って居る。ムクエノキの方には全く無いとも謂ふが、榎にはトビザサ・トビヅタなどの珍しい植物がよく寄生した。所謂争ひの木の問題は常に起り得たのである」と推測している（柳田　一九六九）。真澄も文政七年（一八二四）に八沢木村（現在の秋田県横手市大森町）の十二という集落を訪れて、「此処に一ト樹《キ》に、十二《トアマリフタシナ》種の寄生《ヤドリキ》のありしより云ひそめたる村名也とか」と由来を述べて、各地の宿り木の話を紹介している（内田他　一九七六）。この木は絵に描いていて、図会の説明文には、「甲此村の田に大なる槻のうつほ木あ

図Ⅰ-8　三十番神社境内の二股の大杉
（「雪の出羽路　平鹿郡一四」より）

り、その槻に十二もとの寄生ありて、春は桜咲、秋は紅葉し、あるは松杉あすならふなどのときは木もありしか、今はもみちまんさくてふ柴の四本残りぬ。十二の木といふより山の神と祭り、また田の神とも祭る」とある。この木が珍しいというだけではなく、山の神、田の神として祭られていることがわかる（『雪の出羽路　平鹿郡五』）。

柳田はまた、榎の霊性について木の股に注目して次のように言っている。「是もまた植物家の説は聴かぬが、自分の久しく注意して居る特性がある。榎は其材が柱梁に適せぬ如く、柾が弱く内部が朽ち易いに反して、樹皮の至って丈夫且つ活発なる木であるらしく、従って幹が空洞になって後も、永く生存し又繁栄する。殊に榎の空洞には、木の股から始まるものが多いかと思はれる。外面はさりげ無く穴の口が窄くして内の広々とあいて居るものは、常に尊いものゝ宿りであった」（柳田　一九六九）。榎に限らず木の股の空ろを神霊の宿りとして信仰の対象としている例は珍しくない。それは真澄の日記からもうかがえる。「雪の出羽路　雄勝郡一」松岡村（現在の秋田県湯沢市）のなかで、「松岡寺の後なる処に周囲三丈三尺の大杉あり、うつほに白蛇すめり」と記して図会を残している。杉の木の股に大きな空ろがあって、その中に多数の小石が入れられている。説明文には、「甲杉寒泉は　乙万福院に在り。丙此杉周回三丈三尺、樹の空穴《ウツホ》に白蛇宿る。杉の股に　丁石占あり、其記事中につばらかなり」とあって、この穴に白蛇が棲み石占を行なっていたことがわかる（内田他　一九七五）。

## 2　連理の木

二股の木を神木としている神社は方々にある。前章「二股の木と霊性」で紹介した岡山県高梁市の御鋒《みさき》神社の大杉、高知県大豊町八坂神社の大杉、兵庫県高砂市高砂神社の相生の松などは、ほぼ同齢と思われる二本の木が合着したの

図Ⅰ-9　連理の銀杏（「美香弊の誉路臂」より）

ち数メートルの高さのところで二股に分かれた霊木で、さまざまな伝承を持っていた。こうした木が神聖視される背景には、「相生の松」とか「夫婦杉」の名称が物語るように、男女の和合や両性の睦み合う姿を象徴していると言ってよいだろう。真澄が文化五年（一八〇五）に訪ねた仁鮒（現在の秋田県能代市二ツ井町）の五舎（現在の銀杏神社）の大銀杏は、男女の和合を示す典型的な形状と言ってよく、その有様を次のように記してスケッチを添えている（内田他　一九七三）。

　二鮒《ニブナ》のやかたに近きところに舟つけておりぬ。七倉の山のそびらに在る、坊寿といふほとりに、木々のいやふかきこの森に五舎とて、あみだ仏、薬師、観音、せいし、地蔵のいつはしらを、神とし、仏ともしてあがめいはふ。鳥居のあり。ひだんの谷かげに、連理の銀杏の大木あり。亦、八尋めぐる一もとの大銀杏、なべて三もとぞありける。この一本を本嬬木《モトメキ》といひて、乳ぶさのたれて、下つ枝には、をのれ〳〵がねぎごとして紙をひきむすび、あるは乳袋てふものを、しら布して縫ひて、米と銭とを入れてつらね掛たるは、乳汁とぼしき女のいのりとなん。枝をつらねたる雄木《オギ》は七尋をめぐり、雌木を妾《ヲンナメ》にたぐふ。これは五尋をめぐれり。大なるもとつ枝の梁のごとく、こと木にわたれり。此したつかたをせくごまり、石室《イハムロ》のありけるにまうづる。こゝにいたれる人、親子、はらからなど、つらなれる枝の雄元《オノハシメ》のすがたしたれば、面うちそむけなどしたるもおかし（「美香弊の誉路臂」）。

七尋ほどもある雄木の根元の枝が梁のように隣の雌木につらなった連理の銀杏である。図会の説明文には「連枝鴨蹟葉樹、男木、妾木《ヲンナメキ》」とある（図I-9）。隣接する二つの木が途中の枝によって結びついた連理も、基本的には二株が合着して分岐した二股の木と同じ意味を持っていると言ってよい。真澄は文化九年七月に太平山に登った際にも、「路の左右より、おなじ二タ本トの樹の枝さしおほふあり、神の鶏栖木《トリヰギ》といふ」と記録している（内田他　一九七三）。また、「高松日記」文化十一年九月五日の条にも、「水飲沢、小首、大頚戸などいふ処〳〵を行ク山岨に鈎栗《ぶな》の木連理あり、山賤らはこれを鳥居木、また山神の鳥居といへるもをかし」と見えている（内田他　一九七五）。二本の木がH形につながった鳥居木は典型的な連理の木で、山中では忌木とされている。武藤鉄城はこうした形状の木について、「連理木は、上の方が開いていると『窓木』と称し、又桁になって接続しているものは『梯子木』といって、ともに山の神とし山師は絶対に伐らない。ことに異木同士の連理は縁結びの神として拝まれている。由利郡赤平村に赤松と欅が抱き合い一本の木となったものがあるが、昔、相思の男女が契り死んだものと伝えている」と述べている（武藤鉄城著作集編集委員会　一九八四）。武藤が言うように、異木同士の連理は特に注目を集めたものらしい。真澄も、寛政八年（一七九六）五月十七日に大鰐（現在の青森県大鰐町）で、桂と槻とが根元で一つになった槻桂を見学して感心している（「すみかの山」）。

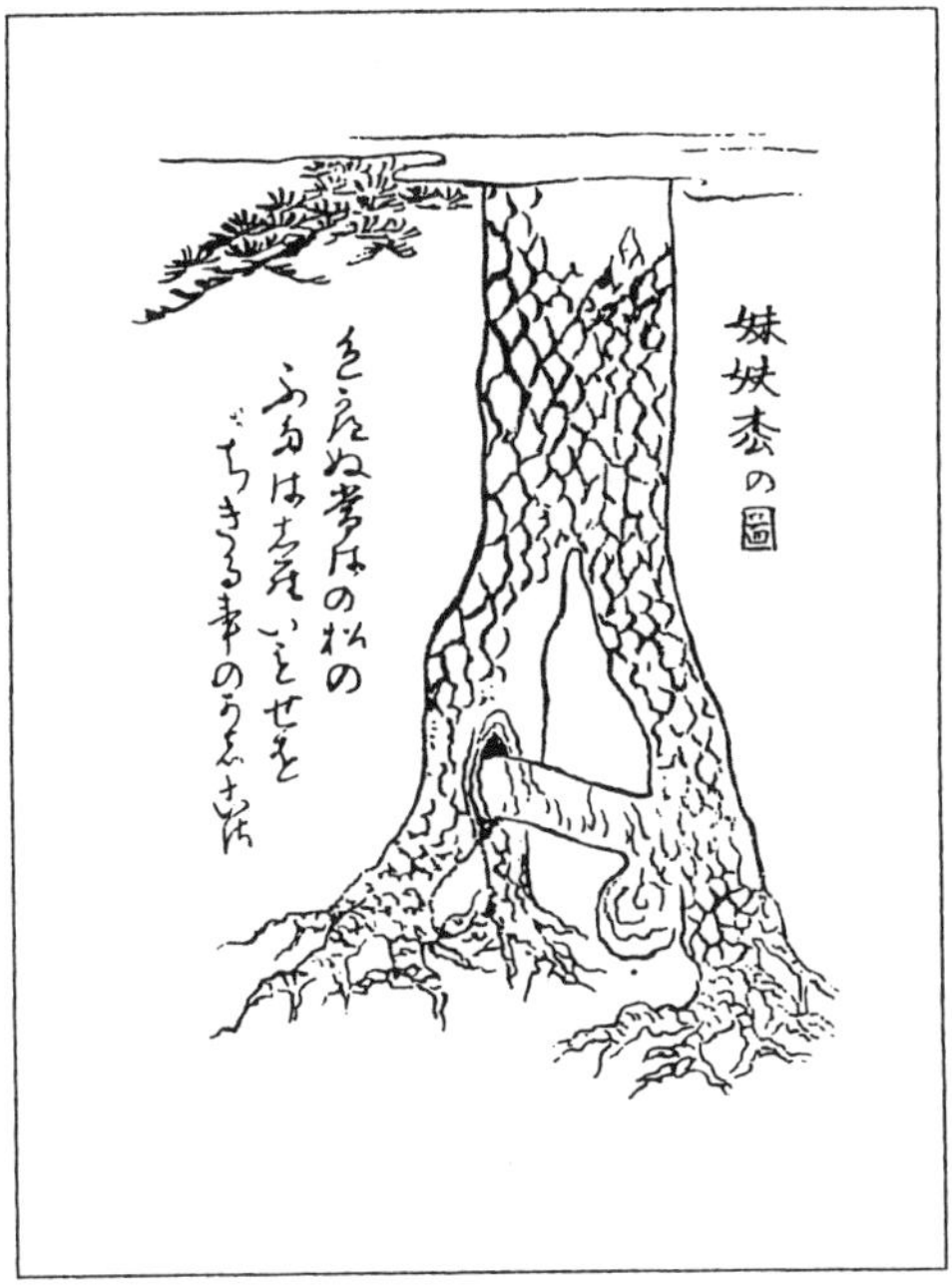

図Ⅰ-10　妹妖松の図（『奇談雑史』より）

図Ⅰ-11　鳥居木と朽木の株（『勝地臨毫』出羽国雄勝郡六より）

連理の木はあちこちにあるが、東北では羽黒一の坂の夫婦杉もよく知られている。二本の杉が根元で合着して成長したものだが、この杉について若松多八郎は、「地上四メートル位の所で、大きいスギの枝が小さい方のスギの幹にずぶりとつきささっており、その部分がふくれあがっております。まさに男女の交りの姿をとっています。御他聞にもれず、子供のない方は、この木を抱けば子供がさずかるといういい伝えがあり信仰の対象となっております」と報告している〔若松　一九七五〕。男女の交わりを象徴する形の木を神木として祀った話は、宮負定雄の『奇談雑史』にも「妹妋《めをと》松の事」と題して安政四年（一八五七）の出来事が図入りで紹介されており、早くから人々の関心を集めていることがわかる〔宮負　二〇一〇〕（図I-10）。

真澄が巨樹や古木の樹形を注視していたことは、『勝地臨毫』出羽国の絵図を見るとよくわかる。ここには、鳥居木をはじめとして、土地の信仰の対象となっていたと思われる木の姿が克明に描かれていて興味がつきない。例えば、同書雄勝郡六（2）に描かれた鳥居木と朽木の株の図には、「高松ノ郷河原毛ノ山路に鈎栗《ブナ》ノ木連理あり。丙鳥居木といふ。山ノ神の手酬《タフケ》とて朽木に木ノ枝をさして通る。また山ノ神の花立テともいへり」との説明がつけられている〔図I-11〕〔内田他　一九七五〕。

## 3　シメフジ

『勝地臨毫』出羽国雄勝郡五（8）に描かれた下椛山村（秋田県雄勝町、現在の湯沢市）の樹木もおもしろい。具体的な説明はないが、図を見る限りでは、霊牛を祀ったという塚に植えた槻に同じ塚から生え出た蔓性の植物が巻きつき、さらにそこから横に伸びて隣の木に絡みついている〔図I-12〕〔内田他　一九七五〕。こうした形を神聖視する伝承については、早川孝太郎が昭和二年（一九二七）に「参遠山村手記」と題して報告した、天竜川の奥、三河北設楽地方の民俗なかに出ている（早川　一九二七）ので、以下に引用してみる。

シメフジ　野生の藤の生態より言へる名らし。或は別に来由あるかとも思はるれど今は不明なり。第2図の如く立木を柱として巻上れる藤の、他方の木に絡み懸りたるをいふ。これを神の木又は山の神の木と称して、伐る事は勿論触るゝ事も畏るゝなり。シメフジは神の木として尚幾多の条件ありと言へり。（中略）又一度シメフジの柱となりたる木は、如何程価値ある材にても利用の術なくなるなり。シメフジを過って伐り災を得たる話あり。数年前、三河北設楽郡豊根村字曾川《そかは》の清水定吉といふ若き杣、隣村黒川のヒヤシ谷といふ山に杉の伐木に雇はれて入り、過ってシメフジの柱となれる木を伐りしが其夕方より遽かに発熱し、一夜にして顔面腫れて鬼の如く、遂に気狂ひて二三日して狂ひ死に死にたり。人々山の神の罰なりとて怖れたり。其男の師匠なる杣の、シメフジの畏るべきを弁へながら伝へざりしは、返す返す手落ちなりしと言へり（傍線筆者）。

絵心のあった早川は、シメフジの図を添えている（図Ⅰ-13）。これを見ると、真澄が描いた絵と基本的に同じであり、これが神の木を示す姿として信仰に深く根ざした形だったことが理解できる。シメフジのシメは注連の意であろう。真澄の絵では不明だが、蔓性の植物は藤あるいはウメモドキの類なのかも知れない。二本の木を（藤）が結びつけた連理の木の形態の一つと言ってよいだろう。早川は、シメフジを伐ったために狂い死にをしたという男の話を生々しく書き留めているが、不用意に山の神の木を伐ったために祟りを受けた話は少なくない。桂井和雄は「山の神に関する民俗」で、「最近採集している二三の例を挙げてみると、昭和十七年二月土佐郡土佐山村広瀬区の一青年は、

図Ⅰ-12　蔓が巻きついた２本の樹木（『勝地臨毫』出羽国雄勝郡五より）

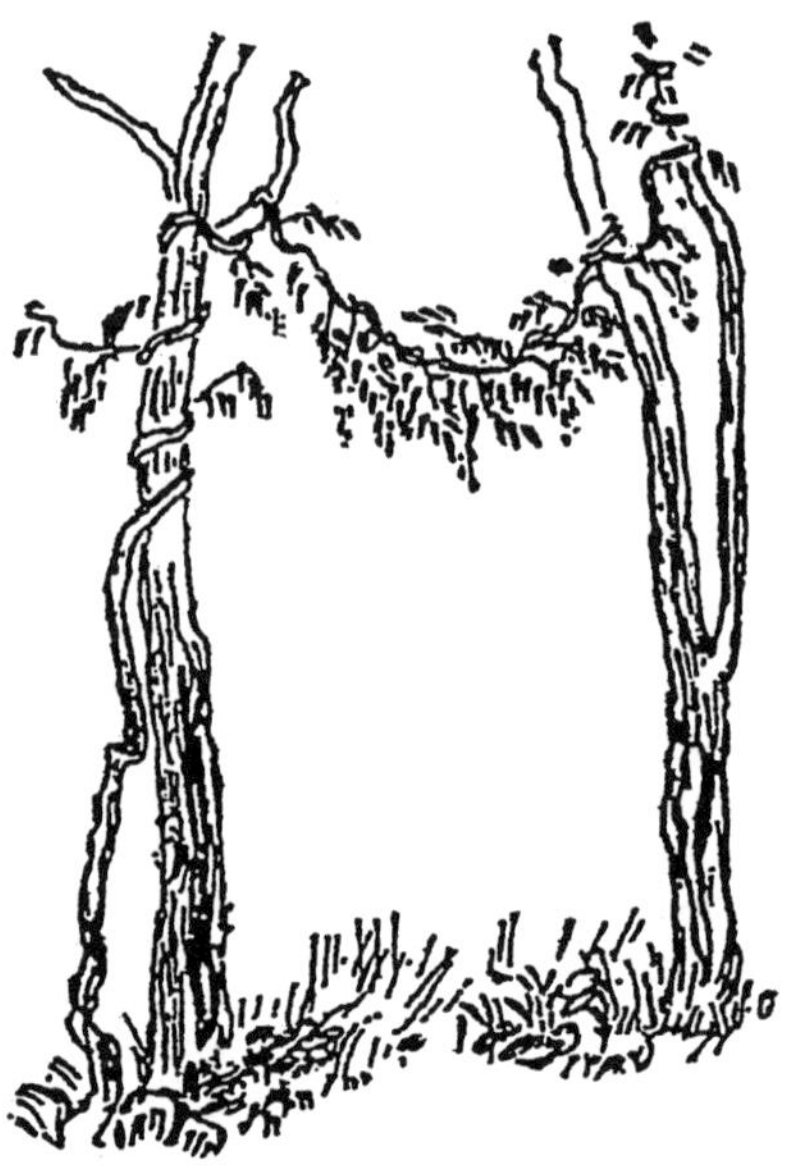

図Ⅰ-13　シメフジ（早川孝太郎「参遠山村手記」より）

山仕事より帰って突如脚部に激しい疼痛を感じ始め、深夜針を刺すように痛み是が数日続くので、太夫に観てもらうと山の神の木を伐った祟りだと言われ、お詫びとして柏と榊の木を持って行き、枝にお札を付け根本に白餅十二個を埋めて一の枝（最下部の枝）を東向けて植える呪禁を実行して忽ち治癒したと言うのを当人より聞いている」と報告している〔桂井　一九四二〕。山の神の木に対する人々の意識を汲み取ることができる。

## 4　股木の境界性と再生の力

股木に関していま一つ真澄は興味深い記録を残している。天明五年（一七八五）九月二十八日に黒沢尻（現在の岩手県北上市）での聞き書きである〔内田他　一九七一〕。

むかし和賀郡、江刺郡の境をあらそふこと、とし久しかりける。その頃白狐、にぎてをくはへて駒が嶽にさりぬ。これなん稲荷の神の、その筋をしへ給ふにこそあらめと、あらがへるものらが中うちなごみ、あなかしことかたりあひ、相去と鬼柳の辺まで水落をあらため、さかひには二股の木を植え、あるは炭を埋みたり。これなん炭塚といふ（「けふのせはの、」）。

境の問題で争っていた和賀と江刺だったが、にぎて（幣束）をくわえた白狐の出現に神の示現を感じて争いをやめ、分水嶺を調べて、そこに二股の木を植え炭を埋めて境を定めたという話である。腐食することのない炭を埋めるのは、いつでも掘り出して境の証しとするためであろう。保立道久は、堺の確定に際して炭が用いられたことについて、

「堺の山野に牓示の杭を建てたり堀を掘ったり、あるいは目印の木を植えたり炭を土中に埋めたりして下地《したじ》を傷つけることが一般的だった。このうち特に興味深いのは、埋炭の慣習であり（『平安遺文』二五五七、『鎌倉遺文』五二二）、堺相論の現場検証においても最も確実な証拠は、（山中から）『往古より埋め置く炭』を掘りだすことであったという（『醍醐寺文書』④七三九）。それは近世の農書『地方凡例録』（巻一上）のいうように『炭は地中に在て万代不朽のものゆへ、境の地に炭を埋めて後来の証とする』からであり、滋賀県のある村では、戦前まで『二月の彼岸に入る日、国境や邑境に牓示さしということを行ったという。境の地へ杭を打ち、炭あるいは竹を埋めた』のである（『総合民俗語彙』「ボウジサシ」の項）」と述べている（保立　一九八七）。炭のほかに「目印の木を植えたり」とあるが、真澄の記述で、境を示す木として二股の木を植えている点は股木の機能を考えるうえで示唆に富む。

伝統的な杓子作りで知られる栃木県栗山村湯西川（現在の日光市）では、山に入って材料にするブナの木を伐りだす場所を決めると、入口に二股の棒を立てる。こうしておけば後から来た者はこの場所に手をつけられない。二股の棒は尾根に沿って囲まれた斜面の木の伐採権を示す境を区切っている（中本他　一九九七）。広島県芸北町（現在の北広島町）では、木の股に別の股木を掛けて占有の標識とするホデと呼ぶ習俗があったことが報告されている（土井　二〇〇四）。こうした事例では、二股の木は空間を具体的に区切る機能を持っていると言ってよい。

井之口章次の『日本の俗信』（一九七五年、弘文堂）に、「魔性のものを見分けるには、牛に荷を積むときのY型の棒の叉の間から見ればよい」と載っている（井之口　一九七五）。これは穴や隙間から覗き見て妖異の正体を見破る方法の一つである。早川孝太郎は『三州横山話』で、二股のオンバコ（車前草）について、「二股になって咲いたオンバコ草の油を採って、それで火を点して肺病患者の枕辺へ行くと、同じ人が二人、枕を並べて寝ているのが見えると言います。そのうちの一人は病気の精だから、それを刺し殺せば、かならず病気が治るなどと言います」と報告している

〔宮本他　一九七四〕。珍しい俗信だが、高知県檮原町四万川でも、「オオバコの薹《とう》の二股の間からのぞくと、労症の神が見える」と伝えている〔桂井　一九七七〕。労症とは肺結核のことである。ここでは二股の形をしたオオバコに病魔の正体を見る特別の力が宿っているのであろう。津村淙庵の『譚海』（寛政七年の自跋あり）に、「八月十五夜清光を望みて、水晶にて月中の水をとり、墨に和し鏡の面へ鬼形の顔をゑがき、翌日を待てとぎ捨る時は、常の鏡の如く成也、然れども人此鏡を取て見る時は、其人の顔さながら鬼形に變じ見ゆると云へり、又弓の秘傳書に、車前子の二股に出たるを取て納め置、蟇目の時車前子に油を黙じ燈となし照せば、妖怪のたぐひ形をかくす事あたわずといふ事ありと、人の語りし」と見えている〔早川　一九一七〕。二股のオオバコから病魔や妖怪の姿を見顕わすというほかに、二股の木に妖怪が現れるという記録や伝承も少なくない。前章で取り上げた『看聞日記』の応永二十三年（一四一六）四月二十五日条には、北野社の二股の杉に大竹をひしぐがごとき鳴き声の恠鳥が現れて参詣人が肝を冷やした話が出ている。また『西播怪談実記』には、享保年中の話として、二股の大榎の股に大蛇が現れた世間話が収められている。二股にまつわる民俗資料は豊富だが、その背後に横たわる重要な役割の一つは境界性を表示している点であろう。二股のあいだから妖怪を覗き見たり、また二股の木に妖怪が出没するとされるのは、人と妖異、この世と異界との境界を象徴している。

新潟県佐渡で行われる三十三年忌のマタボトケの習俗には股木が用いられる。三十三年忌に、栗の木（月布施・赤玉・滝平・真光寺）や桜の木（田野浦・真更川・願）の皮付きの股木でマタボトケを作り、墓に立てるところが多い。真更川ではシナの木を使うこともあるという。月布施では、マタボトケの股木は春切ってはならぬ、クロメ（年の暮れ）前に切るようにといい、マタボトケの上部に要をこわした扇子を、麻糸で巻きつける。このマタボトケの股木は、生まれかわって、木の芽が出るようにまた帰ってこいとの意味、麻糸は生まれかわって白髪になるまで長生きをとの意味だという。また、扇子の要をこわすことを、真光寺などでは、カナメモドシまたはホトケモドシといい、三十三年忌を境に仏はご先祖様になるのだという。羽茂本郷では三十三年忌をトムライアゲと言った〔新潟県　一九八四〕。

弔い上げに二股の塔婆を立てる例は方々にあるが、いずれも死者の霊の新たな段階への移行、言うならば時間の区切り（境界）に用いられる。こうしてみると、二股にはさまざまなレベルでの境界性が付与されていることがわかる。そもそも二股、つまりY字形それ自体のうちに分岐と統合の境界性が表現されていると言えるだろう。そのことはまた再生の観念とも繫がっている。佐渡でマタボトケの股木について「生まれかわって、木の芽が出るようにまた帰ってこいとの意味」と言っているように、新たな段階への移行であると同時に再生の象徴でもある。菅江真澄は「えみしのさえき」のなかで、寛政元年（一七八九）五月三日にアイヌの集落を訪れた際に、アイヌの長の屋敷について「小川尻、ウシジリといふ山河のへたに、アヰノの長《ヲトナ》すめり。やの前に垣ねのごとく木をゆひ、羆の頭《カムヰシヤバ》の雨つゆにしらみたるを、またぶりのやうなるものに、つらぬいてゆひそへ、イナヲとりかけて神とて祭る」と記して、図を添えている〔内田他　一九七一〕（図Ⅰ-14）。図を見ると、棒の上部のまたぶり（股）のあいだに挟まれた羆の頭骨が描かれている。明治の初めに北海道に渡ったイザベラ・バードも、「虻田《アブタ》というアイヌ村は六十戸もあり、かなり裕福そうなところであった。耕作はかなり丁寧に行なわれており、人々は多くの馬を持っていた。数軒の家のまわりには、熊の頭が高い柱の二股の頂部に挟まれて歯がむき出しになっていた。檻の中には一頭のよく育った熊が、神に祀られる最後の日を待っていた」と書いている〔イザベラ・バード　二〇〇〇〕。羆の魂を神の世界に送り帰し新たな再生を願う儀礼である。Y字形の股木から想起される祭りに、岩手県津軽石川で毎年十一月三十日に行われる又兵衛祭りがある。鮭がのぼり始める頃に行う川留めにあわせて、Y字形の藁人形を川の岸辺に立て、逆さ磔になった又兵衛の姿になぞらえて祭りを行う。又兵衛についてはさまざまな伝説が語られているが、『宮古市史』民俗編では「祭りには明らか

図Ⅰ-14　股木に挟まれた熊の頭骨（「えみしのさえき」より）

に漁に先立って鮭の豊漁を願う意図が篭められている」と述べている〔宮古市　一九九四〕。鈴木正崇は、「生と死を故郷の川で繰り返す鮭の再生と回帰に自らの蘇りを託すと共に、現実の生活の糧としてその豊漁を祈るといった願いを籠めて、川留めという鮭の捕獲期の始まりに行うのである」と指摘している〔鈴木　一九九五〕。東北地方の狩猟集団（あるいは個人）であるマタギの語の由来については諸説あるが、仕留めた獲物と股木との関係、山の神への感謝とさらに豊かな恵みという、いわば移行と再生の視点から探っていく可能性もあるように思われる。

これまで見てきたように、二本の木が合着したのち二股に分かれたもの、二本の木の枝が結びついたものを神聖視して伐採を忌み、信仰の対象としている例は数多い。おそらく神霊の出現する媒体と看做されてきたためであろう。二つのものが一つになる、換言すれば、一つに溶け合った二つの関係が生成する力の源には男女交合のイメージが色濃く漂っている。また、股木を立てて地境や占有の意志を表すように、二股の形が喚起する他者の侵入を遮る力は、諸処の災厄を防除する力にも通じているにちがいない。もっぱら二股の木について述べてきたが、草花をはじめ二股の形をしたもの、Yや

V字形の姿を成す植物は、神霊の宿る象徴として特別視されることがある。

《引用・参考文献》

イザベラ・バード著・高梨健吉訳注　二〇〇〇『日本奥地紀行』平凡社　四八一頁
井之口章次　一九七五『日本の俗信』一六三頁　弘文堂
内田武志・宮本常一編　一九七一『菅江真澄全集』二　未來社
内田武志・宮本常一編　一九七三『菅江真澄全集』四　未來社
内田武志・宮本常一編　一九七五『菅江真澄全集』五　未來社
内田武志・宮本常一編　一九七六『菅江真澄全集』六　未來社
内田ハチ編　一九八七『菅江真澄民俗図会』上巻　岩崎美術社
桂井和雄　一九四二「山の神に関する民俗」『民間伝承』八巻五号
桂井和雄　一九七七「妖怪の本性」『桂井和雄土佐民俗選集　第一巻　仏トンボ去来』高知新聞社
桂井和雄　一九四八『土佐民俗記』一九六頁　海外引揚者高知県更生連盟
工藤健一　一九九五「描かれた樹木―東寺本『弘法大師行状絵詞』を読む試み―」『絵巻に中世を読む』吉川弘文館
清野照夫　一九七五「棄老譚―その信仰性の側面―」『季刊民話』二
鈴木正崇　一九九五「鮭と民俗社会―岩手県宮古津軽石の又兵衛祭りをめぐって―」堀田吉雄先生カジマヤー記念論文集編集委員会
　編『民俗学の視座　堀田吉雄先生カジマヤー記念論文集』五〇九頁　伊勢民俗学会
田口昌樹　一九九九『菅江真澄読本』三　無明舎出版
常光　徹　二〇〇六『しぐさの民俗学―呪術的世界と心性―』ミネルヴァ書房
土井美生子　二〇〇四「ホデを結ってシルシをつける民俗―広島県に残る占有標識―」『広島民俗』六一　広島民俗学会
中本勝則・高橋伸樹　一九九七『湯西川のざっとむかし』新風社
新潟県編　一九八四『新潟県史』資料編二二・民俗文化財二・民俗編Ⅱ　二一五〜二一六頁　新潟県

野本寛一　二〇〇六「聖樹の風景と伝承」『神と自然の景観論』講談社
早川孝太郎　一九二七「参遠山村手記」『民族』
早川純三郎編　一九一七『譚海』一五七頁　国書刊行会
保立道久　一九八七「中世における山野河海の領有と支配」『日本の社会史　第2巻　境界領域と交通』岩波書店
宮負定雄著　佐藤正英・武田由紀子校訂・注　二〇一〇『奇談雑史』筑摩書房
宮古市教育委員会編　一九九四『宮古市史』民俗編　宮古市　五六五頁
宮本常一他編　一九七四『早川孝太郎全集』四　二一二頁　未来社
武藤鉄城著作集編集委員会編　一九八四『武藤鉄城著作集1　鳥・木の民俗』二二九〜二三〇頁　秋田文化出版社
柳田国男　一九六九『定本柳田国男集』一一　一二七頁　筑摩書房
吉川祐子　一九九八「生まれ清まりの民間説話—棄老譚の宗教民俗—」『説話・伝承学』六
若松多八郎　一九七五『樹木の伝説』九〇〜九一頁　東北出版企画

# 三　縁切榎と俗信

## はじめに

江戸時代に妻が離婚の目的で駆け込んだ縁切寺は広く知られているが、ほかにも、縁切橋や縁切地蔵などの庶民信仰や俗信が各地に伝えられている。とりわけ、東京都板橋区本町の縁切榎は種々の縁切りに効果があるとされ、早くから人びとの関心を集めてきた。

縁切榎がどのような経緯から絶縁の意味を帯びるようになったのかについてはいくつかの説があるが、本章では板橋の縁切榎の由来について一つの可能性をさぐってみたい。縁切榎における「縁切り」伝承発生の契機を、関連する現在の民俗をヒントに推測したとき、従来の説明とは別の解釈も可能ではないかと思われる。本論はそのささやかな試みである。

## 1　縁切榎の諸相

根岸鎮衛が天明から文化にかけて書き継いだ『耳袋』に、「板橋辺縁きり榎の事」と題して次のような話が載っている〔長谷川　一九九一〕。

　本郷辺に名も聞しが壱人の医師あり。療治も流行して相応にくらしけるが、残忍なる生質にて有りし由。妻は貞実なるもの也しが、彼《かの》医師下女を愛して階（偕）老の契あれば《（ど）》あながちに妬《ねたみ》もせざりしが、日ましに下女は奢り強く、医師も彼下女を愛するまゝに家業もおろそかに成て、今は病家への音信《おとずれ》も間遠《まどお》なれば、日に増して家風も衰へければ、妻は是《これ》を嘆き、幼年より世話をなして置《おき》し弟子に右の訳を語りければ、彼弟子も正直なるものにて兼て此事を嘆きければ倶《とも》に心を苦しめ、彼下女の宿之者へ、「内〱了簡も有べし」と申けれど、是もしか〲の取計《とりはからい》もなく打過ける故、色〱心を苦しめしが、彼弟子風与《ふと》町方へ出し時、「板橋の辺に縁切榎といへるあり。是を与ふれば如何程膠漆《こうしつ》の中も忽ち胡越のおもひ生る《しょうず》」と聞て、医師の妻にかたりければ、「何卒《なにとぞ》其榎をとり来るべし」と、弟子に申付、彼弟子も偲びて板橋へ至り、兎角《とかく》して右榎の皮をはなし持帰りて粉になし、彼医師幷《ならびに》下女に進めんと相談して、明《あく》る朝飯の折から彼医師の好み食する美（羹《あつ》）物の内へ入れしを、板の間立働く久しく召仕ひし男是をみて大に不審し、「若《もし》や毒殺の手段ならん」と、或ひは疑ひ或は驚き、「如何せん」と思ひ侘《わび》しが、「手水《ちょうず》の水を入れん」とて庭へ廻り、密に主人の医師へ語りければ大に驚きて、さて膳にすはりて美物には手もふれざりしを、「兼《かね》て好む所如何なればいとひ給ふ」と、女房頻りに進むれば、弥《いよいよ》いなみ食せざれば、女房のいへるは、「斯《か》くす、め申《もうす》美物を忌み給ふは毒にても有《ある》やと疑ひ給ふらん。左《さ》ありては我身も立《たち》がたし」と尚《なお》進めけれど、今は言葉あらにせきける故、妻も弥服（腹）立、「然《し》からば毒ありとおもひ給ふならん。さあらば我等給《たべ》なん」と、右美物を食しけると也。縁切榎の不思議さは彼事より弥事破れて、彼妻は不縁しけると也。

夫である医師と下女を別れさせようと企てた妻の計略が、みずからの離縁を招いたという意外な結末に結びつく。当時、こうしたオチのついた話として流布するほど縁切榎の俗信は広く知られていたのであろう。明治になって三遊亭円朝が演じた「縁切榎」（別名「両手の花」）も、二人の女性のどちらかと縁を切らねばと悩む男が、反対に二人の女性から縁を切られるという内容である〔藤浦　一九七五〕。

江戸庶民の縁切榎をめぐる様相については、十方庵敬順の筆がよくとらえている。文化十年〜十一年（一八一三〜一八一四）頃のありさまである〔大島他　一九九五〕。

同屋敷北側垣根の外に縁切榎といふあり。樹の太さ五抱《イツカカエ》もあらん、壱丈もあがりて大枝両股とワかれ、樹の高さ凡四五丈根茎の四方へはびこる事三四間に及べり。これを縁切えのきと名付し濫觴ハ、寛保年間かとよ磯の宮御下向ありて此街道を通御し給ひ御城内へいらせ給ひしに幾程なく逝去ましく〵、その後又寛延宝暦の頃にや、波の宮御下向遊ばし此街道を通御なりしに是又幾程なく逝去し給ひしかバ是より誰いふとなく此樹を悪みて縁切えのきと異名せしより巷談に伝え世人又聞つたへて今ハ實名の様にハなれり。しかるに何者かはじめけん、此処へ来る茶店の嬶《カカ》又ハ兒共《コドモラ》等をたのみ此榎の皮を枌取《ソギトリ》もらひて家に持帰り、水より煎じその者にしらさず飲しむれバ男女の縁を切夫婦の中自然に飽倦《アキウミ》て離別に及ぶ事神の如しといひはやし、心願かなふて後は絵馬を持来り榎へかくるもあれバ又幟たてる徒もありけり。いか様絵馬かけしを見れバ男女もの思える風情して双方へたち分るゝ姿を画きしは不仁《フジン》の志願も叶ふとみえたり。又大酒を好み癖ある上戸に此榎の皮を水より別煎《ベッセン》にし酒へ和して飲しむれバ忽然と酒を嫌ひ性質の下戸になるといひ伝ふ。予試しみざれバ真偽をいひがたし。近年伏見の宮の姫君此街道を御下向西御丸へ着輿し給ふ砌此の縁切榎の名を厭ひ給ひ此榎の見えざる辺手前より別段に御路筋をひらき近藤登之助やしき内を通御ありて板橋の駅中へ出給ひしとなん。件の榎古来斯忌ハしき名ハあらざるに不図中右より縁きり榎と呼初《ヨビソメ》て世の人に疎まるゝハ此樹の不幸とやいわん。殊更常に活皮《イキカワ》を剝れて生疵の絶ざるは不運とやいふべからめ。是によりて伏見の宮の姫君も世上の人口に随ひ給ひて此樹の辺を除しめ給ふとみえたり。既に明和年間近衛公の姫君清水御殿へ入御し給ふに付東海道筋通御なりしに興津蒲原の間なる薩陀《サッタ》峠《トウゲ》といふハ此山に名たたる地蔵菩薩ましますゆへに古来斯名付来りしかど何とやら御入輿にハ忌ハしきを以て通御の當日ハ末廣峠と改名して呼けるも同日の論なるべし（『遊歴雑記』）。

古川古松軒の『四神地名録』（寛政六年〈一七九四〉）の「下板橋駅」の記述にも、「此地に近藤御うしの下屋敷有りて、大樹の榎街道のうへに覆ひかゝりて、枝葉繁茂す。いつの頃よりか此木を縁きり榎と称して、娌（嫁）入・聟入りの人は忌み嫌ひて、此木の下をば通行せずして」と見える（長澤　一九七六）。『新編武蔵風土記稿』には、「縁切榎岩の坂にあり、近藤信濃守抱屋敷に傍へり圍み二丈許樹下第六天の小祠あり、則其神木なりと云、世に男女の悪縁を離絶せんとするもの、この樹に祈て験あらずと云ふことなし、故に嫁娶の時は其名を忌て其樹下をよこきらす、よりて近き年楽宮御下向の時も、他路を御通行あらせられしなり」と記されている（蘆田　一九五七）。街道に覆いかぶさるように枝葉を伸ばした大木が立っていたことがわかる。この木が何故「縁切榎」と呼ばれるようになったのか、その由来については諸説あるが、『耳袋』や『遊歴雑記』に見えるように、削ぎとった皮を煎じて相手に気づかれぬように飲ませると男女の縁が切れるとの俗信は広く支持されていたようだ。『柳樽』に、「板橋の木皮の能は医書にもれ」（文政七年〈一八二四〉）とか「焼かぬはづ女房榎をのませる気」（同八年）といった句が出ているのを見てもわかるし、ほかにも縁切榎を取り上げた川柳や雑俳は少なくない（石川　一九八九）。いつの世も男女関係の種は尽きないだけに、明治になっても木皮の需要は衰えを見せていない。ただ、榎にとっては生死にかかわる問題で、はやくに十方庵が「活皮《イキカワ》を剝れて生疵の絶ざるは不運」と同情を寄せているが、明治二十二年（一八八九）九月発行の『江戸會誌』には、「此木を昔より縁切榎と唱へて凡そ嫁娶するものハ忌嫌て樹下を経行せず故ありて男女の縁を断んとするもの祈れば必ず験あり或は樹皮を剝取て細末となし竊かに其人に服せしむれば最も験ありといふ故に其樹六七尺以下は悉く皮を剝去らる然るに数年前同駅に火災ありしとき此樹も火に遭て焦枯し今は枝葉もなく只本幹のみ兀然《こつぜん》と立てり」と無残な姿を紹介している（江戸會事務所　一八八九）。『東京府北豊島郡誌』（大正七年）によれば、火災にあったのは明治十六年だという。しかし、無残な姿になっても焼けの残った木を材料にしたたかな商法が見られたようだ。大正六年（一九一七）三月発行の『郷土研究』四巻一号では、「現今も此地に榎教会と云ふものが立って居り、都人の迷信に付込み榎の枯木を粉にして売り、絶縁結縁共に効があると云うて居る」と報告している。

榎に絵馬を掛けていたことは『四神地名録』に、「木の枝の幾つともなく絵馬をつるして有り」の記述からわかるが、『遊歴雑記』によれば、「男女もの思える風情して双方へたち分る丶姿」の絵馬だという。つまり、背中合わせの男女を描いたものである。『江戸會誌』には「縁切榎も火に遭て已に枯たれば数年を出ずして其幹も朽尽くるに至るべし因て會田潁水豊島郡記に見へたる図を模写して此に出す」と記して縁切榎の姿を載せている（図Ⅰ-15）。

岩井宏實は背中合わせの絵馬について「関東では足利市の門田稲荷、東京板橋の榎神社が名高い。この両者は、縁を切るといえばなんでも絶縁してくれるといわれ、夫婦の縁はもとより、情婦・情夫の手切れ、病気との絶縁、盗人との絶縁、酒との縁切から兵役逃れというように、断絶を目的とすることならなんでも祈願する。したがって、図柄の種類も多く、男女が背合せに坐っている図、軍服姿の男と祈願者本人が背合せに立つ、兵役と縁切の図、大盃と背合せしている断酒の図など、実にバラエティーに富んでいる。榎神社には昔、縁切榎という榎の木があって、榎が縁の木になり、何かの説話が生まれて縁切の縁起ができたのであろうか、ここの絵馬はみな、榎を中心に左右に縁切したいものと祈願者本人の姿を描いている」と述べている〔岩井　一九七四〕。背中合わせの形や行為は今でも葬送習俗などで儀礼的に演じられる場合があるが、そこに共通しているのは、積極的な絶縁の意志を表明している点だといってよい（本書第Ⅳ部第三章「巳正月と後ろ手」参照）。大酒飲みがこの榎の皮を煎じて飲むとたちまち下戸になるという話はおもしろい（『遊歴雑記』）。現在の縁切榎は三代目だが、岩井が指摘するように、男女の縁切をはじめとして、悪縁を切るということから病気平癒や賭事・飲酒を断つ目的で訪れるものが少なくないという。大正三年生まれの男性が次のように語っている。

図Ⅰ-15　絵馬が掛けられた縁切榎
（『江戸會誌』第二号より）

子供のころから縁切りさまってのはね、恐かったんだよね。縁が切れるんでね。主にまぁ一番、覚えているのは、花柳界の人がずいぶん来たね。人力に乗ってね。その絵が郷土館にあるよ。昼間、人力車に乗ってね。このそばにお茶屋があってね。イズミ屋ってお茶屋があってね。そのときに、かもじを上げたりね。それから、鋏上げたりね。それは、今でも、かもじは今もうないけど、鋏だとかね、剃刀ね。小さなカッターみたいな剃刀、よく上がってますよ。縁を切ってもらいたいからね〔板橋区史編さん調査会　一九九七〕。

鋏や剃刀のようなものを切る道具の機能にあやかって、縁を切りたいという願望を可視化している。もともと男女の縁が切れるという不吉な連想から生まれた俗信が、「切れる」「切る」という言葉の意味を増殖させながら次々に目新しい関心を誘っているからだ。

## 2　縁切榎の由来

明治に入っても縁切榎は人びとの関心を集めたが、明治十六年（一八八三）の火災で枯死した。その後、二代目の榎が植えられたが、祈願に訪れる人は絶えなかったという。しかし、事情があって二代目の榎は伐られ、一代目の古株が区の所有地である現在の場所に移される。そこに昭和四十四年（一九六九）に三代目の榎が槻の木と一緒に植えられ、現在は榎大六奉賛会が管理している（図Ⅰ-16・17）〔板橋区史編さん調査会　一九九七〕。

縁切榎の俗信がいつ頃から言われるようになったものか定かではないが、先に示したように『四神地名録』には、「いつの頃よりか此木を縁きり榎と称して、娌（嫁）入・聟入りの人は忌み嫌ひて、此木の下をば通行せずして、大

図Ⅰ-16　三代目縁切榎の現況（東京都板橋区本町所在）

図Ⅰ-17　初代縁切榎の古株（同所在）

ひにまはり道をせるといふ」とある。徳川家に降嫁の五十宮・楽宮の行列はここを避けて通り、和宮の折には榎を菰で包み、その下を通って板橋本陣には入った(1)。それにしても何故この木が縁切りの対象とされるようになったのだろうか。その由来についてはいくつか説があるようで、『板橋区史』では、代表的な説について次のように説明をしている。

江戸時代には縁切榎は男女の縁切りを祈願する樹木として信仰されていたようだが、もともとここには榎と槻の木があり、榎の方がさきに枯れたが、残った槻の木のことを縁切榎と呼んでいたという。また、縁切榎のそばの岩の坂と榎・槻の木と合わせて「榎《えん》の木槻の木岩の坂」とし、それを「縁つきいやな坂」と語呂合わせをしたことが、嫁入り婿入りの行列がさけて通るという婚姻のタブーになったというのが、一般にいわれている縁切榎の由来である。もうひとつの由来として、身禄《みろく》伝説があげられる。身禄とは富士講中興の祖とされている食行《じきぎょう》身禄のことである。身禄は家業の油商を捨てて江戸を立つ。追いすがる妻子と別れ縁を切った所が板橋宿の榎の前であったので、縁切榎と呼ばれるようになったといわれる。そして、妻子と別れた榎の側の石橋を「涙橋」、その下を流れる中用水は「おん出し川」と称されるようになった（傍線筆者）〔板橋区史編さん調査会　一九九七〕。

石川一郎は『江戸文学俗信辞典』の「縁切り榎」の項目で、「縁切り榎は、榎の名が縁を切るに通じるための名称と思われる。幕末明治にはこの榎の根は一つ、幹が二つに分れているので、その名があるとも言われた」と記している〔石川　一九八九〕。

右の『板橋区史』によれば、もともとここには榎と槻があって、榎が枯れたあと残った槻を縁切榎と呼んでいたという。残った木が槻なのにそれをなぜ榎と称したのか、いま一つ腑に落ちないが、この疑問に関してははやくに柳田国男が関心を示している。「山島民譚集（二）」で、「板橋の縁切榎は、大道の傍に在る流行神《はやりがみ》で、万人の見る所なるにも拘らず、或は榎では無く槻の木だと言う説がある。如何に生体も無い古木でも、落ちて来る実なり葉なりを見たら、果たして榎であるか否か、決せられなかった筈が無い。奇妙な話である」と首をかしげている（柳田　一九七〇）。この説は『武蔵演路』に拠るものらしい。また、大正十五年（一九二六）に発表した「争ひの樹と榎樹」では、「又有名な板橋の縁切榎なども、実はいつの間にやら欅の大木であった。今では火災に遭うて枯株のみ残り、愈々本体が不明に帰したが、嫁入の此樹の前を通ることを忌んだ風習は古かった。寛延二年の二月に五十宮将軍家へ御降嫁の際にも、其由来を述べて御路筋変更を進言した者がある。最初此地には榎と槻と各々一本あって、『榎木槻木岩の阪』と唱えたのが、誤って『縁つきいやの阪』と偽ったと言って居る。但しその榎が早く枯れて、槻ばかり残ったという言うことには証拠も無く、欅を縁切榎と呼んで居た期間は久しかったのである」と述べている（柳田　一九六九）。引用文献を見ると、『豊島郡誌』（正しくは『東京府北豊島郡誌』）に載る『江戸會誌』の記事をもとに右の文章を書いている。『江戸會誌』には『享保撰要集』をもとに、五十宮降嫁の際に「下板橋宿はづれ近藤登殿下屋敷之垣際に榎木槻木一處に生立、数年を経、殊之外大木に御座候處、何の頃より誰申共なく榎木槻木いわの坂を、ゑんつき、いやの坂と申習はし此處を縁女聟入等の者通り候へば必縁短く御座候由申来り」云々と注進をした者がいたことが記されている（江戸會事務所　一八八九）。

柳田は縁切榎に関する種々の疑問を述べているが、その始まりについては境を守る神の信仰に起因していると考えているように見える。「山島民譚集（二）」で、「板橋の縁切榎は中仙道の路傍であるから、もとは普通の一里塚などであったかも知れぬが、後には男女の間を隔絶する境の神と成り、現に和宮の御降嫁の折にも迂回して此木の下を避けられた。近頃では又悪い縁なら切ろうが良縁なら結ぼうと仰せある」と説いている〔柳田　一九七〇〕。ただ、この説明では何故男女の間を隔絶する境の神になったのかが不明である。柳田は「橋姫」の論考で、坂とか橋といった境を守る神がもとは男女の二柱であったと力説しているが〔柳田　一九六八〕、この視点は一つの示唆を与えてくれる。江戸期の資料に見えるように、縁切榎の場所には、もとは榎と槻が生えていたのであろう。長沢利明は、「江戸時代のこの頃、ここにはもともと榎と槻の大木が立っており、榎の方はのちに枯れてしまったものの、残った槻の木の方をさしてあいかわらず縁切榎と呼びならわしてきたことは確かなことであり」と指摘している〔長沢　一九九六〕。

ここからは筆者の推測だが、榎と槻が一所に生えていた時代にそれが縁切りの意味を帯びていたのかどうか、疑ってみる余地がありそう思う。というのは、現在の民俗事例に照らし合わせると、二本の木が根元で合着したのち二股に分かれたり、あるいは、寄り添うように成長したものとか、絡み合うような姿で立つ二本の木を男女に見立てて「相生の松」とか「夫婦杉」などと呼んでいる例がいくつもあるからだ。また、隣り合う二本の木の枝が繋がった形を連理の木として神聖視している例も少なくない。和歌や謡曲「高砂」などで名高い高砂神社〔兵庫県高砂市〕の松や尾上神社〔兵庫県加古川市〕の松は、代は替わっているが、二本の松が根元でくっついて絡み合うように成長した相生の松である。埼玉県神川町の石重寺の堂前の二株の老梅を夫婦梅《めのとうめ》と称して一茎二顆を結ぶという。埼玉県下のこの種の伝説を紹介した韮塚一三郎は『埼玉県伝説集成』で、相生松について、「一本の木の根本から二股になっているのを相生松といっている。しかし相接して齢も等しい似合いの松をも相生松といったようである。〔中略〕このような木が赤裸々な人間の姿態にあてはめられてみられ、占いに用いた感覚から、男女の交情の象徴として、縁結びの対象とされるようになる」と解説している〔韮塚　一九七三〕。特に異種の木の組み合わせは男女の縁を強調する傾向が強いようだ。武藤鉄城はこうした形状の木について、「ことに異木同士の連理は縁結びの神として拝まれている。由利郡赤平村に赤松と欅が抱き合い一本の木となったものがあるが、昔、相思の男女が契り死んだものと伝えている」と報告している〔武藤鉄城著作集編集委員会　一九八四〕。高知県では、一つの木へ異種の木が寄生しているものを縁木《えんぎ》と呼び、縁結びの木とされているという〔桂井　一九四八〕。

現在の縁切榎は三代目だが、榎と欅（槻）が並んで植えられている。『板橋区史』には「縁切榎の由来」と題して、地元の人のこんな話を紹介している。

今の三代目は二本植わっているんだよね。向こうっ側が榎でこっち側が欅なんだよね。外っ側が榎で内っ側が欅なんだよ。榎のほうが今細い。欅のほうが太い。欅は後で植えた。それはね、二本ね、くっついちゃうんだよね、大きくなると。二代目は、榎だけだった。それで、三代目はエンツキになるように榎と欅を植えた。稲荷台の高木さんっていう区議会議員が植えた。

もともとは、ツキの木とね、欅の木がね、一緒にくっついちゃったわけなんだよ。ツキの木ってのは榎なんだよね。それで、ツキの木と欅と一緒になってエンツキ、エンツキって。それと、ここは岩の坂っていう。岩の坂はイヤナサカって。エンツキとイヤナサカで、それをもじってエンキリになったらしいだよね〔本町　男・大正三年生〕。〔板橋区史編さん調査会　一九九七〕。

槻は欅のことなので一部に誤解が見られるが、それにしても欅と槻の二木を植えているのは示唆深い。それが何に拠ったのか定かではないが、「えんつきいやな坂」の悪いイメージはない。話者が「二本ね、くっついちゃうんだよね、大きくなると。二代目は、榎だけだった。それで、三代目はエンツキになるように榎と欅を植えた」と話しているのは、隣接する二本の木が合着して成長する形を縁結びの姿と見なす意識が読み取れる。

榎・槻・岩の坂の語呂合わせから「えんつきいやの坂」と言われ、絶縁の俗信が生まれたことは十分考えられる。『江戸會誌』では、えんつきが縁尽に通ずることから縁を切るという説が起こりついに縁切榎と呼ばれるようになったのであろうと推理している。ただ、ここでは別の可能性を考えてみたい。縁切榎の「縁切り」に注目すると、男と女の縁切りの発想が生まれる契機として、一所に生え出て相思の仲と見なされていた榎と槻との縁が切れるという事態の発生があったのではないだろうか。後にさまざまな縁切り目的の対象となるが、そもそもは二つの木に象徴された「男女の縁」に端を発しているという見方も可能であろう。縁切りの原因となる事情は一様ではないが、『新編武蔵風土記稿』巻之百三十九の舎人町諏訪社にこんな話が収録されている。

　此社地に夫婦杉と唱へて二樹ありしが、三沼代用水掘割の時この二樹の間に溝を開きしより、土人婚嫁の時前を過るはきらひしとて、此道を遮ると云、此杉今は枯たり

二本の夫婦杉の間に溝を掘った、つまり、溝が夫婦を分けたことから嫁入り行列が避けるようになったという。夫婦に見立てた杉の間に生じた出来事から人の世の絶縁の連想を働かせている。縁切り榎の場合、縁切りの縁はもっぱら人間の男女間の縁の問題として語られるが、そうした意識が芽生える前提には榎と槻との関係、つまり、榎が枯れたために、それまでの相思の男女になぞらえてきた二者の縁が絶えたという受け止め方をされたのではないだろうか。男女とされる二本の木のうち片方が姿を消すことが不縁の想像をよぶ例がある。愛知県西加茂郡小原村の永太郎・大草両部落の境にある一本マツは、もと夫婦マツだった。それを一本伐ったのちは、その下を通る嫁入行列は不縁にな

り、別れなければならぬようになった。それで回り道をするという〔鈴木　一九八二〕。「夫婦木は切るなら二本一緒に切るものだ」〔信濃教育会北安曇部会　一九一八〕という俗信も、男女の縁が切れて片方だけが残ることの不安をいったものであろう。

縁切榎では、先に枯れたのが榎で残ったのが槻だとされている。柳田は槻をどうして榎と言うのかと訝っているが、このことは、榎と槻がある時期相接してあったことと、絶縁の原因が榎にあったことを暗示しているように思われる。榎が枯れたために「縁が切れた」、あるいは、それを榎の側から「縁を切った」と見なして「縁切榎」の名称で呼ばれるようになったのではないだろうか。

〔註〕

（1）　徳川家への降嫁については長沢利明の論文「縁切榎─板橋区本町─」に詳しい。この件に関する『遊歴雑記』の記述には誤解がみられる。

〔引用・参考文献〕


蘆田伊人編　一九五七　『大日本地誌体系（一）新編武蔵風土記稿』一　二六二頁　雄山閣

石川一郎　一九八九　『江戸文学俗信辞典』五一～五二頁　東京堂出版

板橋区史編さん調査会編　一九九七　『板橋区史』資料編5・民俗　一〇二九～三四頁　板橋区

岩井宏實　一九七四　『ものと人間の文化史一二　絵馬』一八一～一八二頁　法政大学出版局

大島建彦他編　一九九五　『遊歴雑記』一　二五六～五七頁　三弥井書店

桂井和雄　一九四八　『土佐民俗記』一九六頁　海外引揚者高知県更生連盟

北豊島郡農会編　一九一八　『東京府北豊島郡誌』一七一～一七二頁

信濃教育会北安曇部会編　一九一八　『北安曇郡郷土誌稿』第四輯　郷土研究社
鈴木棠三　一九八二　『日本俗信辞典―動・植物編』五五八頁　角川書店
武田　正　一九九三　「縁切榎伝説」宮田登他『日本〈神話・伝説〉総覧』新人物往来社
長沢利明　一九九六　「縁切榎―板橋区本町―」『江戸東京の庶民信仰』三弥井書店
長澤規矩也編　一九七六　『江戸地誌叢書巻四　四神地名録　四神社閣記』四六頁　有峰書店
韮塚一三郎編著　一九七三　『埼玉県伝説集成』上巻・自然編一四八～一五〇頁　北辰図書出版
長谷川強校注　一九九一　『耳嚢（中）』一六七～六九頁　岩波書店
藤浦富太郎　一九七五　『三遊亭円朝全集』四　角川書店
武藤鉄城著作集編集委員会編　一九八四　『武藤鉄城著作集1　鳥・木の民俗』二二九～三〇頁　秋田文化出版社
柳田国男　一九六八　「橋姫」『定本柳田国男集』五　筑摩書房
柳田国男　一九六九　『定本柳田国男集』一一　一一五頁　筑摩書房
柳田国男　一九七〇　『定本柳田国男集』二七　二二九・二三〇頁　筑摩書房

# II

# 怪異と妖怪

# 一　「土佐お化け草紙」の俗信的世界

## 1　民俗的色彩の濃い「土佐お化け草紙」

企画展示「異界万華鏡―あの世・妖怪《ようかい》・占い―」（二〇〇一年、国立歴史民俗博物館主催）の仕事を通して、さまざまな形態の妖怪絵巻に接することができた。古道具が化けた異形のモノたちが夜間に列をなして徘徊《はいかい》するさまを描いた「百鬼夜行絵巻」は、室町時代以降、特に江戸時代の後期に数多く制作されたもので、いくつかの系統に分類されている。また、各種の妖怪を図鑑風に描いた「化物絵巻」や「百怪図巻」なども、絵巻ごとに妖怪の種類や配列順序は多少異なるものの、基本的には類型的な展開を示していると言える。こうした絵巻の場合、その変化は、専門の絵師によって模写される過程で少しずつ生じたものではないかと予想されるが、他方でそれらとは異なる生い立ちを持つ絵巻も少なくない。特に、民俗学の分野から興味深いのは、各地に伝承される民俗や怪奇談などを直接素材として制作されたと思われる絵巻である。ここで取り上げる「土佐お化け草紙」（堀見忠司氏蔵、江戸時代、絵巻一巻、縦二四センチ×横五七一・五センチ）も民俗的な色彩の濃い絵巻の一つに挙げられるものである。

この絵巻は、奥書に「土佐お化け草紙（幼君夜伽《よとぎ》用）」とあり、由来が記されている。それによれば、寛延二年（一七四九）九月より、土佐藩筆頭家老深尾家の第六代、七代、八代の御櫛役《みぐし》を務めた吉本家第三代栄助正成が拝領し、その後、吉本家第六代武平の娘鯱鰕《しか》が堀見家（高知県佐川町）に嫁ぐときに持参したもののようである。絵巻は、戦後に裏打ちを行なっており、奥書はそのときに書かれたものと思われる。

描かれている化物は、産女《うぶめ》、鬼三兵衛・女とよ、骨なし女（一名くらげ女）、山鰐《やまわに》、猫股《ねこまた》（一名まもふ）、古烏《こがらす》、川父《かわちち》、山父《やまちち》、鬼女、子とろ〳〵（一名しと女）、悪婆《あくばば》、鬼火《けちび》、餓鬼、ろくろ首、宿守《やどもり》・馬骨《ばこつ》、片身で、それぞれについて簡単な由来や怪異談などを記した妖怪図鑑風の構成になっている。小松和彦氏はこの絵巻について、「著名な絵師によるものではなく、田舎に住む無名の絵師が、子どものために描いたと思われる。（中略）添書きによれば、幼君の夜伽に用いられたらしい。筋らしい筋はなく、夜になって妖怪たちが登場し、その一つ一つが描き語られていくうちに夜が明け、妖怪たちも退場するという形式をとっている。素朴で稚拙な絵は、恐ろしさよりも親しみを感じさせる」と述べている〔小松　一九八三〕。確かに、狩野《かのう》派の絵師が描いたとされる一連の「百鬼夜行絵巻」などとは趣を異にしているが、しかし、民間の伝承を随所に取り込みながら、生き生きと個性豊かに描かれた化物たちの表情は、他の妖怪絵巻には見られない独特の雰囲気を漂わせている。本絵巻のほかに、化物の配列などに違いはあるが、ほぼ同内容の絵巻を高知県佐川町教育委員会が所蔵している。奥書に「安政六年己未八月上旬写之」とあり、あるいは堀見氏蔵の「土佐お化け草紙」を模写した可能性も考えられる。

本絵巻の特色として、化物の説明文の中に昔話、怪異談、俗信といった、民間伝承がちりばめられている点が挙げられる。言い換えれば、当時（江戸時代後期）の土佐に伝承されていた話題を主な素材として作られていると言ってもよいだろう。それは、現在の民俗資料からもある程度裏づけることができる。以下では「山父」「宿守・馬骨」「鬼火」を取り上げて、主に俗信的な背景を探ってみたいと思う。

## 2　山　父

山父《やまちち》の説明に、この化物が登場する「むかしかたり」、つまり昔話を紹介しているのは興味深い。ただ、簡単な記述なので、これだけでは全体の内容が把握しづらいが、おそらく当時は、「山父が新兵衛の塩をとり馬を喰らい、最後は釜炒《かまい》りにされた」というだけで、すぐに理解できるほどよく知られていた話であったのだろう。筆者は、昭和五十年（一九七五）から平成四年（一九九二）にかけて四万十川流域を民俗調査で歩いたが、その折、中村市佐田の小林緑さん（大正八年生れ）から次のような昔話を聞かせてもらった。小林さんによれば、明治二十二年（一八八九）生まれの父親が何度か語ってくれたもので、「新平《しんぺい》、まぁ待ち」という話だという。

それはねぇ、新平という人の話でねぇ、あの、商人《あきんど》やったそうです。不便な田舎の村でねぇ、馬をもってねぇ、その馬に田舎でとれた物を積んで町へ持って行って、町から塩とか味噌とかいうような物を買ってねぇ、それから、峠を越えて、こう、帰ってくる仕事をしてたそうです。

その人が節季（年の暮れ）に町へ行って、日が暮れて、その峠を越えて帰ってきよりましたらねぇ、後ろの方から、

「新平、まぁ待ち。新平、まぁ待ち」

言うもんが来ますと。新平は恐いから、一生懸命馬の尻をたたいてねぇ、急いで引っぱって帰りよったそうです。ほいたら、すぐ近くで、「新平、まぁ待ち。その塩くれにゃ許さんぞ」言うもんで、新平はもう仕方なしに馬へ

積んじゅう塩をおろしてねぇ、その化物に投げ与えて、それから急いでスタスタ帰ってくると、もう、ちょっとの間にすぐに追いついてきてねぇ、

「新平、まぁ待ち。新平、まぁ待ち」

言うそうです。それから、こんどは、

「その豆くれにゃ許さんぞ」

て言うからねぇ、で、豆もやり、同じようにして味噌も取られねぇ、もう、馬の背中へ乗せちょった荷物は全部取られてしまいましてねぇ、それからもう、空馬《からうま》を手綱引いて一生懸命帰ってきよったら、すぐまた追いついて

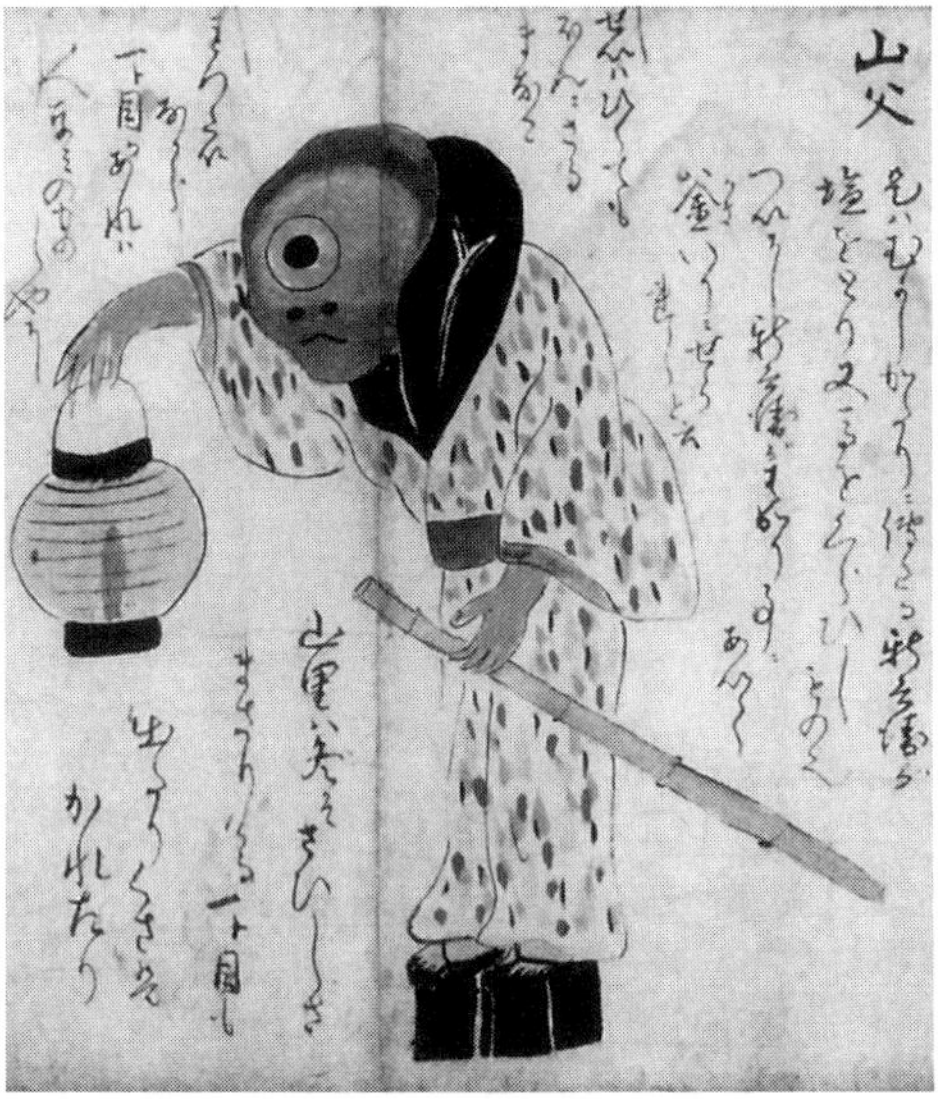

図Ⅱ－1　山父（「土佐お化け草紙」より、堀見忠司氏所蔵）

山《やま》父《ちち》
是ハむかしかたり《(昔語)》ニ傳たる、新兵衛が塩をとり、又馬をくらひ《(食らい)》しもの也。ついに新兵衛がはかり《(謀)》事ニあいて釜《かま》いりニせられしと云《(いう)》。せい《(背)》ハひく《(低)》くても、ほんニさるまなこ。もつたいなから一ト目かあれハ、人なミ《(並)》のものしや《(じ)》に。
山里は冬ぞ《(ぞ)》さひし《(寂)》さまさりける、
一ト目も出たりくさ《(草)》はかれ《(枯)》たり。

ですね。

言うてからねぇ、笑うそうです。もう仕方ないけ、新平はそこへ馬の手綱はなして、自分は一目散に逃げたそう

「新平、まぁ待ち。新平、まぁ待ち。その馬をおいてけ」

ねぇ。

そしたら、馬はさすがに大きくてねぇ。なかなかすぐには追っかけてこざったけんど、もう家へ帰りつく間もないし〈どっか助けてもろうとこないかなぁ〉思て見よったら、明りがついちょりましてねぇ。一軒明りをつけちょる家があって、そこへ行ったとこが留守だったそうです。それから〈留守やけんど、この家へ隠れちょらにゃしやない〉思て。それから、釜の中へ隠れろうか、竈《かまど》の下へ隠れろうか、納屋のつし（屋根裏の物置）へ上がろうか思いよったけんど、寒い晩やしねぇ、納屋のつしへ上がって居りましたと。上でぶるぶる震えよったら、外の方から足音がしてねぇ、

「みょうに人臭いぞ、人臭いぞ」

言うて帰ってきましたと。ほいたところが、それがさっきの化物の声でしてねぇ。

「みょうに人臭い。今晩は新平の塩やら豆やら味噌やら、しまいにゃ馬まで取って食うちゃったぁ。腹ぁだいぶふくれた」

言うてからねぇ。

「今晩はもう腹ぁふくれたけん、寝にゃいかん。釜へ入って寝ろうか、二階のつしへ寝ろうか」

て言う。もう、新平は二階の藁の中へこもってぶるぶる震えよったところがねぇ、

「今晩は寒いけ釜の中へ寝よう」

言うてから、それから釜の中へ入ったと。

しばらくすると、大きな鼾《いびき》が聞こえてきたと。新平はそろそろつしから降りて行てみたら、見たら、その釜の中へ入って寝よるがです。それで、上へ蓋《ふた》をしましてねぇ、石で重しをしてねぇ。ほいて、下からそこら辺の薪をごんごん焚いてねぇ。〈もうえっこら焚いたけん死んづろうか〉思いよったら、

「どうも、今晩はえらいぬくいぞ」

釜の中で言うと。〈まだまだぬくい言いよる〉思て、それからまた一生懸命焚きよったら、

「なかなか熱なったぁ」

言うてねぇ。そういううちに、

「あいたた、あいたた」

言い出いてねぇ。暴れだしたけんど、もう新平が火の手をゆるめずに焚いたもんで、とうとうその釜の中で、大きな化物が焼き殺されたと。〔常光　二〇〇〇〕

商人の新平は、峠で出合った化物に塩をはじめ積荷を取られたあげく、馬まで喰《く》われるが最後は釜で焼き殺してしまう。「土佐お化け草紙」の「山父のむかしかたり」も、おそらくこのようなストーリーだったと推測して間違いないだろう。類話はいくつか報告されている。安芸郡奈半利《なはり》町の久武弘さんの語る「新兵衛と山ちち」では、山父が新兵衛という馬方の塩と馬を取って喰うが最後は釜で焼き殺される〔桂井　一九七七〕。化物が山父で被害者の名が新兵衛である点が「土佐お化け草紙」と一致している。ちなみに、手許にある高知県関係の昔話資料からこの話型の主人公名を確認すると、新兵衛（四例）、しんみょう（一例）、新平（一例）、甚兵衛（一例）であり、化物の名は、山父（五

例）、トイトイ（一例）、化物（一例）となる。新平やしんみょうは新兵衛の変化したものと思われ、土佐では早くから新兵衛と山父を登場者とする昔話として語り継がれてきたのだろう。

この昔話は一般には「牛方山姥《やまうば》」とか「馬方山姥」という話名で知られているように、牛方あるいは馬方が運ぶ塩や馬を奪い取り喰ってしまうのは山姥だと語られる場合が多く見られる。山姥は両義的な属性を持つ妖怪で（小松　一九八二）、土佐でも伝承は少なくないが、どちらかといえば、豊作や猟運を授けてくれる存在として信仰の対象であり、凶暴な面は山父が担っているといってよさそうだ（1）。宝暦二年（一七五二）に土佐藩の御山廻《まわ》り役人春木次郎八繁則が、本川郷（高知県本川村、現在のいの町）の風俗を書き記した『寺川郷談』には、

一、山鬼《サンキ》と云者あり。年七十計《ばかり》の老人のことし。人に似たり。マナコ一ッ、足一本、ミノ、様成《なる》ものを着す。本川の人山ぢいと云。俗に云山ちゝなるへし。へんげの者にあらす、けたものゝ類《たぐい》なるよし。されとも常ニ人に見ゆる事なし。大雪の時足の跡有。人往来之道を通ル六、七尺に一ッつ、足跡有。丸キ物也。さし渡四寸計。たとへハ杵ニてをしたる様ニ足跡有り。とび〳〵して行よし。（本川村　一九七九）

と記されている。一眼一足の形態で、ヤマヂイとかヤマチチと呼ばれていたことがわかるが、変化《へんげ》ではなく獣の類だとしている。『近世土佐妖怪資料』には『南路志続編稿本』を引いて、「或人云此一眼の者ハ、土佐の山中ニハミる人多し。其《その》名を山爺《ヤマチチ》と云。形チ人ニ似て長三四尺、惣身《そうしん》鼠色ノ毛短きあり。面上ニ眼二ツ有リ。一眼は甚大ニて光りあり、一眼ハ甚《はなはだ》小さし、ちよとミれハ一眼とミゆる也。人多くハミざる故一眼一足と云也。歯甚た強ものにて、猪猿などの骨を人の大根類を食如くたべ候由」と載せている（広江　一九六九）。

ここでは、一眼のように見えるのは片方の目がはなはだ小さいためだと説明している。歯が強靭《きょうじん》で猪や猿をやすやすと喰ってしまうというのは、昔話の中で馬を喰う山父の凶暴さに通ずるものがある。桂井和雄は、「村々で山男、ヤマヂイなどと言われているものについて幡多郡北部で聞いてみると、大正村葛籠川《つづら》ではヤマヂイは深山に棲んでいるもので人間の姿に似ており、天地も裂けるばかりの大声で叫ぶことがあり、その時は生葉も震い落ちるということである」と報告している〔桂井　一九五四〕。また、山中で猟師におらびやいこ（叫び合い）を挑戦して命を取ろうとするオラビという妖怪も山父の仲間だろう〔常光　一九九三〕。山父の姿形や属性はさまざまだが、基本的には、人に似た姿の一眼一足の妖怪で人間と敵対する存在と言ってよい。そのことをよく示す図が『絵本集艸』に見えている。幕末から明治にかけて作られたとされるもので、土佐の妖怪談を絵と文章で紹介している。その二十二話の「新兵衛」と題して描かれている絵は、明らかに「新兵衛と山父」（牛方山姥）の話である。最初の場面で、新兵衛が串に刺した魚を渡している一眼一足の相手が山父であるのは間違いない〔高知県歴史民俗　二〇〇三〕。しかし、「土佐お化け草紙」に描かれた山父は一本足ではない。二本の足で立ち、右手に提燈《ちょうちん》左手に杖《つえ》をもったひょうきんな姿をしている。市原麟一郎は、「ヤマチチ、または山爺ともいう。一つ目、一本足の恐ろしい妖怪として語るのが伝説で、昔話に出てくる山父は人間と同じ姿の巨人で、どことなく間が抜けていて人間にしてやられるという話が多い」と指摘している〔市原　一九七五〕。昔話のなかの山父も凶暴な性格をおびていることに変わりはないが、ただ、主人公が試練の末に敵対者を打ち負かすという昔話の約束事に従って、最後はおろかな面を露呈して敗北する。

## 3　宿守・馬骨

宿守《やどもり》と馬骨が蚊帳《かや》のなかにいるという一見奇妙な取り合わせである。宿守とは、ガマつまりヒキガエルのことで、高知県ではヤドモリと呼ぶほかに、土地によってヤドサン・ヤドシ・ヤドヒキ・ヤドンビキ・オクツ・ゴトなどと呼ばれる（『高知県方言辞典』）。桂井和雄は「宿守考」のなかで、高知県の伝承について次のように述べている。

ヤドモリ（宿守）あるいはヤモリ（屋守）という方言の起こりは、この生き物が、住居の床下を好んで住み、その家運を守護してくれるものと信じたためで、時には家運の隆盛をもたらすものという伝承さえある。例えば、これをクツヒキと呼んでいる高岡郡窪川《くぼかわ》町や高知市東部の大津などでは、これが床下にいるのは、地震のとき、家屋の倒壊を防いでくれるためと伝えている。香美郡香我美《かがみ》町の徳王子では、クツヒキは大黒柱の下に住み、家を守護してくれているといい、この生き物が出入りするような家でなければ、金ははいってこないとも言ったという。ヤドモリの名をいう幡多郡三原村では、ヤドモリが屋敷内にいると、縁起がよいと伝え、オクツの名をいう南国市稲生《いなぶ》では、オクツが床下にいると、暴風雨や地震のとき、柱を抱いていてくれると伝え、ヤモリと呼んでいる南国市立田《たてだ》では、床下で大黒柱を抱いていてくれると言ったという。〔桂井　一九七九〕

ヒキガエルが家にいると幸運を招くとの伝承は広く見られる。愛媛県や佐賀県では、家のなかにヒキガエルがいると火事にならないと言い、和歌山県東牟婁《ひがしむろ》郡では、ガマは銭神様だからといって殺さないと言う。秋田県や三重県では、フクダカビッキという大きな蛙が家の中に入るとその家はいつも平和であると言い、島根県では、ガマは家の守り神なので殺さないで保護すると言う〔鈴木　一九八二〕。「土佐お化け草紙」に「やどもりをうちころしをけバ、此

図Ⅱ-2　宿守・馬骨（「土佐お化け草紙」より、堀見忠司氏所蔵）

宿守・馬骨
ねふし《寝伏》は《ば》かりかいつまて《で》も、おん馬のかほ《顔》が見ていたい。わしやおまへニすてられて、さりとはむこい《酷》おんしかた。はらがたつて〳〵たまらぬ。クウ〳〵〳〵。やど《宿守》もりをうちころしをけバ、此よふ《う》なものとなり、人のねや《寝屋》へくると云《いう》。そもや二疋《ひき》か《が》なれそめも、いうはたかい《互》のまよひそへ《迷いぞえ》。ヒン〳〵〳〵。ヲカシイ〳〵〳〵。火事にやけ《焼》たる馬ハかくなると云《いう》。

よふなものとなり、人のねや（寝屋）へくると云」とあるのは、家を守るとされるこのカエルを殺すのを忌む伝承があったためで、禁忌を破って殺せば化けて現れると言われていたのだろう。実際、ヒキダを生殺しにするとその夜化けて来る（長野県北安曇《きたあずみ》郡）とか、蛙を殺すと枕元に出る（岡山県）といった俗信が残っている。そのほか、高知城下の侍が猟の最中、宿ヒキが男に化けて家の急を知らせにきたのを怪しんで殺したため、後に「ヒキ神さま」として祀《まつ》ったという民話が語り伝えられている〔市原　一九八一〕。

一方、馬骨は焼死した馬の化物だが、わざわざ「火事にやけたる馬ハかくなると云」と説明しているのは、実は、馬の死のなかでは焼死が最も忌み嫌われる事態であったことを示している。『日本俗信事典』の「馬」の項目には各地のこんな俗信が収録されている。

○牛馬の死の中でも、特に嫌われるのは焼死であり、火事でウマを焼き殺すと、その家は栄えない（山口）、ウマを焼き殺すと三代祟る（千葉・神奈川・愛知）、七代祟る（山形・福島・群馬・静岡・福井・広島）、といって忌むことはウシと同様である。従って、火事の時は何を出さずともウマと神棚を出さなければいけない（秋田）のであるが、ウマは動物一般の習性として火を恐れ、火事の時、火を見ると小屋から出なくなる（山形・福島・新潟）ので、焼死させることが多かった。
○栃木では、火事の時には仏様を出さないうちはウマが出ない、位牌を先に出さないとウマが焼け死ぬという。その時には、ウマをまぜ木でたたくと逃げ出す（宮城・福島）、ウマの顔に腰巻をかぶせる（愛知・石川）、赤い腰巻をかぶせる（ウマに火を見せるな）（福島・群馬）、鍋を先にして出す（秋田）など、火を見せないことを主眼とするらしい呪術が行われた。

○また、臼を転がすと、その後について出る（栃木・千葉・新潟）という。千葉県印旛《いんば》郡では、そのために、どこでも厩《うまや》の入口に臼を置く、という。

宿守も馬もかつての農山村では人びとと共生し、身近で親しい関係を維持してきた動物である。縁の下に棲《す》みついた宿守はその名が示すように家の守護神とされてきた。なかでも、この小動物に期待した重要な役割は、火災から家を守ってくれることであったと言ってよいだろう。高知県檮原《ゆすはら》町の石井今朝道さん（明治三十五年生れ）は、カエルについて「疣蛙《いぼがえる》というのは臭いよな。あいと（あいつ）はなんと臭い。家の中におるのはカマモリ（竈守り）という。悪いことはせん。ヤドモリ（宿守）というのも別におる。赤いようなこんまいやとじゃ。家の中から、家のぐるりにおって遊びよる。あれはヤドモリいうて、あれのおるような家じゃったら絶対に火事というものにあわんな。あれが火事守りをするよ」と話している〔常光　一九九三〕。カエルは水との関係が深いところから、火災を防ぐ力を認めてきたのかもしれない。その宿守が打ち殺されて現れた化物と、一方で、焼死を忌み嫌う馬が火災にあい、化物となって現れた馬骨とが、一つの蚊帳の内に描かれている構図は、民俗的な文脈のなかにおいて眺めると必ずしも奇妙な組み合わせではないことが理解できる。

## 4　鬼　火

ケチビとは、ヒダマ（火魂）とかヒトダマ（人魂）などと呼ばれる怪火の一種である。『曽富騰舾幸』一〇収載の「勧進帖」では、「ケチ火　又火玉ト云　是《これ》は色々説あれども、是人死シたる者の霊成べし。故に墓所より出る事多きに

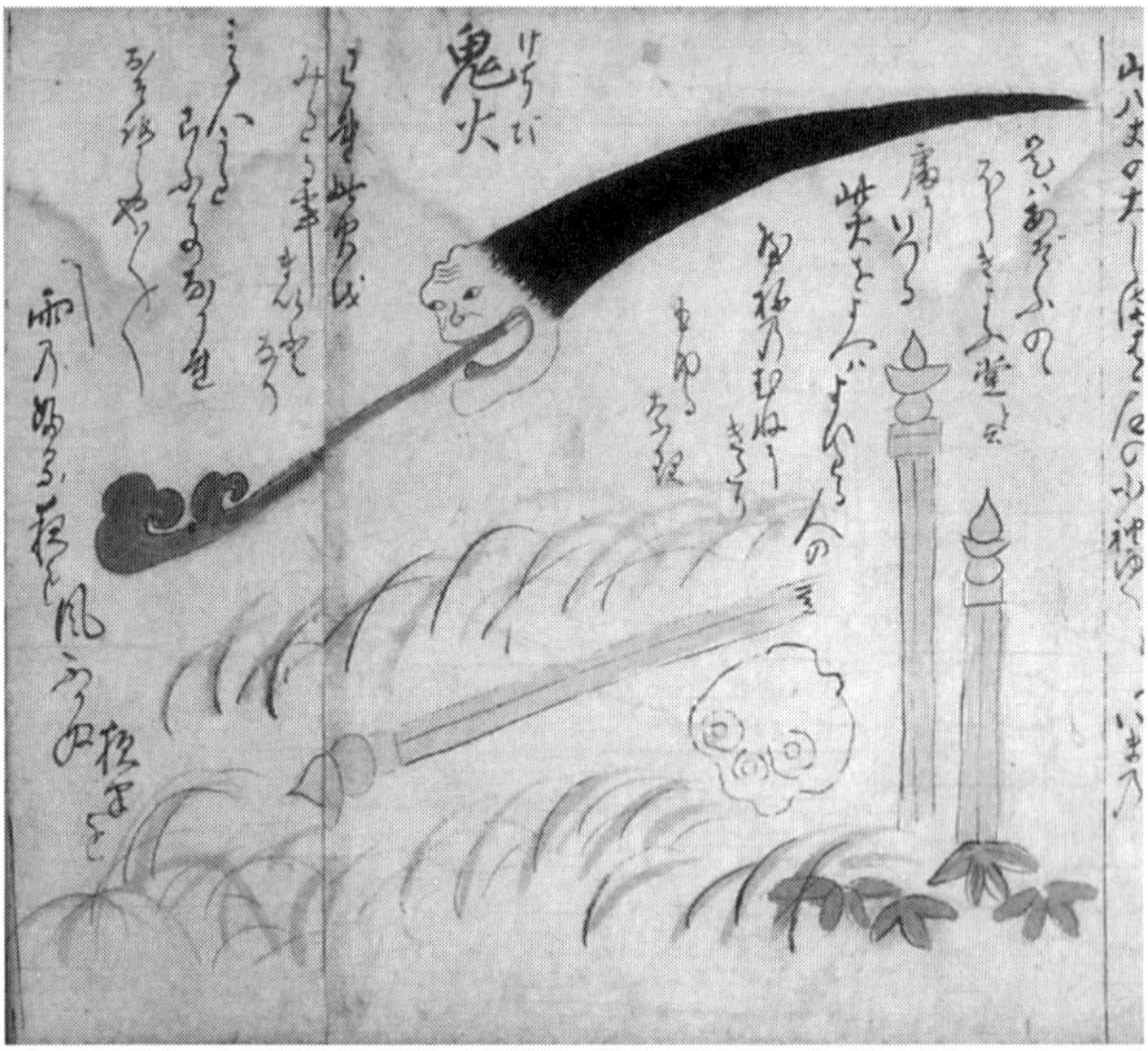


図II－3　鬼火（「土佐お化け草紙」より、堀見忠司氏所蔵）

鬼《けち》火《び》

是ハあぞふ《（薊野）》の、ほうき《（法経）》よふ堂と云處《（処）》にい《（出づ）》つる。此火をよへハ《（呼べば）》、よひ《（呼び）》たる人のやね《（屋根）》のむね《（棟）》にきたり、もゆる《（燃）》なり。われ此火をみたる事まいと《（毎度）》なり。ミる人うたこふ《（疑う）》事なかれ。おそろしやく〱。

雨のふる夜を、

風ふかぬ夜半を。

ても知へし。火玉も人の死たる時人霊《タマ》と云物飛と云にて知べし。然共《しかれども》慥成《たしかなる》事を見届たる事は不成《ならず》、衆人の知所也」と解説している〔高知県編　一九七七〕。ヒダマは、人間の体から抜け出た魂の姿だと信じられてきた。いつ抜け出るかはまちまちだが、一般には死の前後に遊離するとされている。『三安漫筆《さんあんまんぴつ》』（安永九—安政三年）の次の記事はそうした民俗心意をよく伝えている。

宇佐（現在の高知県土佐市）の俗、病人の気を閉し時、屋上ニ登りその名を高く呼び、或ハ屋上を穿ちて呼ぶ。一時これを穿ちて呼ぶニあたり、病人の衾中より出火（火出）て、その穴より飛び去る。其の病愈（癒）ずして死す。因云、信古十有余歳なりし比、一夜同年輩四五人と共ニ、安喜（現在の高知県安芸市）海濱ニ出遊戯す。里俗死者を沙漠ニ葬る。此夜葬送あり。埋葬畢りて後人群り帰るニ及びて、其の葬地より火出て斜行す。葬地より帰るものハ是をしらずや、一言その事ニ及ぶをきかす。怪しともあやし。〔広江　一九六九〕

絵巻には、野晒《のざら》しのしゃれこうべの上を、口から真っ赤な火を吐きながら飛ぶ首が描かれている。浮かばれない霊がケチビとなって飛ぶという例は多く見られる。「あぞふの、ほうきよふ堂と云処にいつる」とあるあぞふのは、現在の高知市薊野《あぞうの》である。かつて、ここの法経堂《ほうきようどう》（宝篋堂）にケチビが出るとの話は知らぬ者がないといってよいほど有名だったようだ。明治期の『土佐化物絵本』上にも、法経堂のケチ火の悪口を言ってひどい目に遭った話が紹介されている。〔高知県立歴史民俗　二〇〇三〕。また、大正十四年（一九二五）発行の寺石正路編『土佐風俗と伝説』に「法華経堂の怪火」と題して数話紹介されているので、一つ引用してみよう。

遊火は昔此国には所々にあり。陰雨の夜は更にもいはず、晴れたる夜もともすればあくがれ出て歩くなり。高知城下には、北方一里の法華経堂の火、俗に怪火《けちび》と称せられて有名であったことは、薊野《あぞうの》村より久礼野《くれの》重倉《しげくら》に越す坂路で、昔一飛脚此所を通るとき、大事の手紙を落し悔みて自殺し、遊魂火となりて之を探すなりといひ伝へられ、後世追善の為一字一石の法華経を埋めたりとも宝篋塔を建てたりともいはれ、是より法華経堂越或は宝篋堂と呼ばるゝに至った。此地昔より怪火の遊行現著なりしが、山人の夜帰の炬火に紛へば、遠くよりはそれとも見分け難きを、静かに燃えて久しく山上を動かずと見る火は必ず其物であった。

今は昔、佐分利《さぶり》丈次郎といふ人、若かりし時久礼野辺にか鹿狩に参り、若士従者を余多具して夜に及び、松明二三十を燃やし山を下りけるに、若者が戯《たわむれ》に怪火も我等が火には及ぶましと、口々にいひさゝめきければ、此遊火忽ち数千百に分れて、嶺にも麓にも満ち〳〵たり。されば是には及ぶましといひて再び三十許の松明を一つに集めければ、かの遊火も亦一団の大火となりて山の如し。此方散れば彼も散り此方集れば彼も亦集る。後には大勢のものども皆恐ろしくなりて、物言ふことを止めて山を下りけるに、彼の火江口の三ツ石あたり迄慕ひ来りしとぞ。佐分利氏の直話なりと楠瀬大枝書き記しぬ。法華経堂の怪火《けちび》は草履の裏に唾吐掛け、怪火ようと呼べば直に飛び来るといふこと、昔の人の物語に著者も幼時数度も聞き覚えり。〔寺石　一九二五〕

薊野は江戸期には薊野村で、明治二十二年（一八八九）に隣接する一宮《いっく》村・久礼野《くれの》村と合併して一宮村の大字となり、昭和十七年（一九四二）に高知市に編入された。ケチビやヒダマにまつわる怪異談は高知県下の方々にあり、けっして珍しい話題ではないが、薊野や一宮周辺にはとりわけ伝承が濃密なように感じられる。『土佐風俗と伝承』のなかで、編者の寺石自身が明治四十年と大正十二年の二度、薊野で火玉に遭遇した体験を語っている。また、『弥生新聞』の明治十八年九月十日付の記事に、新市町《しんいち》（現在の高知市）の車夫《くるまひき》が御免《ごめん》村まで客を乗せていった帰りに薊野村の天王前でケチビに遭い、その夜より大熱で寝込んでしまったという投書を載せている〔湯本　二〇〇二〕。明治になると、新聞のようなメディアを通じてこの種のうわさが広まっていった形跡も窺える。また、桂井和雄も「ケチビとヒダマ」と題した一文で次のように述べている。

土佐郡一宮村〔現在の高知市〕から土佐山村に通ずる笹ケ峠にある法経堂には、昔から夜更になるとヒダマ〔火玉〕が出ると言われている。何でも藩主から託された手紙を持った飛脚が殺された亡霊であると言い、「文があった」というと消えてなくなると伝えられている。ヒダマはヒトダマ〔人魂〕等と言い、ケチビの詞と共に土佐の至る處で言われる怪異の一つであるが、草履の裏へ唾をつけて招くと寄ってくるとも言われている。ケチビ〔怪火〕とヒダマは同一の怪異の内容をもって語られることが多いが、ある古老の話ではケチビは野に一ぱいちらちらとあかっていて、大きく一つになったり消えたりする怪火で、ヒダマはボーっと一塊になって長く尾を引いて飛ぶものであると区別しているのに出逢ったことがある。〔桂井　一九四八〕

ここでは、ケチビとヒダマの違いが紹介されていて興味深い。ほかにも、薊野のケチビに関する記述はいくつか確認できる。

「土佐お化け草紙」によれば、ケチビを呼ぶと呼んだ人の屋根の棟に来て燃えるという。その方法について『土佐風俗と伝説』には、草履の裏に唾を吐きかけて呼ぶと書かれているが、この俗信はほかでも言うようで、南国市国府地区でも「草履の裏に唾を吐いて招くと一直線に近くまでとんでくるといわれた」という〔高知県　一九七七〕。安芸市の清藤麻貴さんが語る「大山のケチ火」という世間話にも、草履の裏に唾を吐きかけて招くと唸り声をたてて飛んできたという描写が見られる。また、幡多郡大方町には、怪火は草履の裏へ唾をつけておけば捕えられるという俗信が伝えられている〔中平　一九三二〕。このような行為がケチビの飛来を促す理由について『改定綜合日本民俗語彙』では、「もとは人の無礼を許さぬという意味であったらしい」と説明している。その際、なぜ草履を用いるのだろうか。確かに無礼な態度には違いないが、見方によっては、足に履くものを手にして招くのは逆さまの行為と見ることも可能である。ケチビを挑発するというだけでなく、あの世のモノと交信する何か呪的な意味がこの行為には隠されているのかもしれない。ところで、ケチビを招いたのはよいが、そのため病気になったとか命を失ったという話も伝えられている。ケチビに取り憑《つ》かれたのだろう。本来、ケチとはあやしいとか不吉なことで、一説では怪事《けじ》の音転とされている（『日本国語大辞典』）。けちがつくと縁起の悪いことが起きる、あるいはそのために物事がうまく進まなくなるなどと言って心配する人は少なくない。

〔註〕

（1）　山姥にも山父にも、富を与える面と災いをなす面の両面が見られ単純には判断できないが、土佐の伝説や昔話の伝承では山父に負の側面が大きいように思われる。筆者の調査した範囲では、土佐に隣接する愛媛県野村町惣川（現在の西予市）で、オンバサマ（山姥）は猟運をもたらしてくれるといって山中にお堂を建てて祀っている。

〔引用・参考文献〕

市原麟一郎　一九七五　『日本民話　土佐のお化け昔』　講談社
市原麟一郎　一九八一　『土佐お化けばなし2　土佐の怪談』　一声社
桂井和雄　一九四八　『土佐民俗記』　海外引揚者高知県更生連盟
桂井和雄　一九五四　『土佐の伝説』第二巻　社会福祉法人高知県福祉事業財団
桂井和雄　一九七七　『全国昔話資料集成二三　土佐昔話集』　岩崎美術社
桂井和雄　一九七九　『桂井和雄土佐民俗選集　第二巻　生と死と雨だれ落ち』　高知新聞社
高知県編　一九七七　『高知県史』民俗資料編　高知県
高知県歴史民俗資料館編　二〇〇三　『あの世・妖怪・陰陽師―異界万華鏡・高知編―』
小松和彦　一九八二　『憑霊信仰論』　伝統と現代社

小松和彦　一九八三「魔と妖怪」宮田登他編『日本民俗文化体系』第四巻　小学館
鈴木棠三　一九八二『日本俗信辞典―動・植物編』角川書店
常光　徹　一九九三「土佐の世間話―今朝道爺異聞―」青弓社
常光　徹　二〇〇〇「土佐・四万十川流域で聴いた昔話（二）」『昔話伝説研究』二一号
寺石正路編　一九二五『炉辺叢書　土佐風俗と伝説』郷土研究社
中平悦磨　一九三一「高知県幡多郡田ノ口の俗信」『民俗』三巻五号
広江清編　一九六九『近世土佐妖怪資料』土佐民俗学会
本川村編　一九七九「寺川郷談附雑記」『本川村史』
湯本豪一編　二〇〇一『地方発明治妖怪ニュース』柏書房

# 二　流行病と予言獣

## はじめに

妖怪のなかでも、豊作や疫病の流行など未来のことを予言したあと、除災の方法を告げて消え去ったという異形のモノを予言獣という。江戸時代後期から、摺物や錦絵などに登場し庶民の関心を呼んだ。頭に二本の角を持つ女の顔に魚体が結びついた神社姫や姫魚《ひめうお》をはじめ、人面牛身の件《くだん》、猿の顔に三本足のついたアマビコなど、いずれも異様な姿をしている。予言の内容とその姿を描いた絵図は、庶民のあいだで主に悪病除けの目的で求められ呪的な効果が期待された。予言獣にまつわるうわさは明治以降にもしばしば流布し影響を及ぼしている。予言獣に関しては次のような先行研究が存する。

佐藤健二は「クダンの誕生」〔佐藤　一九九五〕で、クダンという「霊獣」の誕生には、民俗社会に浸透し始めた文字や印刷物メディアが深く関わっている点を指摘し、多面的な視座と論点を提示しながら、民俗学におけるこれまでの研究を拘束してきたイデオロギーの摘出と解放を迫っている。白沢図がイメージ形成に作用している点や、見る〈眼福〉という効用の可能性などを示すとともに、「よって件の如し」のフレーズの持っている力、声の文化と文字の文化の関係について論じている。

湯本豪一は『日本幻獣図説』〔湯本　二〇〇五〕を著して、河童・人魚・雷獣・件などの資料を紹介し、その特徴について述べている。特に、第二章では「予言する幻獣」と題して、主にアマビコに注目しながら予言獣の性格や系譜について論じている。近世から明治期にかけての資料を博捜し、アマビコという呼称が孕む問題や、三本足で描かれる特徴の原型には神社姫の尾びれとの関係があるのではないかと説く。さらに、アマビコは天の声を人間に伝える役割を担って出現したものであると述べて、山童や人魚との深い関係を推測している。

長野栄俊の「予言獣アマビコ・再考」〔長野　二〇〇九〕は、近世後期のアマビコ資料を精力的に発掘して考察を加えるとともに、十九世紀における怪異情報の受容と広がりについて分析したものである。多様な情報を転写という形で受容し、他者に伝えていくような階層が地方まで広がっていた状況と、転写によって生じる図像の変容を指摘している。予言獣資料が必ず図像を伴った形態で流布することから、長野は、「この情報が口頭で広まる噂や流言として誕生したとは考えにくく、当初から図像を伴う形のかわら版として生み出されたと考えるべきであろう」と述べ、アマビコ型の予言獣は十九世紀という時代が生んだ幻獣だったと述べている。

多面的な視座から詳細な研究が展開されており、さらに新たな知見を加えることは容易ではないが、国立歴史民俗博物館〔以下、歴博〕の怪談・妖怪コレクションに収められている予言獣に関する資料などをもとに、従来見落とされがちであった、こうした絵図が流通する背後に横たわる庶民の悪疫に対する恐れと、不安を喧伝しつつ絵図を売り歩いたしたたかな人物の動きの一面に留意しながら以下に述べてみたい。

## 1　姫魚の周辺

豊作や疫病の流行を予言したあと、除災の方途を示して消え去る姫魚と称する異形のモノが知られている。図Ⅱ-4は文政二年（一八一九）に肥前国平戸に出現したという姫魚を描いたものである（手描き彩色、歴博蔵）。頭に二本の角を持つ女の顔に魚体が結びついた姿で、次のような説明が書かれている。

此度肥前国
平戸におゐて
沖にうきあかる
姫魚龍宮より
御使なり此魚
ものを云
七ケ年の間
豊年なり
其印にハ北斗
星の片傍に
箒星出る

しかしころりと云
病はやり人多く
死す我姿を
絵に書一たひ見ハ
此病をのかるへし
と云て直に
海中へしつミにけり
文政二年
卯之月十五日出ル

魚金色也
長一丈三尺
髪長一丈斗
背ニ宝珠ノ
玉三ツ有リ

姫魚は龍宮からの使いだという。背に三つの宝珠の玉があり、口に赤い実をつけた小枝をくわえていて、尾鰭の部分は三つに分かれた剣の形をしている。色は金色で、長さは一丈三尺と記されている。七ケ年の豊作ところりの流行を予言したのち、難を逃れるには我姿を描いて見るとよいと告げて去ったというのは、予言獣に共通する特徴である。文政二年には姫魚にまつわる右のようなうわさが取り沙汰され、方々でこの種の絵が描き写されたようだ。図Ⅱ-5は近年高知県で発見された姫魚の絵である〔高知県立歴史民俗資料館　二〇〇三〕。

文政弐巳四月
肥前平戸へ上ル

此姫魚竜宮之勅命を
うけて此処に浮ヒ出たり
今年ゟ七ケ年の間タ
大豊年つゞき候け（けれカ）共
コロリト病死流行諸
人大イニ悲ミ煩ふニ付
わか姿を画テ見たる
人は其病をマヌガレル
ト云テ沖中へ入たる也
身ノ長サ壱丈六尺
カラタ廻り五尺六寸
髪の長サ壱丈六尺

頭に二本の角を持つ女の顔に魚体がついた姿で、髪は左右にふり乱したように広がっている。図Ⅱ-4のような宝珠や口にくわえた小枝はないが、基本的な形態と肥前国平戸に出現し七ケ年の豊作とコロリの流行を告げる内容は共通している。次の図Ⅱ-6は、文政六年に出版された『以文会随筆』（西尾市岩瀬文庫蔵）に収められている姫魚図である〔南丹市立文化博物館　二〇〇八〕。

姫魚図

かくの如く形のもの
當四月八日肥前の
平戸のはまにあら
われわれハ龍神の
使なりことしより
七年の間諸国ニ
コロリト云やまひ
はやり人多く死ス
我形を家門に
はりおけハ其やま
ひをのがれ子孫は
んじやうなり今
姿をあらわし此事ヲ
告んなりといふかと
思へバみなそこニ
いる　その姿
凡壱丈五六尺

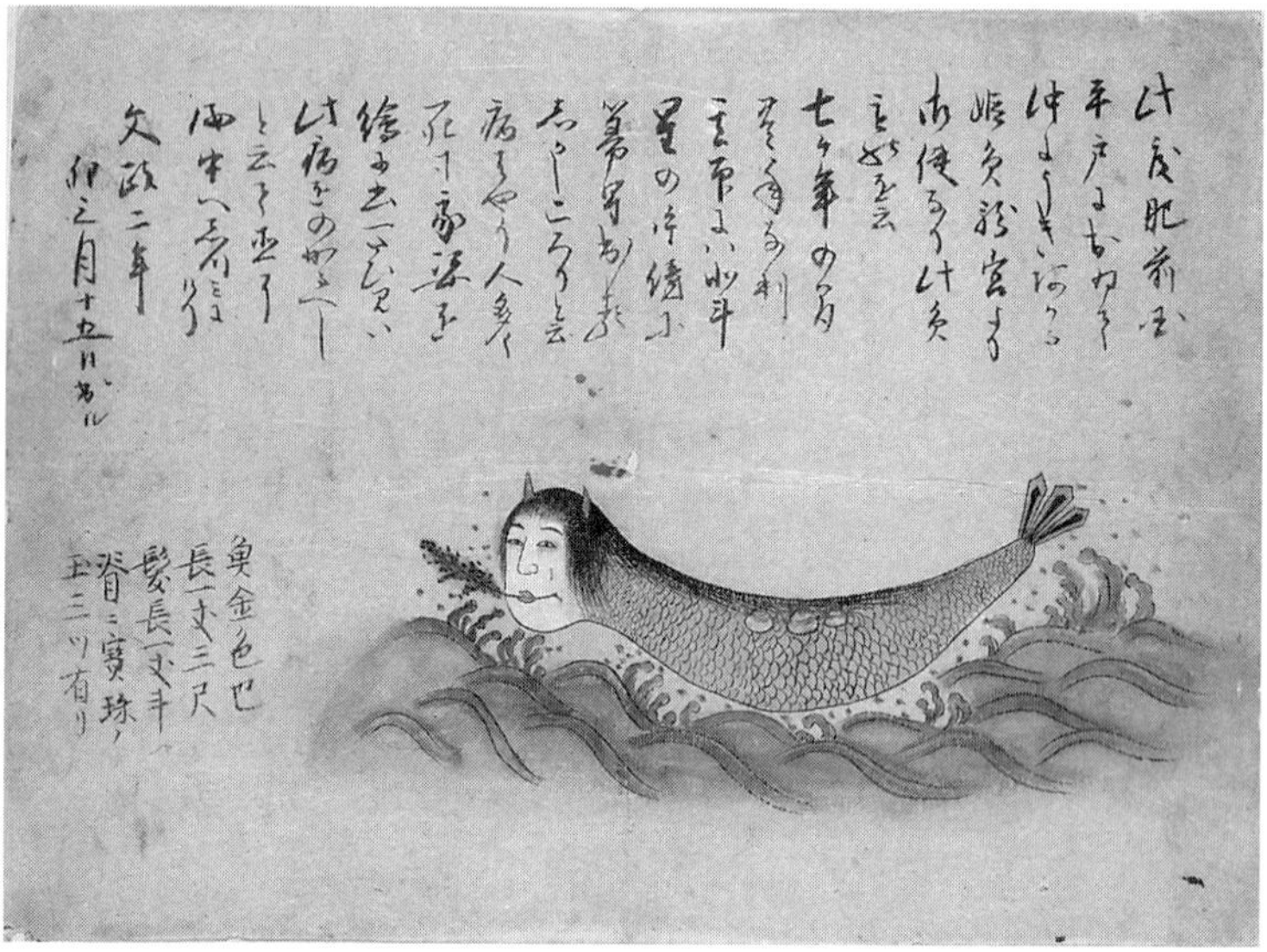

図II－4　姫魚図（国立歴史民俗博物館所蔵）

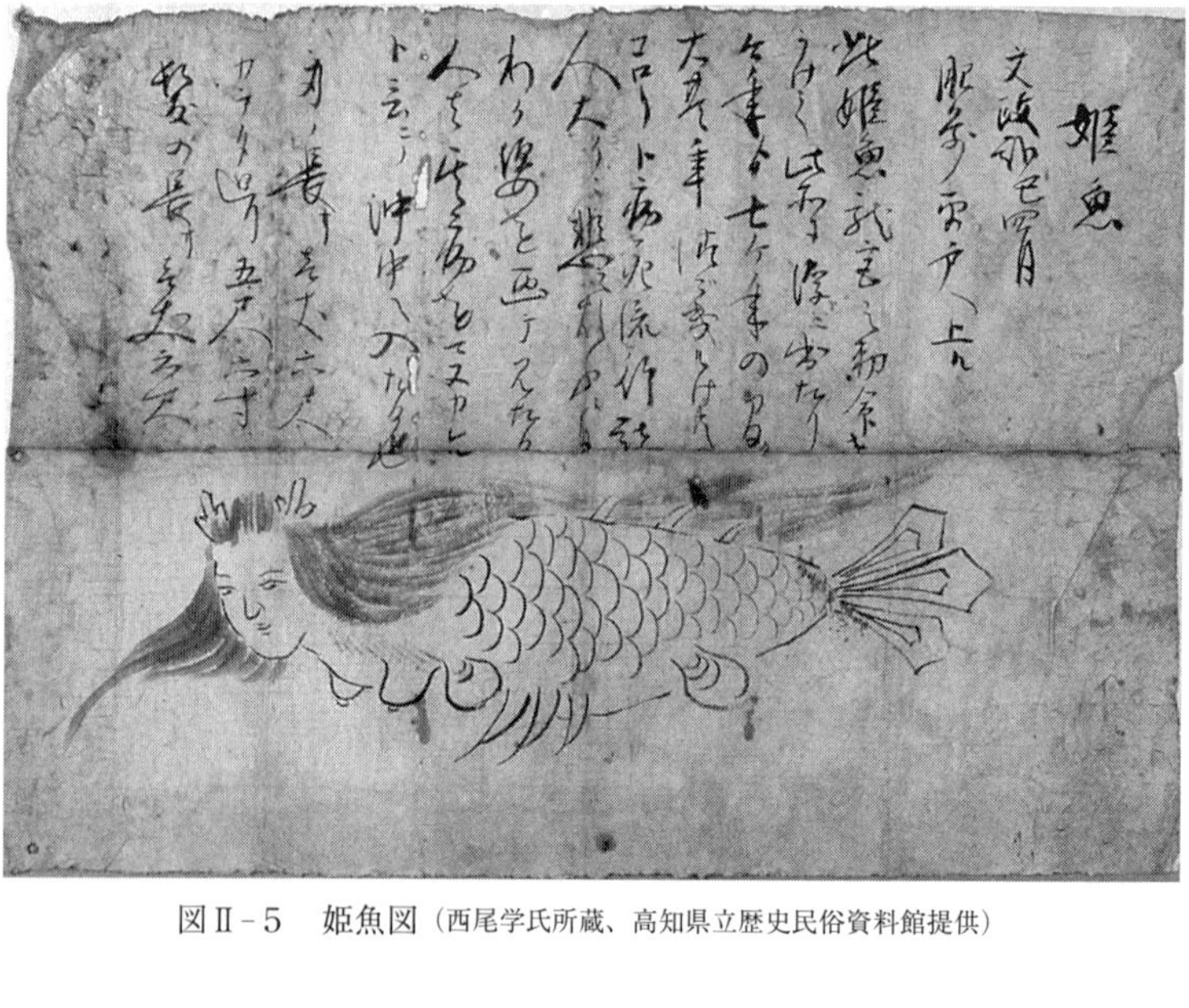

図II－5　姫魚図（西尾学氏所蔵、高知県立歴史民俗資料館提供）

図Ⅱ－6　姫魚図（『以文会随筆』より、西尾市岩瀬文庫所蔵）

図Ⅱ－7　怪魚の図（石塚豊芥子『街談文々集要』より）

かほ三尺斗りと
人々申傳へしなり

内容から見て「當四月八日」というのは文政二年のことであろう。図Ⅱ-4・5で七ケ年のあいだ豊作に恵まれるとある部分が、この図ではコロリの流行期間になっている。転写の段階で生じたものであろう。また、横腹に宝珠の玉が一つあり、魚の尾鰭の中央に剣状のものが一つ描かれている。

こうした姫魚がどのような経緯で登場してきたのか判然としないが、姫魚と似た図については石塚豊芥子の『街談文々集要』の文化二年（一八〇五）の記事に興味深い風説が書き留められている（図Ⅱ-7）〔鈴木　一九九三〕。

第五　富山捕怪魚

一　文化二乙丑五月、越中国富山領、放条津イニ余潟浜共あり四形の浜江渡ル海、一日に二三度ヅヽ出テ、海ヲ荒し其浦々漁一向無之、其上此魚の出ル浜村、火災有之よし、御領主江訴、依之鉄炮数多被仰付、打留ル、ウナル声三十町程、聞ユルト云々。

惣丈三丈五尺、顔三尺、髪一丈四尺、脇鰭六尺余、背薄赤、腹ハ火の如し。

古諺ニ、人魚ヲツクと云事アリ、是ハイラヌ世話ヲヤク事ト云譬ナリ、豊芥子補

按本草綱目、有人魚二種、曰鯑、曰鯢、異物志ニ云、似人形、長尺余、頂ニ小穿、気徒《従カ》中出。

此図ハ、或人のもとより写したるを、爰に模写す、彩色摺にして街を売行しハ、此図とハ大同異《小異カ》にして、面ハ般若面の如く、鰭に唐草の如き紋有、横腹左右ニ眼三ヅヽあり、文宝亭曰、予が向ふの家、松屋江佐渡国より折々

来る僧あり、此僧の物語にハ、佐渡にては折々猟師の網にかゝり上る事なれ共、此魚をとれバ漁なしとて、自然とれたる時は、飯をくハせ酒を呑せて放ちやるよし、尤彼国にて人魚と称するものハ、長三尺も有て、人の面ニ似て、髪の毛もすこし有よし、人語弁《わきま》へて、うけ答へくらゐハするよし、此僧の物語なりとて、松屋隠居円養来りてかたりたるまゝ、筆にまかす、随筆に見へたり○加州候御屋敷にてハ、一向沙汰もなく、甚虚説なるよしト云々、此後神蛇姫ト云あり、是等の焼直しなるべし（傍線筆者）

文政二年の姫魚の話題より十四年ほど遡る。当時、越中国放条津（放生渕）に出没して悪事を働いた怪魚が退治されたとのうわさは人びとの関心を呼んだらしく、湯本豪一氏が所蔵する悪魚図（図Ⅱ-8）には、文化二年五月六日の日付が見え、記事内容も『街談文々集要』と同じである。おそらく、豊芥子はこのような絵図をもとに模写したのであろう。いずれも頭に二本の角を持つ女の顔に魚体が結びついた姿は姫魚と類似しているが、ただ、姫魚のように豊作や流行病を予言したわけではない。注意したいのは、このとき「彩色摺にして街を売行しハ、此図とハ大同異《小異カ》にして、面ハ般若面の如く、鰭に唐草の如き紋有、横腹左右ニ眼三ヅヽ」ある彩色摺の絵図を売り歩く者のいたことを書き留めている点である。記述された特徴から見て、この摺物は現在、早稲田大学演劇博物館が所蔵している「人魚《にんぎよの》図《ず》」（図Ⅱ-9、文化二年五月）がそれではないかと推測される。越中国放生渕に現れて悪事を働いたため退治されたという説明は怪魚（悪魚）と同じだが、湯本豪一は文章の最後に「此魚を一度見る人ハ寿命長久し悪事災難をのがれ一生仕合よく福徳幸を得るとなり」と記されている点に触れて、「悪魚が一夜にして吉祥魚に変身を遂げた」と述べ、また、「両腹に目三ツ宛《ヅツ》有」という記述から白沢図の影響を指摘している〔湯本　二〇〇五〕。怪魚出現の衝撃を伝えるだけでなく、そこに寿命長久と災難除けの意味を付加して人びとの願望と不安の除去を打ち出した背後には、こうした摺物を制作し街中で売り歩いた者のしたたかな意図が垣間見える。

豊芥子は記事の最後を、「此後神蛇姫ト云あり、是等の焼直しなるべし」と結んでいる。神蛇姫がどのようなものかは示されていないが、その呼称から推して、おそらく予言獣の一類である神社姫と関係が深いと考えられる。それが右に述べたような怪魚にまつわって取り沙汰された一連の経緯から生まれたもの、つまり、それらを踏まえた焼直しであろうとの見解は、眼前で生起する異聞を一方ならぬ関心をもって注視していた豊芥子の発言だけに注意しておく必要があるだろう。

姫魚が話題になった文政二年は、ほかにも神社姫の絵図が江戸の市中に出回ったようだ。加藤曳尾庵の『我衣』には、この年の夏に流行った赤痢騒動の最中に次のような異形の魚の絵を売り歩く者のいたことを書き留めている〔鈴木他　一九七一〕。

　當四月十八日九州肥前国去る浜辺へ上りしを、猟師八兵衛と云もの見付たり。其時此魚の曰、我は龍宮よりの御使者神社姫といふ物也。當年より七ケ年豊年也。此節又コロリといふ病流行す。我姿を畫に写して見せしむべし。其病をまぬかれ長寿ならしむると云々。海神のせわやき給ふか、いか成事にや。丈ニ丈余、はら赤き事べにの如しとぞ。

このように記して神社姫図（図Ⅱ‐10）を添えている。出現場所が肥前国で、龍宮よりの使いを名乗ったあと七ケ年の豊作とコロリを予言する内容は姫魚と同じと言ってよい。ただ、姫魚が角を持つ女の顔と魚体であるのに対して、『我衣』の神社姫は魚とは言いながら体は長く伸びた蛇体に鰭のついたような姿をしており、豊芥子が「神蛇姫」と書いたイメージに近い。斉藤月岑の『武江年表』には、文政二年の夏にコロリと称する痢病が流行った際、「これを避くる守り也とて、探幽が戯画百鬼夜行の内ぬれ女の図を写し、神社姫と号して流布せしを、尊ぶものありしなり」とある〔金子　一九六八〕。図Ⅱ-11は佐脇嵩之の「百怪図巻」(元文二年〈一七三七〉、福岡市博物館蔵)に描かれたぬれ女だが、女の顔に蛇体が結びついた姿をしている。神社姫はぬれ女そのものではないが、こうした妖怪画の影響を受けていることは考えられる。(1)

「越中国の怪魚」「人魚図」「神社姫」「姫魚」は、表現の差異はあっても、基本的には頭部に二本の角を持つ女の顔に魚体が結びついた姿の人魚だと言ってよい。「此後神蛇姫ト云あり、是等の焼直しなるべし」という先の豊芥子の指摘は、怪魚騒動のなかから神蛇姫(神社姫)が登場してきた一つの可能性として注目される。しかし、形態的には共通点が見られても、それぞれの絵図に記されている内容には異同があり、単純な焼直しではない。人魚図は怪魚出現の顚末と併せて長命・除災の効果を説いているし、神社姫と姫魚の場合は怪魚騒動とは直接関係なく、豊作とコロリの流行を予言したあとに除災の方途を強調する内容である。そして、人魚図に白沢図の知識が取り入れられているように、神社姫や姫魚が告げる豊作・流行病の予言と除災という点についても先行する知識を借用しつつ新たな工夫を施したものであろう。例えば、平山敏治郎は「取越正月の研究」のなかで、淀藩稲葉家の家士渡辺善右衛門守業が書き残した「新歯朶集」を取り上げて、宝暦九年(一七五九)秋九月に起った風説に注目しているが、そのなかで、「八月の初めごろ摂津のある村の百姓何某、ある夜不思議の夢想を得た。一人の老翁が来って告げ、当年はまれに見る豊年ながら、九月に至って疫癘流行して万民これに伏する故、早く正月の式法を取り越しておこなえ、この祝儀を調えた者は免るべしといって、かき消すように失せたと見て夢さめた」という記録を紹介している〔平山　一九八四〕。類似の記事は『街談文々集要』文化十一年(一八一四)の「第十八　再正月流言」にも見えている。

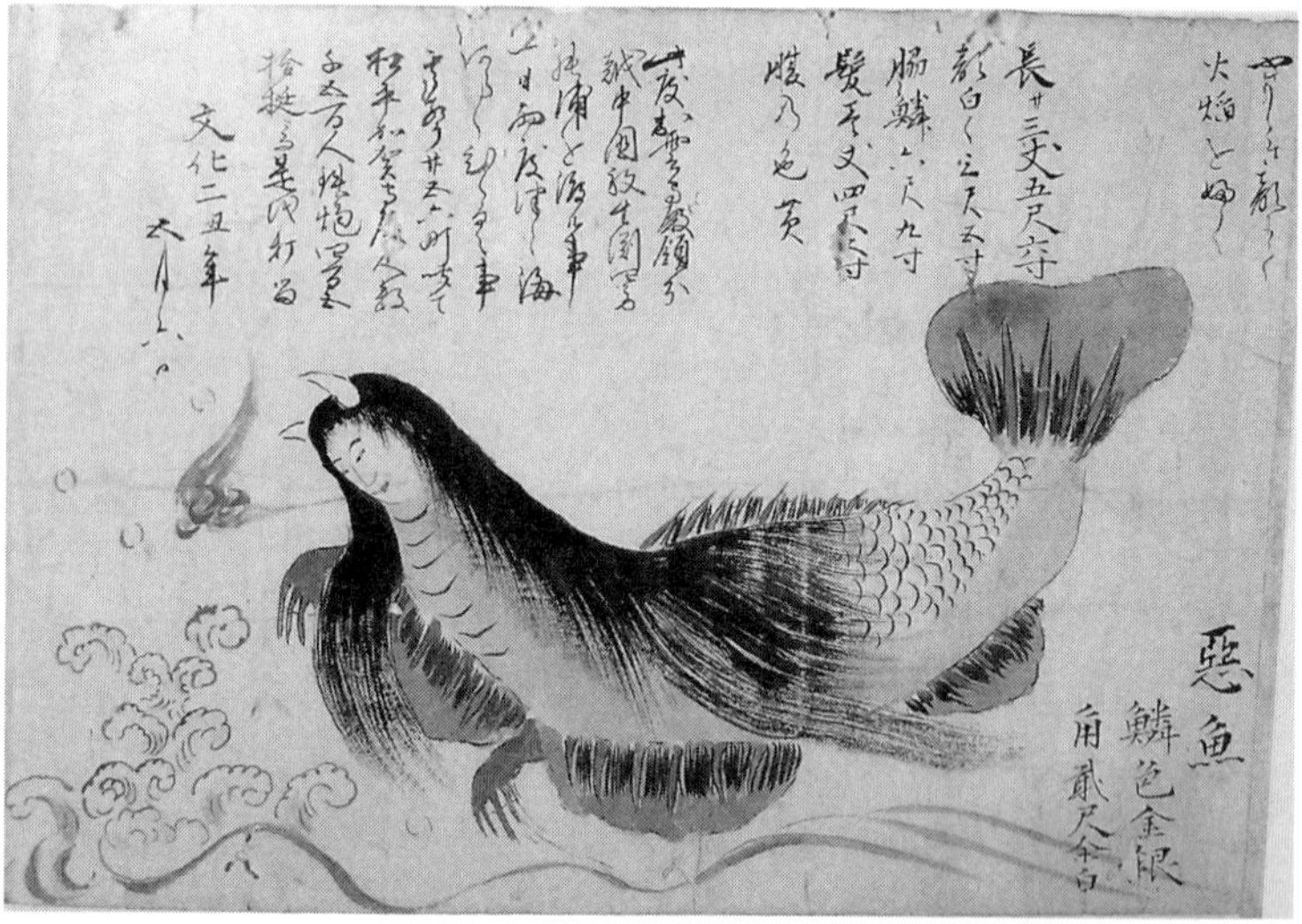

図II－8　悪魚図（湯本豪一氏所蔵）

図II－9　人魚図（早稲田大学演劇博物館所蔵）

図Ⅱ-10　神社姫（加藤曳尾庵『我衣』より）

図Ⅱ-11　ぬれ女（佐脇嵩之「百怪図巻」より、福岡市博物館所蔵）

一　同四月上旬ゟ流言せしハ、当年ハ世界七分通り死亡いたし、是を遁れ候ニは、再正月を祭り候得ば、右病難相除候由ニ而、餅を舂、門松を建、扨五月朔日を元旦として雑煮など祝ひ候もの、世間ニ過半有り。文宝亭、筆まかせニ云、

五月何方ゟ言出しけん、此月、正月の如く松たて丶餅を祝ひ、或ハ豆蒔して正月のまねびをすれバ、あしき病ひをのぞくとて、所々ニ而いろ〳〵なる事をせしよし。

此事、川越の近在ニある庚申塚の森に、猿三疋集りて言出せしゟ、何方ニても斯せしト云々。

又予が聞しニは、

坂本日吉山王の神猿申けるハ、当年ハ天下豊年なりト云、又壱疋の猿言ニは、然共、人々の死亡多からんト云々、又壱疋の申ニは、今年も明ケ新年を改候ハヾ宜しからんト申ス、故ニ五月朔日を元日といたし、右之病難をよけ候ト云々。

八十歳斗りの老人中ニは、我等八才ばかりの頃、としの半途に正月を祭り致候事有之しを、うす〳〵おぼへ居候事なれば、無之儀ニも無御座旨語りぬ。

右猿のもの言たる事ヲ、明言神猿記ト題して、半紙二枚ニつヾりて、町中をうりあるきしなり、此節の狂哥ニ、

正月を二度ハいわへど大晦日払のことは何の沙汰なし　蜀山人

世上ニか丶る妄言を触る丶事、往古ゟま丶あり、是を信じて金銭を費す事、愚なること丶言べし。（傍線筆者）

豊作を述べたあとで病の流行を告げ、最後に解決法（取越正月）を示すというのは、疫病などの危機に関わる風説が取り沙汰される際の言説として類型性を持っていたようだ。近世には悪疫流行に見舞われた際、その年を早く送っ

て新しい年を祝う目的でしばしば時ならぬ正月（取越正月）を行なった記録は平山の論文に詳しい〔平山　一九八四〕。こうして見ると、神社姫や姫魚に見られる豊作と流行病に関する予言の内容そのものは目新しいわけではなく、類型的な言説を踏襲していると見てよいが、除災の手段については取越正月ではなく「我姿を描き写して見る」ことであると強調する点が違っている。悪疫の流行から免れる有力な方法として、異形のモノを描いた絵図の存在が力を発揮し流布していったところに近世後期に登場してきた予言獣を取り巻く状況が浮き彫りにされている。ところで、右の文の最後で豊芥子自身は、世上の妄言を信じて金銭を費やすことは「愚なること丶言べし」と述べている点は注意しておきたい。

## 2　予言獣をめぐる人びとのうごき

先に加藤曳尾庵が注目した神社姫の記事を紹介したが、実は神社姫の記事は次に示すような、文政二年（一八一九）の夏に発生した赤痢の流行による悲惨な状況に関わって書き留められたものである〔鈴木他　一九七一〕。

いつもあるかく／＼の事なれども、異形の魚の出たりしを板行にして賣あるく。其前には往々紙に寫して人にもてはやしけり。是は當五月の末より江戸中痢病大に流行して貴賤となく斃る丶者夥し。淺草見附を、一日に死亡せしもの百十七通れりとぞ。予が淺草に至りし日は七月の廿四日也。本屋和泉屋や庄二郎方にて書籍と丶のへし中、暫しりかけて見せに休ふ。僅の中に四つ通りしゆへ、番頭の喜兵衛にたづねしに、此節又々死亡多きと見へ、昨日は三十一通りしといへり。子供の死したるなどは、入べき桶の拵ふるに間に合わず、手おけの手を切りて夫へ入て葬る事の流行するもいと便なし。扨前の異形の魚を繪に見ても此煩ひを受る事なしとて、例の愚俗の習しなれば、其形を家々に寫したる事にぞ有ける。

豊芥子は『街談文々集要』で、怪魚騒動の際に「彩色摺にして街を売行し」者のいたことに目を止めているが、曳尾庵の右の文でも、異形の魚が出現したことを摺物にして売り歩く人物のいたことがわかる。しかも、「其前には往々紙に寫して人にもてはやしけり」というのは、板行の前に異形の魚を描き写して人びとの関心を呼ぶような行為があったのだろう。この点について長野栄俊は、かわら版から転写する一般的な行為とは逆に、「〈肉筆による転写物↓かわら版〉という伝播のルートが確認できる」と指摘している（長野　二〇〇九）。曳尾庵は異形の魚に触れたあとに続けて、浅草見付での赤痢の惨状を記し、「扨前の異形の魚を繪に見ても此煩ひを受る事なしとて」と述べている。つまり、このときの赤痢の流行と異形の魚（神社姫）の話題が密接に関わって流布していたことが読み取れる。最後は「例の愚俗の習しなれば、其形を家々に寫したる事にぞ有ける」と結んでいる。いささか冷ややかな目で眺めているが、しかし、家々ではそれを写し持っていたというわけだから、知識人としての曳尾庵の見方とは関係なく庶民のあいだでは重宝されていたことがわかる。江戸の人びとにとって夏場に流行る疫病はもっとも恐れるものの一つで、それだけに悪病の予言と除災は切実な関心事であったにちがいない。曳尾庵の記録はそうした事情をよく示している。

次に紹介する二点の多色刷り摺物も歴博の怪談・妖怪コレクションに収められているもので、異形のモノの絵と予言に関する内容が書かれている（図Ⅱ-12・13）。

海出人之図

此度越後国福嶋潟と申所ニて夜な〳〵
光りものありて女の声にて人を呼ける
當国四月武術修行の浪人柴田旦
といへる者見届候処我ハ海中に住海出人
也今年ゟ五ケ年之間豊年なれ共當
十二月風病流行世間の人凡六分通り
死併なから我姿を見る者ハ此難を余る
へし早々世上之人に傳へ我絵姿ヲ写
家中へ張置朝夕眺へしといふて消へ
うせけるとなり　　　　清流亭記

越後国福島名田吉と申処に夜毎に
光り物出て女の声にて人ヲ呼依テ其所
の士芝田忠兵衛と申者右之光り物
見届我レ海中に
すむ人也當年より五ケ年之間
豊年ナレトモ来ル十二月ヨリ
あく風吹来り世の人々六分通り

死候よし物かたり
我姿ヲ朝夕見れは
右の難をまぬかるへし
人たすけの為右乃姿ヲ
披見せしむ

図Ⅱ-12の「海出人之図」は、越後国福島潟に現れた予言獣で、柴田旦なる者がその正体を見届けたという。予言の内容と疫病除けの方法は、先に紹介した神社姫や姫魚と基本的に変わらない。しかし、頭に角がなく、乳房と手が描かれていて人間に近い姿をしている。腰から下も魚というよりも巨大な貝に似た形である。図Ⅱ-13も同じ越後福島潟に出たもので、記載の内容は図Ⅱ-12とほとんど同じである。頭に角がなく、手足まで描かれていて一段と人間の姿に近い。文中から海中にすむ女であるのはわかるが、人魚のイメージとはほど遠い。福島潟に現れた異形のモノが豊凶の予言をしたという絵図は、文政二年の神社姫や姫魚から三十年ほどあとの嘉永年間（一八四八―五四）に出回ったようだ。幕末の風聞や世情を書き記した藤岡屋由蔵の『藤岡屋日記』にこんな記事が見える〔小池他　一九八八〕。

嘉永二酉年閏四月中旬
越後福島潟人魚之事
越後国蒲原郡新発田城下の脇ニ、福島潟と云大沼有之、いつの頃よりか夜な〳〵女の声にして人を呼ける処、誰有て是を見届る者無之、然ルニ或夜、柴田忠三郎といへる侍、是を見届ケ、如何成ものぞと問詰けるに、あた

図Ⅱ-12　海出人之図
（国立歴史民俗博物館所蔵）

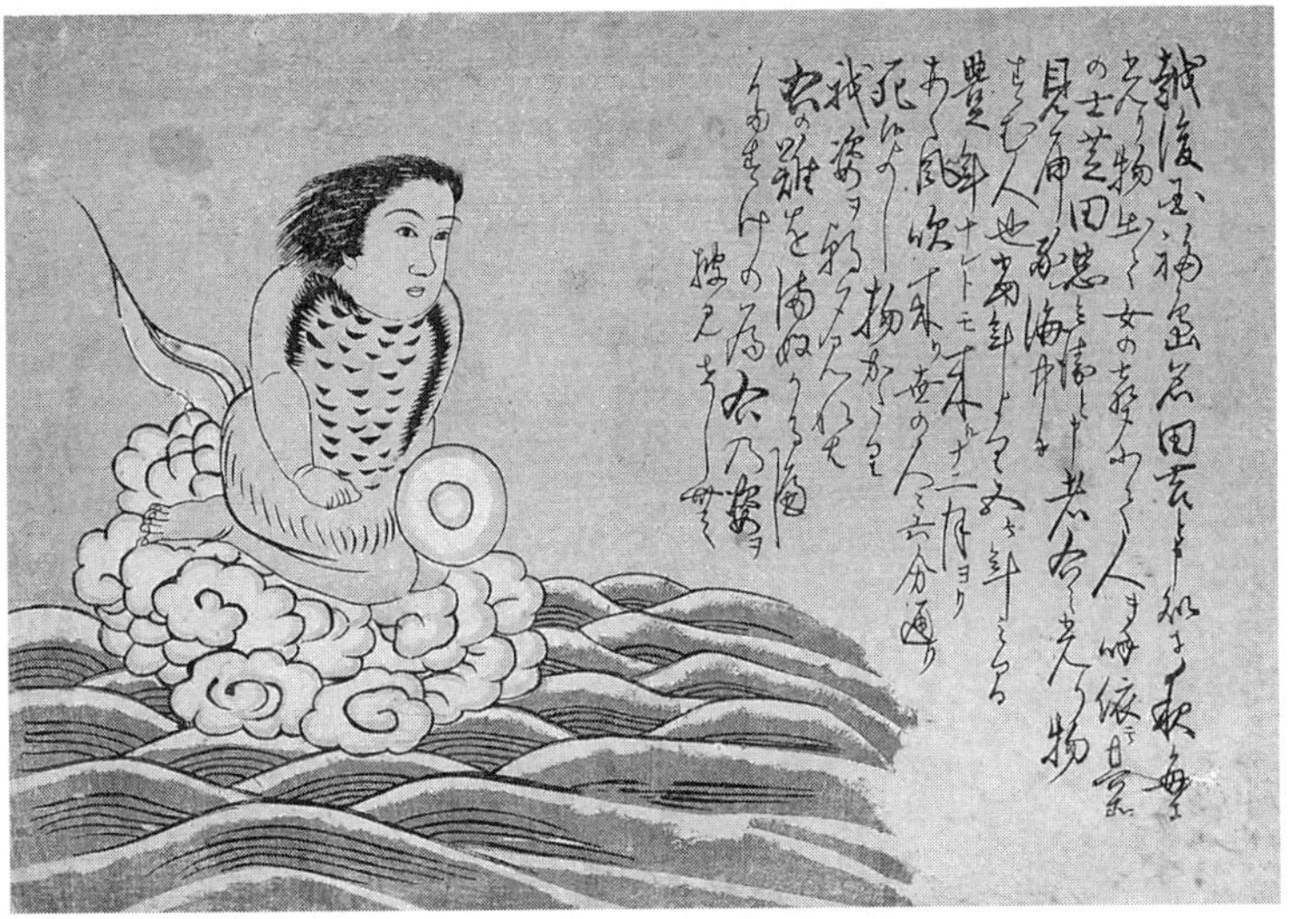

図Ⅱ-13　女の声にて人を呼ぶ（国立歴史民俗博物館所蔵）

りへ光明を放ちて、我は此水底に住者也、当年ゟ五ヶ年之間、何国ともなく豊年也、且《但カ》十一月頃より流行病ニて、人六分通り死す、され共我形を見る者又ハ画を伝へ見るものハ、其憂ひを免るべし、早々世上に告知らしむべしと言捨つゝ、又水中に入にけり。

　人魚を喰へば長寿を保つべし

　　見てさへ死する気遣ひはなし

右絵図を六月頃、専ら町中を売歩行也。

記述の内容から見て、図Ⅱ-12・13と同種のものであるのは間違いない。ここでも最後に「右絵図を六月頃、専ら町中を売歩行也」とある。疫病の発生が心配される夏場に、この手の絵図を売り歩く者のいたことがわかる。おそらく、流行病に対する庶民の不安に目を付けて、異形のモノの出現と予言という形でそれを煽りながら一稼ぎを企てた者の意図がこうした絵図の随所に顔をのぞかせている。流行病に限らず、話題を呼んだ事件やうわさをネタに異形のモノを描いた絵図を売り歩くことはしばしばあったようだ。藤岡屋由蔵は次のような出来事も記録している〔小池他一九八七〕。

文化十癸酉年六月

　異蝶之図

この節世上種々之異説ニ而、去年藤代宿ニ而男子出生之女子天上致して星となり、人の形より位牌の形になり幽霊星と申候、是を見る時ハ忽ち死す、流之呪ニ餅米八合ぼた餅ニなして家根へ備へ、残りを給候よし、左候へば難ニ合不申候由ニ而、江戸中は餅米売切候由、馬鹿が咄し也、其頃絵図を以売歩行候由、異蝶之図是也、飛行候を誰見たる者も無之候得共、時々之異意流行和漢共ニ多く有之なり。

哥ニ、

天が下の神の御末の人なれば
　行合星のたゝりあるまじ
千早振神のみすえの人なれば
　行合星のたゝりあるまじ

右異蝶ハ夜四ツ時ゟ八ツ時迄ニ北之方に出候よし、此画を見、其上ニ而異蝶を見る人たゝりなし、歌ハ張置候てよろしきなり。

図Ⅱ-14　異蝶之図

「去年藤代宿ニ而男子出生之女子」とは、文化九年（一八一二）に下総藤代村の八歳の女子が男の子を生んだといううわさである。読売に出て江戸中の評判になった。子どもが子どもを産んだというので大変な反響を呼んだようで、滝沢馬琴らが著した『兎園小説』や大田南畝の『一話一言』など各種の随筆に取り上げられている。柳田国男も「魚王行乞譚」でこの風説を取りげて、「江戸にはこの頃風説の流布ということを、殆ど商売にしていたかと思うような人が何人もいた。たとへば『兎園小説』、その他の随筆に、盛んに書いている常陸国藤代村の少女、八歳にして男の児を生んだという話もウソであった。その地の領主が特に家臣を遣って確かめたところが、そういう名前すらも無かったと、鈴木桃野の『反古の裏書』には書いてある」と述べている〔柳田　一九五四〕。『藤岡屋日記』の記事はこの少女が死んだのちに幽霊星となって災禍をもたらすという内容で、もち米による除災の方法が書かれているが、しかし、このときにも異蝶の絵図を持って売り歩く者のいたことがわかる。柳田の、江戸ではこの頃、風説の流布をほとんど商売にしていたかと思うような人が何人もいたとの指摘は、風説の背後に見え隠れする人間の動きに視線が注がれていて示唆に富む。藤岡屋由蔵自身は一言「馬鹿が咄し也」と本音を吐露し冷静な判断を示しているが、しかし、この言葉はかえって、うわさに感染しその渦中で右往左往する人びとの姿を想起させる。

悪疫の流行に関わって異形のモノを描いた絵が出回ったとの記録は明治に入ってもいくつか確認できる。明治十五年（一八八二）七月十日付の『郵便報知新聞』には次のような記事が載っている。

本所外手町四十二番地の伊澤まさといふ後家が御苦労にも三四日跡より町内ハいふに及ハず隣町までを走り廻り軒別に虎列刺除《これらよけ》を差上げますと配り歩きし半紙四切ほどの摺物を見ると下にハ猿に似たる三本足の怪獣を描き其上に平仮名を以て「肥後国熊本御領分真字郡と申す処に光り物夜な〳〵出て猿の声にて人を呼ぶ同家中柴田五郎右衛門と申者見届候処我等ハ海中に住むあま彦と申者なり富年より六ケ年間豊作しかしながら諸国病多く人間六分死す然れども我等の姿をかきしるすものは病気にあハず此事よく諸国へ相ふれ候様申置き何処ともなくうせにけり」と記せり是れ安政五年初めて江戸にコロリと称する悪疫流行の際何者かゞ此の画像を印刷して高声に市街を呼歩き多くの利を得しと同様の物にて文言の一字も相違せぬを以て見れバ此婆さんが古巾着の中から見付け出せしまゝ人助けとか後世の功徳の為めとかいふ量見にて其儘を翻刻して配りしものならんが今時ハ此様な事にて

安心する人ハござらぬ

記事は、本所に住む女性がコレラ除けと称して摺物を配り歩いたことを取り上げている。摺物には猿に似た三本足姿の怪獣（あま彦）が描かれ、出現の顚末と悪疫除けの方法が記されていたことを紹介しているが、内容はこれまで見てきた神社姫や魚姫と変わらない。ただ、コレラが人びとの身近な恐怖として意識されていたことが読み取れる。日本で初めてコレラが発生したのは文政五年で、その後、安政五年（一八五八）の大流行をはじめ、明治十二年、十五年、十九年と何度か流行に見舞われた。この摺物も安政五年の流行の際に出回ったものと同じだと言い、このときにも、あま彦の画像を印刷して市街を売り歩き一儲けした者がいたと言う。記事の最後は、「今時ハ此様な事にて安心する人ハござらぬ」と、こうした動きには否定的な言葉で結んでいる。

明治十五年は、ほかにも、新聞紙上にコレラ除けとアマビコにまつわる記事が登場する。

明治十五年八月三十日付『読売新聞』

昨今市中の絵草紙屋にてコレラ病除けの守りなりとて三本足の猿の像やまたハ老人の面《かお》に鳥の足の付いたえたいの分らぬ絵などを発売するハ愚人を惑し甚だ予防の妨げに成るにつき此ほど其筋より発売禁止の儀を警視廳へ達せられましたと

明治十五年八月三十一日付『読売新聞』

浅草区柴崎町十八番地坂田善吉出版の図画（人面鳥形十足のもの）及び本郷区湯島六丁目二十六番地波多野常定出

版（猿面三足のもの）の彫画等を門口に貼付し無稽のものを盲信して虎列剌病予防法を忽せにするは不都合に付発売差止め候條右図画及び類似のものを門戸に貼付の者有之候はゞ差止方至急取計ふべし此旨相達し候事

コレラの流行にともないさまざまな流言飛語が飛び交い、コレラ封じの呪いや祈禱が横行した〔高橋　二〇〇五〕。明治十年には「虎列刺病豫防法心得」が公布され、その後も法規、法令が整備されて防疫の強化が図られていくなかで、それまで庶民のあいだで行われてきた呪いや祈禱といった呪術的なやり方との軋轢が生じてくる。三本足の猿（アマビコ）の絵などもその対象で、「愚人を惑し甚だ予防の妨げに成る」（八月三十日付）ものとして、関係者の取り締まりが一段と厳しくなっていったことが理解できる。三十一日付の記事では、虎列刺病予防法を忽《ゆるが》せにするとの理由で発売が差し止められている。

ところで、右の記事に出てくる波多野常定が出した猿に三本足のついたものとは、歴博が所蔵している次の錦絵（図Ⅱ-15）のことであろう。

肥後之国熊本之元領分真字郡
と申所ニて夜な〳〵光り物出猿のかたち
にて人ヲ呼び同家中柴田五郎左衛門
と申もの見届ケ候処
我は海中住尼彦と申者
當年ゟ六ケ年

の間豊年
候得共諸国
病人多し
人間六分通り
死スそれとも我姿を
書して張置ハ病気にあたらず
此事諸国へ相触れ申へしと申置何ともなく
亡せられけり

御届明治十五年七月　　湯嶌六丁目廿五バンチ
画工出板人兼波多野常定

アマビコについては江戸時代後期からの記録が認められる。猿のかたちと言いながら海中に住むという不自然さは、龍宮からの使いとされる神社姫や姫魚などの話と複合したためであろうか。興味深いのは明治になっても主に悪疫除けとの関係でしばしば取り沙汰されている点である。次の記事は明治十四年十月二十日付の『東京曙新聞』に載ったものだが、ここにはアマビコの図を持ち歩く男たちの行動の一面がうかがえる。

葛西金町の豪農坂倉某方へ一両日前三人連の男が怪しき図をかきしを数枚携へいたりてこは天保年間西海の沖に毎夜光りを発せし異形の怪物現ハれ我ハ海中に住みて天部の諸神に仕ゆる天彦と申すものなり今より三十余年の

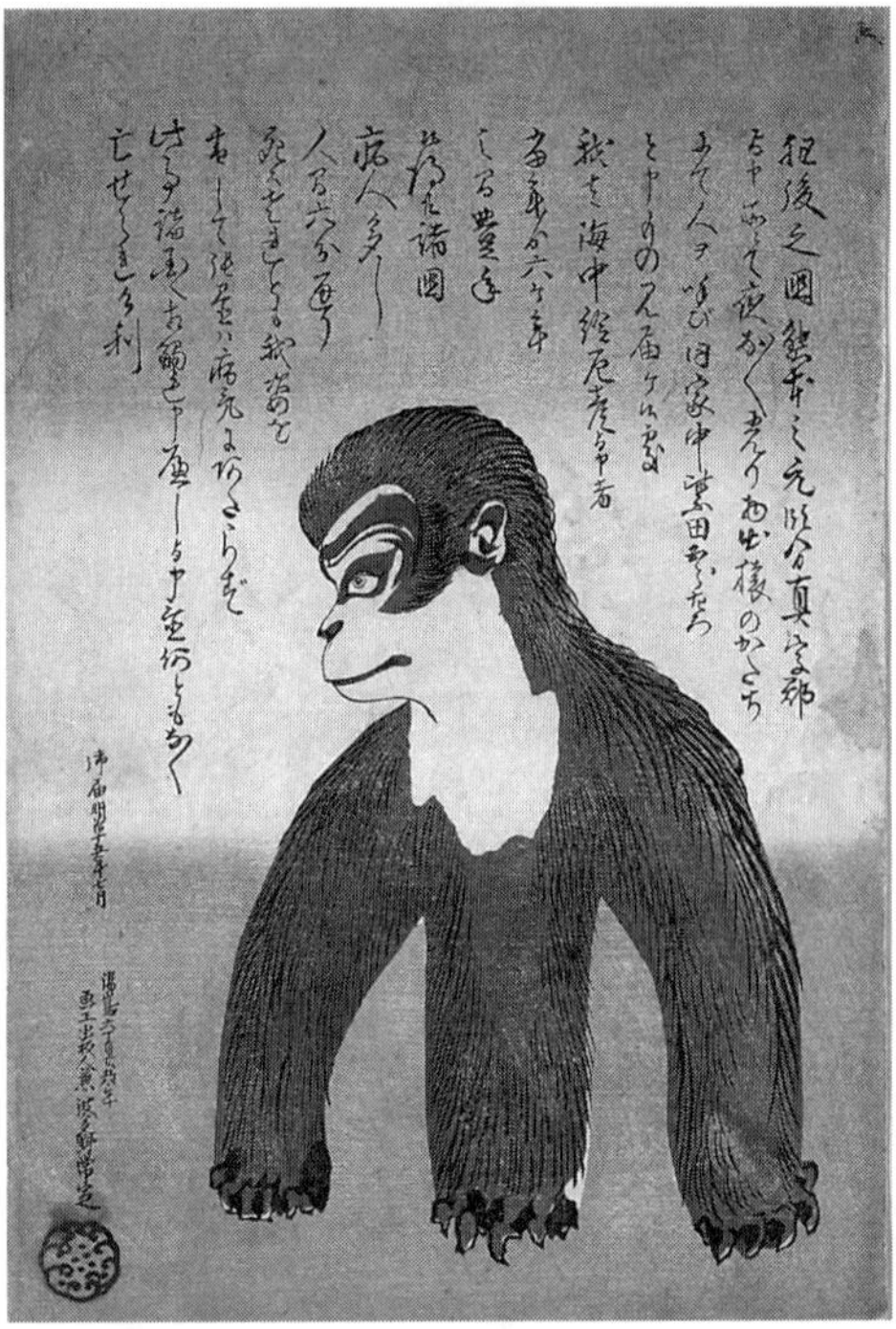
図II-15　尼彦（国立歴史民俗博物館所蔵）

後ち世界消滅する期にいたり人種悉く天災に罹りて尽ることあらん其時我が像を写して軒毎に張り置かば天災却て安楽長久の基ゐとならん努々《ゆめゆめ》疑ふことなかれと誓ふて形ハ失せたり此事今回噂高き来る十一月にハ世界一変するといふ説に符合すれば彼の天彦の御影を写し全国一般へ頒布せんと思へど毎戸持廻りてハいたづらに日を費やすとなれバ富村ハ貴家にて引受け村中の者へ此由を伝へ分与せられたし但し一枚五銭の定価なり何百枚渡しなバ村中の戸数に適富するやと語りければ坂倉ハかかることハ郡役所へ出て願はるゝか又た戸長の宅も近ければそれへ協議の上宜しく取引あるべしといふにイヤ目下の郡長戸長等ハ兎角開化めかしてかやうなことハ悟らず妄説抔といひ破る者多ければ由緒正しき貴家へ依頼するなりと只管《ひたすら》云ひ張りて去らざれバ持あまして僅かに七八枚を買ひうけ逐ひ帰せしとぞ此でんにて欺き歩行《ある》くハこゝのみに限らず府下近村にていくらもありとのこと早く駆除したきものなり

出現の経緯と豊作・悪疫の流行といった一連の説明が簡略で、三十余年後の世界消滅といった新しい要素が加わっているが、これまで見てきたアマビコの予言を核に変化したものである。文中、天保年間（一八三〇―四四）の出現とされていることについて、長野栄俊は新資料の発見に基づいて、「天保一四年に流布したものが、安政五年の大流行時にコレラ除けの摺物として販売され、それが更に明治一五年にもコレラ除けとして復刻配布された」ことを明らかにしている〔長野　二〇〇九〕。アマビコの図を携えた男たちが豪農坂倉某宅を訪れて、世界消滅の危機と除災を訴え、一枚五銭の図をまとめて売りつけようとした際のやり取りが報じられている。前に述べたように、悪疫の流行を喧伝しながら街中でこの種の絵図を売り歩く者がいたことは近世の随筆などにも見えているが、ここでは、村の有力者を通して大量に売りさばこうとする交渉の現場が注目されていて興味深い。特に、坂倉が郡役所か戸長との交渉を進めたのに対し、「イヤ目下の郡長戸長等ハ兎角開化めかしてかやうなことハ悟らず妄説抔といひ破る者多ければ」と言って渋っているようすは、アマビコの絵図を不用意に持ち込めば「妄説」として排除されかねない行政の圧力を意識しており、こうした目を巧みにすり抜けながら動き回っていたのであろう。

次に紹介するのはアマビコではないが、人面牛身の予言獣である件の話である。昭和四十一年（一九六六）に出版された『民話の炉ばた』（のじぎく文庫）に載っている。

> 人間の顔をした牛の子が百年の間には必ず一頭は産れるものじゃという伝説がある。これは要するに人間と牛との混血児らしいが生後一週間しか生きていないものであって、その生きているうちに様々の予言をするが、その予言がまた恐ろしいほど的中するのであるから、何事によらず間違いのないことを件の如しといい、昔から証文の末尾には必ずこの語句をつけて「証書仍而如件《よつてくだんのごとし》」と書いたものである。わたしが未だ青年のころのこと、この件の遺骸だというものを風呂敷に包んで負うて、赤インキで木版刷りにした紙片を配って米や銭を貰い歩いて来た男があった。その紙片には「件の一言は彼の女に七年以下の豊作と申立にて斃死せり」と記して、その下に

人面獣身の件の絵がかいてあった。この男はわたしの留守宅へ来て紙片をおいて行ったのであったが、家人はその男の背負うている風呂敷の中の乾物の件を実見したそうで、ネコの子ほどの大きさのものだったと語った。印刷物の文面から推せば、その件は、人間の母親から誕生したものの如くであるが、これ以外何も見たことも聞いたこともないので、いっさいわからんじまいである〔井口　一九六六〕。

編者である兵庫県上月町（現在の佐用町）の井口宗平自身が伝える話である。宗平氏は明治十八年の生まれだから、この体験談は明治の末頃だろうか。件の遺骸（剝製）を持ち歩き、人面獣身の絵と簡単な文言を記した摺物を配って米や銭を貰い受ける男がいたことがわかる。紙片に書かれていたのは豊作の予言のみで、悪疫の流行や除災については触れていない。文中では男と家人とのやり取りの場については述べられていないが、風呂敷のなかの件の遺骸を目の当たりにしたときの家人の驚き、ある種の異様な衝撃は想像に難くない。それが摺物の効果を意識づける要因としても働いていた可能性がある。野村純一はこうした話について、「西日本の各地にはまことしやかに〈件〉の話を持ち歩いた者がいたようである。迷惑な話である。宗平氏の説明を参考にするに、それはおそらく、村内に入ってくる下級神人の如き手合いではなかったかと思われるが、はたしていかがであろうか」と述べている〔野村　一九八四〕。

疫病の流行に直面したとき、人びとはさまざまな手段を講じて対処しようとしてきた。神社姫・姫魚・アマビコ・件などの予言獣の絵図もその一つと言えるが、こうした図像と文章が転写されていく過程で流布し受容を可能にしたのは、長野栄俊が指摘するように十九世紀という時代が生み出したものであろう〔長野　二〇〇九〕。文政二年夏の江戸での痢病流行にからんで神社姫の絵図が出回り、その後のコレラの発生と流行の際にはコレラ除けの名のもとにアマビコの絵図が話題になっている。ただ、佐藤健二が指摘するように、社会不安と件の登場を安易に結びつけることには慎重でなければならない〔佐藤　一九九五〕。確かに、予言獣出現のうわさが流れる背後にはさまざまな思惑が渦巻いていることも事実である。そのことを念頭に置きながらも、予言獣が、疫病の流行や次に述べる戦争の危機といった社会の重苦しい状況の中で、人びとの不安に逸早く反応しながら流布していったことは特色として挙げられよう。そして、そこには不安の兆しを鋭敏に嗅ぎ取り、巧みに効用を喧伝しながら絵図を売りさばいていた人物の影が常につきまとっている。文政二年の痢病流行のときには、家々では神社姫の絵図を写し持っていたと加藤曳尾庵が記しているように、感染におびえる庶民にとっては難を逃れる手段の一つとして効果を期待したのであろう。湯本豪一は、悪病除けとして売られていた豊年亀（顔は人間で体は亀）の摺物に、「天保十卯七月十四日夜市中ニ鬻《ひさぐ》之」と墨で書き入れをしているもののあることから、夜の市中で売られていたものを買い求めたのであろうと述べている〔湯本　二〇〇五〕。明治期の新聞には、アマビコの摺物を地方行政の目をかいくぐりながら売り歩く者の姿などが報じられている。迷信の撲滅という主張をかかげた当時の新聞が、悪病除けの摺物の販売や家々での活用を格好の対象として取り上げたことが、予言獣をめぐる人間模様の一面を明らかにしたと言える。

予言獣のうわさを書き留めた江戸の人物たちは、総じて冷ややかな態度で距離を置いた目で見ているが、こうした知識人の視線を含めて、うわさを仕掛けその渦中でしたたかに動き回る人間、絵図を手に入れていっときの安心を得ようとする人びとの心意などを多面的に捉える必要がある。

## 3　件の予言と戦争

アマビコに関する記事は、現在までのところ明治十五年（一八八二）を最後にそれ以降は見当たらないという〔湯本二〇〇六〕。一方で、江戸時代後期に登場した件は明治以降もしばしば話題になっている。中山榮之輔編『江戸明治庶民史料集成〈かわらばん〉』（一九七四年、柏書房）には、慶応三年（一八六七）に出たかわら版「件獣之写真《くだんけもののしゃしん》」を紹介している。一部を引用してみる。

夫《それ》この件といふ獣ハ古へよりあるといふ説有。先ニも文政年間に此獣出る。その時年中の吉凶を諸人に知らしめ、我姿を家の内に張置《はりおく》と記《き》ハ、厄難病難を除くといふて、三日にして死せしといふ。夫ゆへ皆銘々に其図を求めたりとある老人のはなしなり。一体この件といふ獣ハ牛の腹より産れるなり。形ハ牛にして面は人間のごとくなるが、頭にハ角をいただ記、能《よく》ものいふなり。故に文字ハ人べんに牛といふ字を出也。此度所ハ雲州の在方に於て、当四月上旬に生まれしが伝へていふ、当年より諸国稀なる豊作なり、然りといへども孟秋のころに至り悪しき病流行する事あるべしと吉凶を示し、三日にて落命せしとぞききたる故、右の次第を諸人に伝へ志めんと爰に其図を顕《あらわしいだ》出すものなり。必銘々に求め玉ひて家の内に張置厄病の難を除き玉へといふ。

豊作を予言したあと悪病の流行を告げ、難を逃れるために我姿を描いたものを家の中にはっておくとよいというのは神社姫や姫魚以来の流れをくむもので、この種の予言をする妖怪の属性をよく示している。予言を告げたあとはいつまでも人間界に滞在しない。海中に入るなど早々に姿を隠すのが常だが、件の場合は「三日にて落命せし」とあるように短命という手段で姿を消している。興味深いのは、件にまつわるうわさが明治から昭和にかけてしばしば巷に流布した点である。『名古屋新聞』の明治四十二年六月二十一日号に件の記事が出ている〔湯本　一九九九〕。

人面獣心といふことはあるが、これは人面牛体だ、今より十年前肥前国五島の奥島の或る百姓家の飼牛が産んだもので、今は剝製になつて長崎市の八尋博物館に陳列されてゐる、何でも生後三十一日目に「明治三十七年には日本は露西亜《ろしや》と戦争をする」と云うて死んだのださうな、件だけに予言が的中してゐる、それで本当に依つて件の如しだ。

この記事とともに人面牛のような剝製が写っている。ここで注意しておきたいのは、日露戦争を予言したことになっている点である。このあとの件の資料には、悪疫の流行だけでなく予言の対象に戦争という言葉が顔を出すようになる。桜田勝徳の『未刊採訪記』Ⅰにこんな話が見える（桜田　一九八一）。

件というもの（之は面高で聞く）
くだんというものは、顔が人間で身体は牛だという。此件がうまれると何か事変がある。戦争があるか、悪疫が流行するか、あまりよい事はない。此件は生れて直ぐ死ぬが、死ぬ時に必ず何かを予言し、その災害を逃れる方法を教える。件のいう事は決して間違いはない。それで昔から件の如しという事をいうのである。近頃平戸でくだんが生れたげなという噂が立った。そうしてその噂が佐世保の方から伝わってきたと。（「江島平島記」）

昭和七年（一九三二）夏、長崎県西彼杵半島の面高での聞き書きである。変事として戦争と悪疫の流行が挙げられている点に、当時の人びとが抱いていた不安の一端が顔を出しているように思われる。偶然かどうか、平戸で件が生まれたといううわさは、文政二年（一八一九）に姫魚が肥前国平戸に出現したことを想起させる。

件と戦争に関しては、第二次世界大戦中にもうわさがたっている。南博・佐藤健二編『流言』（一九八五年、三一書房）には、戦時中の昭和十九年四月に警保局保安課が発行した『思想旬報』が収められている。そこには、「最近に於ける流言蜚語の傾向」として「戦争の終局近しとする流言も本年に入り著しく増加の傾向を示し、而も其の内容は一、〇〇で四脚の牛の様な人が生れ此の戦争は本年中に終るが戦争が終れば悪病が流行するから梅干しと薤を食べれば病気に罹らないと云って死んだ（中略）何れも迷信に基くものにして食料不足に関聯する流言の激増と相俟って治安上相当注意を要するところなり」と見える。「四脚の牛の様な人」とは件のことであろう。それが終戦とその後の悪病の流行を予言して死んだというのである。ほかにも「岩国市のある下駄屋に『件』が生まれ、来年四、五月頃には戦争が済むと云った」（岩国市今津の旅館業吉永ふし〈六三〉）とか、松山市に住む二十七歳の職工が、「神戸地方では件が生まれ、自分の話を聞いた者は、これを信じて三日以内に小豆飯かオハギを喰えば空襲の被害をのがれるといった」というかどで憲兵説諭の処置を受けた旨の記載が見える。

立石憲利編『戦争の民話』Ⅱ（一九八九年、手帖社）には、「件の予言」と題する次の話が出ている。

戦争中といっても、昭和十九年ごろだったろうか、阿哲郡哲西町（現在の岡山県新見市）で件が生まれた。件は人間と牛のあいのこで、生まれると同時に予言をし数日で死ぬ。予言は必ず当たるといわれる。その件は「日本は戦争に負ける」と言って死んだという。村人は、大本営発表で、日本は勝つと聞かされていたが、だんだん状況が悪くなっているのは肌身で感じていた。件の予言で「ひょっとしたら、日本は負けるのではないか」と思うようになった。しかしそんな話はおおっぴらにはできなかった。昭和二十年八月、日本が戦争に負けてから村人たちは、「やっぱり件の言うたのが本当じゃった」というて話したという。

戦時下という緊迫した状況のなかで、件のうわさが感染していったようすは、江戸時代において疫病の流行と関わって喧伝され広まっていったことと通ずるものがある。先にも述べたように、社会不安と件の登場を安易に結びつけることには慎重でなければならないが、終戦近くになって、戦争の終結と悪病の流行がまことしやかに囁かれていた事実には注意したい。敗戦という言葉を直接口に出すことを憚れた空気のなかで、人びとは件という妖怪の予言のうちにその本心をちらりとのぞかせているように思われる。このうわさがしばしば危機的な事態と関わって蘇り、共感を呼びながら流布していった要因はそのあたりにあったのだろう。予言とは、人びとが心の中に抱えている不安の表出という一面を持っている〔常光　一九九三〕。

〔註〕

（1）怪魚・悪魚に類する妖怪は、『姫国山海禄』（宝暦十二年〈一七六二〉）に二本の角を持つ女の顔と蛇腹に尾鰭のついたモノが描かれている。湯本豪一は深海魚のリュウグウノツカイとの関連を指摘している。

〔引用・参考文献〕

井口宗平編　一九六六『民話の炉ばた』のじぎく文庫
金子光晴　一九六八『増訂武江年表』二　六二頁　平凡社
京極夏彦・多田克己編著　二〇〇〇『妖怪図鑑』国書刊行会
小池章太郎・鈴木棠三編　一九八七『近世庶民生活史料　藤岡屋日記』第一巻　三一書房
小池章太郎・鈴木棠三編　一九八八『近世庶民生活史料　藤岡屋日記』第三巻　三一書房
高知県立歴史民俗資料館編　二〇〇三『あの世・妖怪・陰陽師―異界万華鏡・高知編―』
桜田勝徳　一九八一『未刊採訪記』Ⅰ　名著出版

佐藤健二　一九九五　『流言蜚語―うわさ話を読みとく作法』　有信堂高文社
鈴木棠三他編　一九七一　『日本庶民生活史料集成　第十五巻　都市風俗』　三一書房
鈴木棠三編　一九九三　『近世庶民生活史料　街談文々集要』　三一書房
高橋　敏　二〇〇五　『幕末狂乱―コレラがやって来た！』　朝日新聞社
立石憲利編　一九八九　『戦争の民話』Ⅱ　手帖社
常光　徹　一九九三　『学校の怪談―口承文芸の諸相―』　ミネルヴァ書房
中山榮之輔編　一九七四　『江戸明治庶民史料集成〈かわらばん〉』　柏書房
長野栄俊　二〇〇九　「予言獣アマビコ・再考」小松和彦編『妖怪文化研究の最前線』　せりか書房
南丹市立文化博物館編　二〇〇八　『平成二〇年度夏季企画展　妖怪大集合』
野村純一　一九八四　「昔話と民俗社会」『日本昔話研究集成』三　七頁　名著出版
平山敏治郎　一九八四　『歳時習俗考』　法政大学出版局
南博・佐藤健二編　一九八五　『流言』　三一書房
柳田国男　一九五四　『一目小僧その他』二〇六頁　角川書店
山本俊一　一九八二　『日本コレラ史』　東京大学出版会
湯本豪一編　一九九九　『明治妖怪新聞』　一一六頁　柏書房
湯本豪一　二〇〇五　『日本幻獣図説』　河出書房新社
湯本豪一　二〇〇六　「明治期の新聞にみる怪異記事の動向と諸相」小松和彦編『日本人の異界観―異界の想像力の根源を探る』　せりか書房
湯本豪一編　二〇〇九　『明治期怪異妖怪記事資料集成』　国書刊行会

# 三　蚊帳をのぞく幽霊

## はじめに

歴史的に蚊帳の記録は早くから確認できるが、庶民のあいだに普及したのは江戸時代になってからだという〔小泉一九八九〕。最近では見かけることが少なくなったが、蚊の害を防ぎ夏の夜の安眠を得るための夜具として、長いあいだ重要な役割を果たしてきた。

人びとの生活と深く関わりながら重宝されてきた道具だけに、蚊帳にはさまざまな言い伝えや儀礼が伝承されている。五月に吊り始めたり、九月に仕舞うことを忌む禁忌や、蚊帳作りに伴う習俗など、蚊帳の民俗は多様だが、本章では蚊帳をめぐる魔除けと怪異について考えてみたい。

## 1　雷除けと蚊帳

雷除けの呪《まじな》いは全国的に伝承されており内容も変化に富むが、ここでは主に蚊帳と関わる事例を中心に取り上げてみたい。「雷鳴のときには蚊帳の中に入ると安全」との俗信は全国的といってよい。土地によってはただ蚊帳に入るだけでなく、呪的な行為を伴っている場合も少なくない。よく知られているのは、「くわばら、くわばら」という唱えごとだろう。長野県南箕輪村では「くわばら、くわばら越後へ行け」と言って蚊帳の中に入るという〔南箕輪村誌一九八四〕が、ところが一方、新潟県栃尾市では「ここはくわばらですけ、信濃に飛んでくれ」と言い〔鈴木　一九八二〕、お互いに押し付けあっている。長野県内には「くわばら、くわばら上州へ行け」と言う土地もある。雷が桑原を避ける由来については諸説ある。例えば、江戸時代の『夏山雑談』には、「桑原といふ所は、むかし菅家のしろしめしたる処なり。延長の霹靂、其後度々雷の堕たりし時、此桑原には一度もおちず。雷の災のなかりしとかや。これによつて京中の児女子、いかづちの鳴時に桑原々々といひて咒しけるとなり。今にいたりてかくいふ事なり」と見える〔日本随筆大成　一九七四〕。また、和泉国の桑原の井戸に落ちた雷を土民が井戸に蓋をし、雷を謝らせた。それから桑原に落ちることがなくなったとも言う〔『和泉名所図会』〕。沖縄では「クワーギヌマタ、クワーギヌマタ〔桑木の叉、桑木の叉〕」などと言うが、そのわけについて、伊波普猷の『古琉球』には、雷が桑木に落ちてその叉にはさまれて死んだので桑木の叉という呪文が唱えられるようになったと紹介されている〔北中城村史編纂委員会　一九九六〕。こうした伝承の源には、桑には邪気を払い魔を避ける力があるとする考えが横たわっている。この点について中村義雄は、古く宮中において、お産の際に辟邪や邪気をはらう狙いで桑の弓・蓬の矢が用いられた例を示し、「雷鳴のときや不吉のおりなどにクワバラ、クワバラととなえる俗信も、桑を神聖な霊木で、災厄をはらう呪力があると信じられてきたことを物語るもの」と指摘している〔中村　一九七八〕。奈良県大和地方で、雷鳴のときには庭や門に鍬を立てるとよいというのは、あるいは桑からの連想によるものかも知れない。

徳島県小松島市では「雷が鳴るときは蚊帳の中で線香を立てて寝ておれば落雷しない」という〔小松市史　一九七

七)。土地によっては、門口や竈に線香を立てるだけとか、線香を立ててから蚊帳に入る場合もありそのやり方は一様でないが、線香も雷が嫌う代表的なものの一つである。林宏の『大和まじない資料集』には、「雷ハ火ヲ怖れて、火ノ側ニハ近付カヌトイフ。ダカラ、必ズシモ線香ニ限ラズ、煙草ヲ喫ッタリかまどノソバニイルノモヨイ」と見えている。線香のほかにも、「年越のふくわうちの時の煎った豆を別に残しておき、びんに入れて高い所へ虫のつかないようにつっておく。雷がなったら蚊帳の中で、その豆を食べると雷がおちない」という〔三重県大山田町、現在の伊賀市〕。岡山県倉敷市でも「大晦日に煎った鬼の豆を枡に入れて神棚に供えておき、初雷のとき蚊帳の中で食べると雷が落ちない」と伝えている。初雷のときに節分の豆を食べる所は多い。落雷を除けるだけでなく、悪難を逃れる(高知)とか、中風にかからない(滋賀)などと言って重宝する。鬼の退散に用いた豆には特別の力が宿っていると考えるのは自然で、早く、『時慶卿記』慶長十年(一六〇五)二月二十五日の条に「初雷ナレバ節分大豆ヲ用」とあり、この習俗の古いことがわかる〔鈴木 一九八二〕。

雷鳴のとき蚊帳に入って難を逃れようとするのは一般的だが、その際、秋田・岐阜・愛知・京都・和歌山・岡山・高知などでは、わざわざ麻の蚊帳に入れといっている所が見られる。福岡県太宰府市では「雷が鳴る時は麻の蚊帳に入り線香を立てるとよい」と言い、なかには、麻の蚊帳は「幾分電気を防げるし、又電気は蚊帳を伝わって中の人体には伝わらないと考えたもの」と合理的な解釈をしている例も見られる〔大内町教育委員会 一九八二〕。蚊帳の素材は麻のほかに木綿など何種類かあるが、特に麻が強調されるのは麻と魔除けの関係が意識されているからにほかならない。災いを防ぎ祓う呪的な手段に麻が登場する例はいくつもある。生児に初めて着せる産着に麻の葉模様の布地を用いるのは一般的と言ってもよい。成長の早い麻にあやかって子どもの健やかな成長を願う意味が込められているが、それとともに、麻の葉模様自体に魔除けとしての力が宿っていると考えたからであろう。この点について、近藤直也は次のように述べている。

赤子から子供へと変革するためには、どうしても赤子としての性格を祓い去らねばならなかったのである。祓いと解釈すれば、麻の葉模様・×形・三角紋を産着につける必然性が明らかになる。生まれ出る子供にとって、胎内にある時期は胎児であり、出産によって初めて赤子になれる。ところが、民俗では産着を着るまでは、まだ胎児と見做されていた。ボロヅツミの習俗はその反映である。呪符のついた産着を着せる行為は、単なる魔除けではなく、祓いによって、胎児から赤児へ変革させることを意味する〔近藤　一九八二〕。

×や△が魔よけの意味を持つことについてはつとに知られているが、この点から麻の葉模様に注目すると、確かに、多数の斜十字（×）と三角（△）の組み合わせが連続する図柄である。おそらく、そこに邪悪なモノの侵入を防ぐ強力な力を認めてきたのであろう。ほかにも、麻の葉は周りがぎざぎざの鋸歯の形状である点も見逃せない。

蚊帳と雷の関係でいま一つ興味深いのは、三隅蚊帳の習俗である。蚊帳を取り付けるときには四隅の吊り手を長押の鉤などに掛けるが、吊り手の一つを外した状態をミスマカヤとかミスミカヤと言う。蚊帳の三隅を吊って入ると雷が落ちない（愛知・佐賀・福岡）と言い、福岡市では、「雷ひどいときは、蚊帳を三角につって入り、くわばらくわばらというと落ちない」と伝えている〔高津　一九九七〕。愛知県の『西春町史』には、「雷が鳴ると蚊帳に入るということは、西春町全体で聞かれたが、地区によって細かい点で相違がある。蚊帳が麻でなければならないことは共通している。麻は電気を通さないという理由のようだが、麻の蚊帳は高価なので、木綿の蚊帳しかない家が多かった。だから、実際には蚊帳であれば何でもよかった。このとき、蚊帳の四隅を吊ることが多かったが、一隅を吊らずに入ることがあった」と記されている〔西春町史　一九八四〕。三隅蚊帳は葬送の習俗とも結びついているが、それにしてもわざわざ吊り手の一つを外した状態に特別の効果を期待する根拠は何であろうか。筆者自身は三隅を吊った状態の蚊帳を見たことはないが、おそらく三角柱のような形になると思われる。そうであれば、意図的に三角を表す空間を作り出してその中に籠もるためと考えられないだろうか。

凄まじい雷鳴とともにときには落雷の被害をもたらす雷は、昔も今も畏怖の対象だが、かつては人知を超えたものの仕業としていっそう怖れられていた。蚊帳はこうした雷の害を防ぐことができると信じられてきた身近な生活の道具である。蚊の侵入を防ぐための利用にとどまらず、その背後には素材である麻の呪性や特別の吊り方、あるいは網目模様など、蚊帳は人びとの心意と深く関わりながら生活のなかで独自の民俗を形成している。

## 2　死者と蚊帳

雷除けに三隅蚊帳に入る例を紹介したが、実は三隅蚊帳はなかに死者を安置する蚊帳でもある。新潟県佐渡では、「タテ棺からネセ棺に移るのは、だいたい海府方面などでは、昭和初期からであるが、死者はすぐ北枕に臥せて合掌を組ませ、一方のつりてをはずしたミスマ蚊帳をつって、オガラを十文字にした魔除けを蚊帳の上にのせた」という〔新潟県　一九八四〕。死者を蚊帳で覆う習俗は九州から沖縄に顕著に見られる。長崎県対馬では、「死んだら北枕に寝せてその上に一つの吊り手だけを外した三方の蚊帳を吊る。豆酘ではこれを『みすみ蚊帳』と称していた」〔斎藤　一九八六〕と言い、鹿児島県大根占町（現在の錦江町）でも「死人に用いる蚊帳は三角を張れ」と言う。高重義好は「大島郡三島村の葬制」で、「南島でも死者に猫の近付くのを警戒している。ムシロをたて回すのも、死者をかくすというより猫（邪霊）の侵入を防ぐためと考えられる。三島は意外と猫が少ないが、猫の多い屋久島では三隅カヤを吊り警戒する」と報告している〔高重　一九七一〕。長崎県北松浦郡小値賀島では、「元は死人の湯灌は蚊帳を三ところだけつって、その中でしていた。だから、ふだん三ところはつらぬ。また棺の中に、蚊帳の切れを少し切って入れる」と言う〔柳田　一九七五〕。

蚊帳はそれ自体が邪悪なモノの侵入を防ぐ役割を担っていることは雷除けの伝承を見ても明らかで、猫に象徴される邪霊から死体を守る意図で蚊帳が吊られているのは容易に想像される。しかし、わざわざ三隅蚊帳にすることの意味はいま一つ判然としない。常日頃はふつう行わないという点では、死の現場でしばしば顕在化する逆転した行為の一つといえよう。井之口章次は、死者の経帷子を縫う際に糸尻を結ばないのは「完全な形に縫いこめることを嫌ったためであろう」とし、三隅蚊帳もこれと一つながりの心持であると推測している〔井之口　一九六五〕。これを受ける形で井本英一は、「三隅蚊帳の理由の一つに、『満つるを嫌う』という心性があるとするのは、否定できない。完成してしまわないのは、多くの文化では、悪魔の邪視を避けるためだとされる。本来、四つあるべきものが三つしかないのは、日常的なものに対し、非日常的なものを考えさせる」と述べている〔井本　一九九九〕。先に三角を表象することに意味があるのではないかと言ったが、いずれにしてもこの状態が外敵に対してより強力な防御壁になるとの認識があったわけで、ここから雷除けにも転用されたのではないかと思われる。沖縄県竹富町で「ンナカチャー（人の寝ていない蚊帳）は魔物が寝るといってきらわれる。また、三隅蚊帳は魔物が入らないとされ、寝床につくまでは三隅だけつって一方をはずしておく」〔上勢頭　一九八五〕というのも、魔除け効果の高い三隅蚊帳を日常的な利用に用いた例と言えよう。

三隅蚊帳の習俗は広く分布するが、沖縄県糸満町兼城集落（現在の糸満市）では、遅く亡くなってその日に荼毘に付すことができない場合は「ダビガチャを二耳だけつるし、近親者だけが集まり、婦人は蚊帳の内側、男子は外側で死者と共に一夜を明かす」と言い、蚊帳を吊るのは、猫が死者を飛び越えないためと説明している〔琉球大学　一九六九〕。また、蚊帳を二人で吊ってはならないという所も沖縄には多いが、これは、蚊帳で死者を隠すときには二人で吊るため、普段この行為を忌むのであろう〔島袋　一九七七〕。三隅蚊帳に限らず、沖縄では死者を蚊帳のなかに寝かせる所が方々にある。酒井卯作は死者を覆う蚊帳について、これを喪屋の略式とする『禁忌習俗語彙』の解説や、同様の見解を示した谷川健一の考えを参照しつつ、「屋内を喪屋とした名残ではないか」と推測しているが、その一方で、「死者を蚊帳で囲むという琉球列島の広い地域の風習も、悪霊、つまり死マブイから死者を守ろうという意図がその根底になかったかどうか、これは喪屋の機能と共に考えてみる問題だと思う」とも述べている〔酒井　一九八七〕。沖縄では死者を蚊帳で覆うのは当日に葬式が出せない場合との例が見られ、また、この習俗は沖縄に限らず広い地域で確認されており、これが喪屋の名残であるかどうかについては慎重な検討が必要だろう。ただ、いずれの事例も、死の現場に徘徊する邪霊から死者を守るという点は共通している。

## 3　蚊帳をのぞく幽霊

「蚊帳は一日で縫い上げるもの」（秋田・徳島・長崎）とか、「蚊帳は八人して一日に縫い上げるもの」（島根）、「蚊帳は大人数で一潮に縫うもの」（山口）と言い、一人で縫うことを忌む（青森・秋田）。井之口章次は、長崎県北松浦郡小値賀島の蚊帳を作る様子について、「このあたりの蚊帳仕立て祝いはすこぶる盛大なもので、嫁とる前に張らせる蚊帳だから大きく祝うのだとか、長男の蚊帳をつくるまでは母親は母親の責任を果たしてないとまでいう。蚊帳を縫うときはヒシテ（一日）で作り上げねばならぬものとしており、女どもが何人もトヤカカッテ（とりついて）つくる」と報告している〔柳田　一九七五〕。

『郷土研究』四巻九号（一九一六年）には、蚊帳作りについて宮武粛門の次のような興味深い報告が見える。

肥前川上郷（長崎県）の話拾遺　蚊帳を縫うているうちに雷鳴があると不吉だと言い、近所の者手伝いに来て一日の中に縫い上げる。出来上った時はコウバン（炒麦粉）を出して、先ず四天王に供えた後、手伝いに来た一同の者と共に新調の蚊帳の中で之を食べる。私の郷里東讃津田郷でも、蚊帳は一日に仕上げるものとしてやはり近所から手伝いに来るが、是は雷を厭う為とは言わず、縫いさしにして置くと火災に罹ると言う俗信があるからである。又四天王と言うのは、蚊帳の上端四隅に普通赤色三角の布きれを当てた所のことであるが、何故か甚だ之に重きを置き、布団などにも同じく四隅に四天王の縫綴じがあり、女の湯具にもそれが付けてある。

蚊帳を作るにあたっては、さまざまな禁忌や儀礼が伴っていたことがわかる。それは、蚊帳が外から近づいてくる邪悪なモノを遮断し、内にいる人間の魂の安全を担う役割を持った道具だからであろう。特に、複数の人間で一日のうちに仕上げねばならない点が強調される。蚊帳は一日で縫い上げろと各地で言うのは、夜を跨ぐなという意味であろうが、なぜ、夜を挟んだ二日がかりの製作を忌むのだろうか。未完成の蚊帳が、夜という人間がコントロールできない時空間に置かれることで邪悪なモノの影響を受けるかも知れないという心配から発しているようにも思えるが、それよりも、本来一つづきのまとまりとしてあるべきものが、夜を挟むことで二分されてしまうという意識があったのではないだろうか、言い換えれば、縫う日が異なることで、一つの蚊帳のなかに異なる二つの同じものが存在するという状態が生まれることへの忌避、つまり、一軒の家に二人の妊婦がいることを忌む相孕みの俗信などに通ずる不安があるのではないかと考えられる〔常光　二〇〇六〕。

ところで、一日で仕上がらなかった場合はどうなるのだろうか。秋田県雄勝郡や山本郡では「蚊帳は一日で縫い上げないと幽霊が入ったり又ひっくるまったりする」と言い、由利郡では「親戚が死んだ時は魂が来る、其の際蚊帳を吊って置けば入らない」と言う土地がある〔東北更新会　一九三九〕。同県平鹿郡でも、一日中に縫い終えぬ蚊帳には幽霊が入ると言って、蚊帳を縫うときに人手の足らない家では親しい人に手伝いを乞い、必ず一日中に縫い終えると伝えている。言い換えれば、一日で縫い上げた蚊帳には幽霊は入らないということである。沖縄県大宜味村では「幽霊に追われたら蚊帳の中にかくれよ。入口が無いから入れない」と言って幽霊除けの効果を説いている。人びとが蚊帳に邪霊の侵入を遮る力を認めてきたことはすでに述べたが、そのなかでも、蚊帳と幽霊の関係は一種の取り合せのようになっていて俗信以外の場面でもしばしば登場する。

湯本豪一編『明治期怪異妖怪記事資料集成』は、明治期の新聞に載った怪異・妖怪記事を集めたものだが、このなかの幽霊を取り上げた記事には同時に蚊帳が描かれている例が少なくない。『西京新聞』明治十三年（一八八〇）八月三十一日にはこんな幽霊話が紹介されている。

下京区第弐拾組建仁寺町四条辺の野村某（三十七）は、去る廿日夕暮女房を相手に一杯やつている所へ、友人が二人来て何所《どつか》へ行かふといふから否とも言はれず四条河原を彷徨《うろつき》藤屋の床《ゆか》で飲直し夫《それ》から八坂新地富永町切通し東へ入南側の或青楼《をちやや》へ上り芸妓小秀歌玉尾の三人を招き十一時頃三盃で雑魚寝をしたが、野村は何か気に障つた事があり次の間で一人転んで居るうちうつ〳〵眠入《ねいり》三時頃不図目が覚めたので四方《あたり》を見ると、廿五六の娘が島田に髪を結て鳴海の浴衣に浜縮緬の細帯を前で結び徐《そろ》り〳〵と蚊帳の外を廻つて居るゆゑよく〳〵見ると、宵に呼んだ芸者でもなし此楼《このうち》の嫁さんでもなし是まで会ふた事も見た事もなひ素的滅法界な別嬪だから、思はず慄《ぞつ》と身の毛が立気味悪くなつたので、一生懸命誰ぞといふたらフッと消えて姿は見へず」（傍線筆者）

話は続くが、実はこの娘は首をくくって死んだ芸妓の幽霊であろうという〔湯本　二〇〇九〕。『九州日の出新聞』明治四十一年七月五日にも「幽霊蚊帳を廻る」と題した記事が載っている。ここでも女の幽霊が、「する〳〵と音も無く動き歩るきて、蚊帳の周囲を一廻り、二廻り、三廻りばかり廻りたりと思ふ間も無く掻き消す如く姿は見えずなれり」（傍線筆者）と書かれている〔湯本　二〇〇九〕。両話とも蚊帳のなかから女の幽霊を目撃しているが、幽霊は蚊帳の外を廻るだけでなかには入らない。『名古屋新聞』明治四十二年八月十二日の記事「蚊帳越しの女」でも、「藤田がフト目を覚まして、何んの気なしに蚊帳の天井を仰ぎ見ると、意外、凄い程白い若い女の顔が目たたきもせず、凝《ぢ》つと一心に自分の蚊帳の中を覗いて居る」（傍線筆者）とある〔湯本　二〇〇九〕。幽霊と蚊帳を描いた挿絵もいくつか確認できるが、幽霊の出現に蚊帳のなかで動転している構図が多い（図Ⅱ-16）〔湯本　二〇〇九〕。蚊帳は夏の夜具であり、幽霊話ももっぱら夏の夜の話題としてもてはやされるところから、両者が結びつくのは自然の成り行きだが、しかし、そこでの幽霊の行動は蚊帳の周囲を廻ったり、のぞきこんだりするだけである。蚊帳には邪霊を防ぐ力があるとされていて、幽霊はなかには入ってこないという観念があったためと考えられる。

蚊帳をのぞきこむ幽霊の記事を紹介したが、このモティーフはそれ以前からよく知られている。四世鶴屋南北作『小幡小平次』（歌舞伎脚本）に登場する、蚊帳越しにのぞきこむ幽霊を描いた葛飾北斎の「百物語　こはだ小平二」は有名だが、歌川豊国「こはだ小平次・同女房二やく　尾上松助」でも、両手を垂れた小平次の幽霊が蚊帳のなかで眠る妻をのぞきこむ場面が描かれている（図Ⅱ-17）。蚊帳の上部の隅には赤い布の上に×印が見える。赤色と×は魔除けの意味を帯びていると思われ、蚊帳のなかでは上端のこの四隅が重要視されていることがわかる。東京谷中の全生庵が所蔵する幽霊画、歌川国蔵「こはだ小平次」（紙本着色）も蚊帳の上からのぞきこむ幽霊を描いたものだが、同じコレクションのなかの、菊池容斎「蚊帳の前に坐る幽霊」は、蚊帳の前に静かに坐る女の幽霊が主題で、不思議なことに蚊帳の向こうに透けて見える横顔の一部が他の部分よりもはっきりと見えている（辻　一九九五）。蚊帳の上からのぞきこむ幽霊は、国立歴史民俗博物館所蔵の『百鬼徒然袋』にも描かれている（図Ⅱ-18）。

図Ⅱ-16　幽霊の出現に蚊帳の中で動転する男
（『絵入朝野新聞』明治16年８月４日より）

宮田登は『歴史と民俗のあいだ』で、『金沢古蹟志』に出ている「藤田邸宅奇談」の記事をもとに次のように述べている。

この屋敷である時、一人の男が泊番で、蚊帳の中で寝ていた。すると、唐紙・障子をさらさらあけて入って来る者がいる。よく見ると、「うつくしき女の紅粉色をましたるが、色よき装束にて蚊屋の外に踞《うずくま》りて、右の手の食指と母指にて蚊屋の寸尺を取りて帰るに、元のごとく唐紙、障子をさらり〳〵と立てゝぞ行きける」という怪異があった。この場合、蚊帳（屋）が妖

図II-17　蚊帳をのぞきこむ小平次の幽霊（歌川豊国「こはだ小平次・同女房二やく　尾上松助」より、中右瑛氏所蔵、『江戸の劇画 妖怪浮世絵』里文出版）

図II-18　蚊帳をのぞきこむ幽霊（『百鬼徒然袋』より、国立歴史民俗博物館所蔵）

しい女の侵入を防いでいたことになる。蚊帳の占める空間が、籠りの聖域とみなされていたことの残存であろう〔宮田　一九九六〕。

早くに、蚊帳が妖しいモノの侵入を防ぐ夜具であることを指摘していて示唆に富む。

また、倉本四郎は蚊帳の異界性について、「はじめて蚊帳を吊るとき、私たちは、それが部屋のイメージを一変させるのに、まずおどろくだろう。それはまるで、いきなり異種の世界が出現したかのような、めざましい変容である。そのめざましさは、内部にもとどいていて、横たわっていると青い水底の国におりたような気にもなる。私の感想では、この空間の変容こそ、蚊帳を呪いのバリアーとして決定づけた要素である」と述べている〔倉本　二〇〇〇〕。

しかし、妖しいモノに対して蚊帳は常に万全というわけでもないようだ。近世の『因幡怪談集』（十八世紀成立）には、蚊帳のすそをあげて入ってきた亡霊に脛を押えられたという気味悪い話が載っている〔堤ほか　二〇〇三〕。備後三次の稲生平太郎（のちの武太夫）がさまざまな妖怪に襲われる様子を描いた江戸時代の『稲生物怪録絵巻』には、蚊帳のなかに侵入する妖怪が登場する。ことの発端は平太郎が権八と行なった百物語で、怪異は七月に入って次々と発生する。七月十二日には、夜、押入れから飛び出してきた蟇蛙が蚊帳のなかで寝ている平太郎の上に這い上がってくる。翌朝見ると蟇蛙は葛籠が化けた化物だった。七月十四日の詞書には、「夜半のころ、目覚めて天井のかたを見れば、大なる老婆の顔あらわれ、やがて赤き舌をいだし、蚊帳をつらぬき、武太夫をねぶりしが、取合もせず、其儘すて置しかば、次第に消うせしとなん」とあり〔谷川　一九九四〕、蚊帳を突き抜けてたれ下がる老婆の巨大な舌が描かれている。図Ⅱ-19は国立歴史民俗博物館が所蔵する『稲生物怪録絵巻』の異本『武太夫物語絵巻』の当該場面である。安全な空間であるはずの蚊帳のなかが再三妖怪に犯されるが、だからといって、平太郎や権八たちが蚊帳を軽

図II-19　蚊帳を突き抜ける老婆の舌（『武太夫物語絵巻』より、国立歴史民俗博物館所蔵）

視しているわけではない。七月十七日に起きた怪異の際には、そのとき家に来ていた朋友たちは平太郎の蚊帳のなかに逃げ込んで、こわごわ外の様子をうかがっている。また、稲生平太郎自身が書き記したという『三次実録物語』では、最初に妖怪が出現した寛延二年七月一日に、「権平申候は、『私は、今晩、殊の外、何ともなくおそろしく、一向爰《いっこうここ》に得ふせり申さず候間、何卒、あなた様の蚊屋のはしにねさせ被下候』と申。『これ一向相ならず、纔《わずか》の人、只一つ所へふせるは不用心なり』と申せば、一向に握《しが》み付くよふに、『天窓《あたま》の毛たち、おそろしく御座候間、何卒天窓ばかりなりと、蚊屋へ入れさせ下され候』と申せば」と、二人のやり取りが書かれている〔谷川　一九九四〕。ただならぬ気配を感じた権平が、頭だけでも蚊帳のなかに入れさせてもらいたいと懇願しているのだ。平太郎の傍にいたいという思いとともに、難を除けるには蚊帳のなかが安全との意識がにじみでている。しかし、平太郎を襲った妖怪たちはいとも簡単に蚊帳を突き抜けてしまう。日常的な発想が通用しない、次々に意表を突く怪事を惹き起こし、強烈な印象を喚起する妖怪たちである。

## 4 網と蚊帳

先に、死者を蚊帳で覆う習俗を取り上げた。沖縄県宮古島狩俣では、夜間に亡くなって葬儀がその日のうちにできないときには、近親者や友人が集まって線香をたいて夜を明かしたが、その時、死者には網をかぶせたという〔琉球大学　一九六六〕。また、幽霊から逃れるには蚊帳のなかに入ればよいという点についても、島袋源七の『山原の土俗』には「幽霊に追われた時は、網の中に入るか又は簾の掛かった家に這入れば良い。網は魔よけだ」〔島袋　一九七七〕と見えている。井之口章次は「西彼杵半島〔長崎県〕では死体の顔に網の切れを被せて害敵の侵入を防ぎ、肥前小値賀島では棺の中に蚊帳の小切を入れ、さらに死体を蚊帳の中に寝せる風は広くおこなわれている。これが害敵―普通には火車など想像上の害敵―の侵入を防ぎ、同時に現実の世界から隔離するものであったことは、いまさら云うまでもない」と述べている〔井之口　一九五二〕。酒井卯作が、死者の上に蚊帳を吊る習俗を喪屋の名残と推測していることについては先に触れたが、酒井は、蚊帳が一般的に使用されるようになった歴史を考えると、蚊帳よりも「古い形としては網をはったり、縄を下げたりする風習から出発しているとみられるので、おそらく、最初は屋内に死者を留めておいて網を覆うて隠しておいたのではないかと想像される」と、蚊帳に先行する網の存在を指摘している〔酒井　一九八七〕。

蚊帳と網は病気に罹ったときにも用いられてきた。長崎県北松浦郡小値賀島では、「はやり病気の流行したとき、蚊帳をつってはいっていると病気がはいってこない。天然ぼうそうのとき蚊帳の中に寝せると、はたにうつらぬ」という〔柳田　一九七五〕。菅江真澄の『えぞのてぶり』寛政三年（一七九一）六月八日の条には、「ときには、アヰノの家屋の戸や窓に、のこらず網をはりわたすことがある。これは病気のはいってこない呪いである。これにならってシヤモの漁師たちも、疫病になったり天然痘になると、軒端やまたは病人の枕もとにも網をはるそうである」と書き留めている〔内田他　一九七二〕。

こうして見ると、俗信の機能としては蚊帳と網のあいだにはいくつかの点で共通性が見られ、その意味で二つの道具は置換可能な関係にあると言ってよい。酒井卯作は魔除けに網が用いられる根拠として、「目数の多さが悪霊を畏縮させる効力をもっていたのであろう」と説いている〔酒井　一九八七〕が、目数の多さは同時に多数の結び目と十字の連続でもあり、この点に魔除けの力を求めることもできよう〔常光　二〇〇六〕。また、蚊帳のように細かい網目から透かし見ることのできる道具は、ときに、日常では見ることのできない世界をのぞき見るための呪的な道具に変身する。

〔引用・参考文献〕


安八町編　一九七五　『安八町史』通史編　安八町

市橋　鐸　一九七〇　『俗信と言い伝え』　泰文堂

逸木盛照　一九六九　『紀州民俗誌』　紀州民俗誌刊行会

井之口章次　一九五二　「隠れ蓑笠―昔話の趣向とその背景―」『民間伝承』一六巻四号

井之口章次　一九六五　『日本の葬式』九二～九三頁　早川書房

井本英一　一九九九　『聖なる伝承をめぐって』一八八～一八九頁　法政大学出版局

岩倉市史編集委員会編　一九八五　『岩倉市史』下巻　岩倉市

内田武志・宮本常一編訳　一九六六　『菅江真澄遊覧記』二　二三八頁　平凡社

上勢頭亨　一九八五　『竹富島誌』民話・民俗篇　法政大学出版局

大内町教育委員会編　一九八二『迷信と俗信』大内町教育委員会
大宜味村史編集委員会編　一九七八『大宜味村史』資料編　大宜味村
大島町誌編纂委員会編　一九五九『周防大島町誌』山口県大島町役場
大根占町誌編さん委員会編　一九七一『大根占町誌』大根占町長坂本左武郎
北中城村史編纂委員会編　一九九六『北中城村史』第二巻・民俗編　五一六頁　北中城村役場
倉本四郎　二〇〇〇『妖怪の肖像―稲生武太夫冒険絵巻―』一七一頁　平凡社
久留米市史編さん委員会編　一九八六『久留米市史』第五巻　久留米市
小泉和子　一九八九『道具が語る生活史』八九〜九一頁　朝日新聞社
小松市史編纂委員会編　一九七七『小松市史』徳島県小松市役所
近藤直也　一九八二『祓いの構造』一四五頁　創元社
斎藤たま　一九八六『死とものの け』四九頁　新宿書房
酒井卯作　一九八七『琉球列島における死霊祭祀の構造』一四五〜一五三頁　第一書房
里村郷土誌編纂委員会編　一九八八『里村郷土誌』上巻　鹿児島県薩摩郡里村役場総務課
島袋源七　一九七七『山原の土俗』名著出版（初版は一九二九年。郷土研究社）
鈴木棠三　一九八二『日本俗信辞典―動・植物編』角川書店
高重義好　一九七一「大島郡三島村の葬制」『南島民俗』二四　南島民俗研究会
高津美保子　一九九七「わが家の俗信」『聴く・語る・創る』四号　日本民話の会
谷川健一編　一九九四『稲生物怪録絵巻―江戸妖怪図録―』小学館
大宰府市史編さん委員会編　一九九三『太宰府市史』民俗資料編　太宰府市
辻惟雄監修　一九九五『全生庵蔵・三遊亭円朝コレクション　幽霊名画集』ぺりかん社
堤邦彦・杉本好伸編　二〇〇三『近世民間異聞怪談集成』五一六〜五一七頁　国書刊行会
常光　徹　二〇〇六『しぐさの民俗学―呪術的世界と心性―』一九三〜二一〇・二七七〜三〇七頁　ミネルヴァ書房

東北更新会秋田県支部編　一九三九『秋田県の迷信・俗信』東北更新会秋田県支部
中村義雄　一九七八『魔よけとまじない―古典文学の周辺―』一七三頁　塙書房
長野県編　一九八七『長野県史』民俗編第一巻（三）東信地方　長野県史刊行会
新潟県編　一九八四『新潟県史』資料編二三　一八九頁　新潟県
西春町史編集委員会編　一九八四『西春町史』民俗編二　西春町役場
日本随筆大成編輯部　一九七四『日本随筆大成〈第二期〉20』二八一～二八二頁　吉川弘文館
林　宏　発行年不明『大和まじない資料集』（孔版）
美杉村史編集委員会編　一九八一『美杉村史』下巻
南箕輪村誌編纂委員会編　一九八四『南箕輪村誌』上巻　南箕輪村誌刊行委員会
宮田　登　一九九六『歴史と民俗のあいだ―海と都市の視点から―』一三三頁　吉川弘文館
柳田国男指導日本民俗学会編　一九七五『離島生活の研究』六四四頁　国書刊行会
湯本豪一編　二〇〇九『明治期怪異妖怪記事資料集成』国書刊行会
琉球大学民俗研究クラブ　一九六六『沖縄民俗』一二　四九頁　琉球大学民俗研究クラブ
琉球大学民俗研究クラブ　一九六九『沖縄民俗』一六　八四頁　琉球大学民俗研究クラブ

# 四　妖怪の通り道――なめら筋

## 1　尾根筋を通る魔ドウ

平成二十二年（二〇一〇）に実施された奄美大島におけるクチターベ（口唱え）の調査において、奄美市住用の城利文氏（昭和元年〈一九二六〉生れ）から次の口唱えを教えていただいた。

以前は、帰りが遅れて山中で日が暮れたり、道に迷って野宿を余儀なくされたときには、まず一晩寝るのに必要な広さの場所を決め、その四方に柴を挿して、「ヨゥネヤ　ワンネン　クゥンブン　カラシクレィン　ショレィヨー（今晩は私にこれだけ貸してください）」と唱えたものだという。山中で一夜を明かすときの作法としてこうした例はほかでも見られるが、興味深かったのは、場所を決める際、「山の峰の真ん中、筋道は神の通り道」なので避けて、これより少し下がった傾斜の処を選ぶものだという点である（花部　二〇一一）。秋田県には、山中の異人である山人《やまびと》が峰伝いに歩くという話がある。藤里村清水岱の佐々木喜代治さんの語りである。

まず昔はね、山人は峰伝いに歩くと、言ったものです。たまには川にも下りてくるだろうけど、遠くへ歩くときは、峰伝いに歩いたと。それで山へ行っても、峰の真ん中にすわって休むもんでないと言った。峰からいくらかわきによって、休むもんだと。いつの話かわからないけど、峰の真ん中にすわっていて、デックリひっくりかえされたどって。だから、山人が通ってきたんだろうという話なわけだ。〔傍線筆者〕〔花部　二〇〇五〕。

峰からいくらか脇によって休むというのは城利文氏の話と共通する。奄美大島の例のように、尾根筋を夜間に人間以外のもの、つまり神霊や魔物の通り道として特別視する伝承はいくつか報告がある。香月洋一郎の『山に棲む―民俗誌序章』に、高知県長岡郡大豊町では、「大歳の晩は、山の尾根をマドーが通るという。マドーとは目に見えぬさまざまな他界の霊で、悪霊ばかりとは限らず、人に幸せをもたらす霊もおり、前者に行きあえば不幸になり、後者に行きあえば一生幸福になるという。けれども悪霊との遭遇を避けるため、大歳の夜は尾根越えの道を行くものではないとされていた」との報告が見える〔香月　一九九五〕。ここでは尾根越えを忌む日が大歳の晩となっている。年の替わる夜、尾根筋をマドーが通るとの伝承は、高知県西部の山間の地、高岡郡檮原町井の谷でも言われていた。明治三十五年（一九〇二）生まれの石井今朝道爺から聞いた「魔ドウ道」の話である。

これはのう、ずうーっと大畝《おおうね》という。ここでいうたら高知県と愛媛県との境に通しの畝〔尾根〕というところがある。山から始まって海なら海、山なら山まで一つもその畝が切れずにつづく、通しの畝がある。なわめの道という。魔ドウ道ともいうんじゃ。それには、牛や馬を繋いじょいても、ぜったいかかっとらん。ひとりでに綱がとけておる。

歳の晩にここを歩きよったら出合うらしい。魔年《まとし》の晩いうて、旧の歳の晩〔節分の夜〕がありましょう。それにはいなげな（奇怪な）モノがおるそうなで。それがぬたば（猪が体に泥をこすりつける場所）という所《とこ》があって、それへむけて全部行《い》て、人を化かいたりするよな外道のモノ（魔モノ）がみな集もる。魔ドウいうモノは、殺生人（猟師）が行て弾を撃っても、茶釜の音がしたとか鍋の音がしたとかいうて、あたらなんだいうの。頭に金物を被っちょるけ、五体いっぱい金物を被ったのがおるんとなぁ。その魔年の晩という晩は、全部、かずいちょる（被っている）物《もん》を着いちょる物も全部ぬいじょる。ぬたばいう大けな水のたまる所があるが、それへ集もって、「今晩はもうおんばもそうけ（旂）もなにもかもぬげ」言《ゆ》うて、踊りしよるもんやと。その時、殺生人が行て魔ドウを撃ちゃあ弾があたる。けんど、それはなかなか撃つんが（撃つ者が）なかったもんじゃいうて、昔から言う。

この晩（魔年の晩）は、金物や銭やなにかを担うて通りよるやつがおるんとなぁ、魔ドウに。ジャリン、ジャリン担うて歩きよるんじゃけ、魔年の晩には。そいつを度胸のええ殺生人がぶち切ったら金が貰えるんよ。なかなか度胸が定まらんけよう切らん。これを切って出世した者が昔はあったというけんど、真《まこと》やら嘘やらわからん。そういう話も聞いとる。まぁ、魔年の晩には歩く気がせんねぇ、なにに出合うかわからんぜ。とって食われるかもしれん。

畝（尾根）には魔ドウの道がなんぼもあって、何百おるものやら、みなが通りよる。それが嘘と思やぁ、牛というものを繋いじょってみよという。越知面の井の谷の、部落の公会堂の表の道の、川のまん中に大けな石があるんよ。三間ばぁ（ばかり）の大岩がある。馬でも牛でも水を漕いで遊ぶけ、体を冷やいたりするにゃ良《え》いとこよ。岩の表ひらへ長い綱つけて、岩の上の木につなげとくんじゃ。良えとこでよう繋ぎよった。ところが、人間のおる間は解かんぜ。人間がおらんようになったら、いつとなしにな解いてしもうて、放しで遊びよる。そういう生き物を取って食うものが来るんじゃなぁ〔常光　一九九三〕。

途切れずに長く続く通しの尾根を、ナワメノミチ（縄目の道）とかマドウミチ（魔ドウ道）と呼ぶという。節分の夜に異形のモノが現れて尾根を移動するというのは土佐だけの話ではない。隣県の徳島県池田町白地（現在の三好市）では、節分の晩にはヤゲンさんが片目の馬に乗り、銭をたくさん持って峰から峰を通るので、峰の四辻で待つと銭をくれるという。また、片目のヤギョウさんが白地の八幡寺から伊予の八幡浜まで峰づたいに移動するとも伝えている〔池田町　一九七七〕。同県名西郡神山町では、月の朔日と十五日にヤギューさんが首切れ馬に乗って山の尾根づたいに走るという〔福田　一九八二〕。愛媛県越智郡玉川町（現在の今治市）では、節分の夜中に鳥越の佐渡山のあたりから首なし人の首なし馬が鈴を鳴らしながら歩いていった。四つ角で待ち伏せて馬をたたくとお金が落ちてくる。この馬の通る筋をナワメという〔福田　一九八二〕。ここに挙げた例では、大歳や節分の夜といった定まった日にナワメとかマドウミチと称される道、その多くは尾根筋をマドウやヤギョウさんなどが通るという伝承である。それらとの遭遇を恐れてこの夜の外出は控えるが、一方では、待ち受けて切りかかれば金運を授かるとの話も伴っている。年の替わり目は邪気を祓い福を呼び込むときであり、遠く遡れば追儺の行事が思い起こされる。類話は四国に多いが、ここで気になるのは、神や異形のモノたちの通り道として尾根筋が語られていることである。それは、切れ目なく続く尾根だと言い、特に水平に走る尾根筋に一段の注意を払ってきたようだ。この問題は別の角度から見れば、連続の終わり（始まり）が村里や川などに傾斜する尾根の端は、土地によっては特別の場所としての意味を帯びた景観であった可能性がある。岡山県苫田郡奥津町（現在の鏡野町）で「尾根ざき、真谷《またに》」といって、尾根の先端や谷の真ん中に家を建てるのを嫌い、また山のソネ（尾根）のハナ（先端）と向かい合う所を谷尻と言い、家を建てても絶えるという。尾根の先を崩して家を建てた場合も同様だという〔苫田ダム　二〇〇四〕。土地によっては「尾崎、谷口、堂の前」とも言い、尾崎は山崩れなどの災害に遭いやすい場所として避けるとの説明が一般的だが、同時に、尾根筋がマドウなどの通り道でその先端にあたるところから忌むという心意が潜んでいるのではないだろうか。

## 2　ミサキノカゼにうたれる

今朝道爺は、歳の晩に限らず平日でもマドウミチでは怪異が生じることを述べている。話のなかに出てくる檮原町井の谷で聞き書きをした。今朝道爺と同い年だという森野浅吉さんによれば、井の谷の集落には二つのナワメノミチが通っているといい、時々、そこでミサキノカゼにうたれて死んだり、患って寝込むものがあったという。同じ井の谷の立道鶴馬さん（明治三十五年〈一九〇二〉生れ）も、月夜の晩に魔ドウ道を通っていたところ、あたりが真っ暗になりやっとの思いで家に帰りついたという話を聞いたことがあるという〔常光　一九九三〕。ミサキノカゼは、人間が出遭うと病気になるとされるイキアイガミ（行き会い神）のことである。岡山県では、こうした道のことをナメラスジ（なめら筋）・ナワメノミチ（縄目の道）・マスジ（魔筋）などと呼ぶが、高知県のように尾根筋とは決まっていない。三浦秀宥によれば、「落合町（現在の岡山県真庭市）吉から臼谷を越して、旭川の横瀬を渡り、旭町（現在の美咲町）西川に下りる山腹は険しくて容易に人の通れる所でもないが、これをナメラスジともマミチともいう。昔は、ナメラスジを通ると異様な獣に逢うことがあり、そうすると激しく頭痛がしだして、家に帰って寝込んだ」という〔三浦　一九六三〕。イキアイガミに遭遇して不慮の災禍を蒙る不安はナメラスジだけとは限らないが、しかし、魔物の通り道とされているだけに一段と危険視されていたのは事実である。岡山県奥津町（現在の鏡野町）では、「ナマメスジは魔物の通り所《しょ》である。そこでは、イキアイといって、神様（狐狸のような魔物）と衝突して、えろう（苦しく）なる。人に憑いた狐狸をよく当てるお寺で訳（謝罪）をしたらよくなる」と伝えている〔苫田ダム　二〇〇四〕。兵庫県佐用郡では、ナワメノスジで転ぶと病気になると言う〔柳田　一九三八〕。高知県檮原町井の谷では、ミサキノカゼにうたれた（憑かれた）ときには、箕の前に立たせておいて空箕でさびて落とした〔常光　一九九三〕。香川県三豊郡三野町（現在の三豊市）では、「ヒチニンドウジという妖怪に出会って気分が悪くなった時にも家に入ろうとすると家人をよんで箕であおいでもらった」と言う〔武田　一九七八〕。『日本民俗大辞典』には、「高知県土佐郡本川村ではイキアイに会って急にホロセ（じんましん）ができる場合は、箕を逆さにして病人の背中からあおり、前方に米を撒くとよいといい、愛媛県越智郡宮窪町ではカザフレになった患者を入り口に立たせ、箕に杓子・火箸・包丁などを入れ、家の中から外に向けてあおる」と記されている。箕を用いるのは、不要のものを外にさび出す箕の機能が根底にあり、それに、強い風を起こして憑いているモノを祓い落とす手段であろう。

## 3　妖怪に出合う

香川県仲多度郡琴南町（現在のまんのう町）では、マショウミチとかマドノミチと言う。お化けの道だといって通るのを忌むと言い、そこには生臭い風が吹いていていてなかで牛が寝ていると言う〔武田　一九八四〕。牛が寝ているというのも奇妙だが、ナメラスジには異様な雰囲気が漂っていると言われる。

・ナマメスジは、しーんとして淋しいような、背中がゾーンとして、からだが寒く冷たくなるような気持ちの悪い所〈岡山県奥津町〈現在の鏡野町〉〉〔苫田ダム　二〇〇四〕。

・久米町里公文のナメラも山から麓に続いていて、そこを通ると髪の毛が立つように思われ、また魔に誘われるような感じがすると言う（岡山県）〔三浦　一九六三〕。

また、ゴトゴトと怪しい音が響いてくるとも言う。そして、この筋にはさまざまな妖怪が姿を現す。岡山県吉備郡では、「此筋にあたる山々や尾根通りに、処々に目立って大きな松があり、天狗が夜中に松から松へ飛び渡る。その間の直線の下が縄目の筋だという。これに家を建てると必ず屋鳴りがする。之を天狗の羽音という」そうだ〔柳田一九三八〕。同県久米町（現在の津山市）公文のナメラには、ギンズチが転がり出たりすることがあるという。ギンズチとは、頭と尾が同じ太さですりこ木に似た白蛇である。時実黙水の「邑久郡東部の土俗資料」には、「和気郡藤野村（現在の岡山県和気町）字吉田、有吉某氏宅ノ所ハ、マスジガ西南ヨリ東北ニ通ッテイテ、火ノ玉ガ通ル」とある〔時実　一九三〇a〕。また、徳島県名西郡石井町のあたりでは次のような話が報告されている。

石井町西覚円の堤防より石井警察署に通ずる道は、たくさんの地蔵さんやほこらのある古い道である。この道は北へ吉野川をこして板野郡上坂町の大山寺にいたり、南へいくと地蔵ごえで入田町の建治寺にぬける道である。この道は昔から「魔の道」といわれておそれられている。魔物がおるとか、首切り馬が走るとかいわれ、この道を通っていたら神隠しにあって行方不明になることがたびたびあった。そんなときは村人が寄って、鐘や太鼓で「だれそれかえせかえせ」と、いなくなった者の名前を呼んで道を歩くと出てくるといわれている。また、この道を歩いていて狸に化かされたという話も多い。ごく最近では、三十年前に狸の化けた大入道にあい驚かされた人がいる〔湯浅　一九七七〕。

「魔の道」にさまざまな怪異が発生していることがわかる。ナメラスジで送り狼につけられたとか、狐が火をともして通るなどの伝承もあり、狐狸をはじめとする山野の獣の通り道としてのイメージもある。

## 4　道筋にかかるのを忌む

ナメラスジは神霊や魔物の通り道なので、この筋にかかっている土地には手を付けない。特に、家普請をするときは注意を払う。ここに屋敷がかかると、病人が絶えないとか思わぬ事故が起きるなどという。今野圓輔が紹介した次の話はそれをよく示している。香川県坂出市で起きたという怪異である。

ナワスジの怪

讃岐のいなかにはむかしからナオスジ（またはナワスジ）と呼ばれている道があるものです。このナオスジというのは悪魔やお化けが通る道という意味で、その道は細くて行く先が見えないほど長い長い一本道にきまっているのです。昭和十四年、それも毎日うっとうしい日が続く梅雨のころ、坂出市の水源地は川津町の連尺というところにあるが、そのころできた水源地のポンプ場はこのナオスジ道の一部をつぶしてつくられた新しい道でポンプ場の横につけられたものでした。そしてポンプ場には宿直室がつくられ五人の職員が交代で泊まることになり、まず若手のKさんが初宿直になり、そして夜ふけの見回りを終えほっとして新しいフトンに寝たのです。ところが真夜中の三時ごろ突然Kさんは胸をしめつけられるような苦しみにおそわれ、真黒い顔、まっ赤な口のお化けのようなものが大きな手でぐいぐいとしめつけ息もできないほどの苦しさだったそうです。Kさんはもちろん必死のうめき声をあげました。そして自分のうめき声でわれに返ったKさんは全身冷汗でびっしょり。しかしちょうどこのとき外の暗やみでは人とも動物とも怪物ともつかぬ集団がバタバタと走りさるような音がはっきり聞こえたそうです。またそれを聞いたとたんに体の力が全くぬけ、ふるえが止まらなかったそうです。

翌日は腕自慢のYさんでしたが、Yさんもまた真夜中におそわれたそうです。Yさんの場合は気のついたあと砂利のようなものを窓ガラスにぶっつける音がしたということです。ふるえながら窓を開けたが、その夜は少しも風はなく、よどんだような、なんともいえない無気味な夜気が体に伝ってきたとか、そしてあれほど夜のあけるのが待ちどおしかった経験はなかったそうです。

こうして宿直した五人ともつぎつぎ同じようにうなされる夜が続きました。ところが二回目の宿直が回ってきても必ずみんな前と同じようにおそろしい夜の体験がくり返されたのです。まっ先に悲鳴をあげたのはKさんで「宿直料の二倍でも三倍でも出すからかわってくれ」と頼みましたが、しかし誰一人かわってやろうという者はいず、そこでみんながはじめて真夜中のできごとを話し合ったのです。不思議な恐ろしさに五人とも〝宿直返上〟を申し出たので、市の関係者が相談、新しい神棚をつくり神主を呼んで清めはらいが行なわれました。すると「怪奇の夜」は不思議にも消えたようになくなったということです〔今野　一九六九〕。

ナオスジにかかるポンプ場の宿直室で起きた怪異である。建造物が通り道を塞いでいる、あるいは障害となっているために怪事に見舞われた話は少なくない。特に、ナメラスジにまつわるこの種の話は、岡山県からの報告が多い。

時実黙水はマスジについて、「長浜村（現在の瀬戸内市）字畑ノ国師宮カラ拙宅ノ倉、玉津村（瀬戸内市）敷井ノ通山ノ線ハ、魔スジデ昔魔ガ通ッタ。倉ノ棟瓦ガ何度直シテモ、ヂキ落チタソウデス。此ノ倉ハ寛政九年ニ源蔵大工ガ建テタモノデ、今ハ家ノ西手ニアルガ、ソノ頃ハ前ノ家ノ西ニアッタソウデス。（此魔スジノ話ハ友人時実逸郎君カラ聞イタ）」と報告している〔時実　一九三〇b〕。また、津山市内にあるナメラ筋は、椿高下の本沢家の庭を通っている。獣のようなものが通る道筋であるといって、本沢家ではその通行を妨げぬように土塀に穴をうがってあるという〔三浦一九六三〕。鎌木史郎も『岡山民俗』六八号でナマメスジについて、「ナマメスジといって三野公園のカンスノツルと馬屋、向山あたりとを結んだ見通しのよい一直線上に蛇の通り道があるとされ、そこに建物を建てると通り道を邪魔するからたたりがあるとされていたためである」と記している〔鎌木　一九六六〕。現代の噂話にも、アパートの一室で夜間に不思議なことが起きるので調べたところ、その部屋が寺にむかう幽霊の通り道にあたっていたのが原因だったという話がある。これなども、神霊の通り道にまつわる怪異伝承の一つと言えよう。

## 5　切れ目のない道

ナメラスジのような妖怪の通り道に関する伝承は、管見の及ぶ範囲では四国と中国地方に顕著でとくに岡山県からの報告が多い。呼称のうえからは大きく三つに分類できそうだ。一つは、マスジ（岡山）・マモノスジ（岡山）・マミチ（岡山）・マドウミチ（高知）・マドノミチ（香川）・マノミチ（徳島）・マショウミチ（香川）と呼ばれるものである。マスジは魔筋で、マショウミチは魔性道をさし、いずれも魔物の通る道というところからの命名である。いま一つは、ナワメノミチ（高知）・ナワメ（愛媛）・ナワメノスジ（岡山）・ナワスジ（香川）・ナメラスジ（岡山）・ナメラ（岡山）・

ナマメスジ（岡山）・ナマムメスジ（岡山）・ナマスジ（香川）・ナマメ（岡山）・ナオスジ（香川）である。『禁忌習俗語彙』ではナメラスヂについて、「縄目の筋を備前の東部では魔筋、昔魔の通つた跡といひ（邑久）、或はナマムメスヂ又は、ナメラスヂといひ、作州でもナマメスヂ（久米）もしくは魔もの筋といふ（苫田）。多くは縄目の音変化かとも考へられるが、ナメラといふのは青大将を謂ふ土地もあるから、或は蛇の力と解して居たのかも知れぬ」と説明している。この指摘のように、ナワメノミチは縄目の道、ナワメノスジは縄目の筋で、縄目が直ぐに伸びているというような意味と思われる。ナメラもナワメの変化のように見えるが、仮に蛇と関わるとしても細長いイメージが重なるのではないだろうか。この二系統が主な呼称と言ってよいが、ほかに、岡山県ではケモノスジ・ケモノミチ・オオカミミチ・オオカミスジ・キツネミチなど、獣の通り道とする呼称が見られる。

右に紹介した妖怪の通り道とはどのような形状をさしていうのであろうか。「ナメラスジに屋敷がかからないようにする」「マドウミチを歩くとミサキノカゼにうたれる」「魔の道を首切れ馬が走る」などと言い、地域のなかではその道筋はほぼ決まっている場合が多い。その特徴を示していると思われる点を報告のなかから拾い上げてみよう。

・備中吉備郡では此筋にあたる山々や尾根通りに、処々に目立つて大きな松があり、天狗が夜中に松から松へ飛び渡る。その間の直線の下が縄目の筋だと謂ふ〔柳田　一九三八〕。

・讃岐のいなかにはむかしからナオスジ（またはナワスジ）と呼ばれている道があるものです。このナオスジというのは悪魔やお化けが通る道という意味で、その道は細くて行く先が見えないほど長い長い一本道にきまっているのです〔今野　一九六九〕。

・ナメラ筋、ナママメ筋と呼ばれる如く、それは個々の分離した場所ではなくして、長く連続した筋であり、怪獣の行き通う道と考えられている〔三浦　一九五四〕。

・ナマメスジといって三野公園のカンスノツルと馬屋、向山あたりとを結んだ見通しのよい一直線上に蛇の通り道があるとされ〔鎌木　一九六六〕。

・高知県と愛媛県との境に通しの畝（尾根）というところがある。山から始まって海なら海、山なら山まで一つもその畝が切れずにつづく、通しの畝がある。なわめの道という。マドウ道ともいうんじゃ〔常光　一九九三〕（以上、傍線筆者）。

これだけの事例で判断するのは難しいが、あえて言えば「ながく直ぐにつづいている道」という点が特徴として指摘できよう。佐々木高弘は、徳島県石井町でのクビナシウマの調査からその特徴の一つとして、「徘徊の道筋は、地蔵のある道路、北山から南山への直線道路、堤防の縁などである」と指摘している〔佐々木　二〇〇九〕。切れ目なく続く、しかも真っ直ぐに走る道にかつての人びとは何か特別の心意を抱いていたのだろうか。「ながく真っ直ぐに走る道」ということだけから言えば、そのような道は土地を左右に明瞭に分ける一筋の中央線のようなもので、連続する尾根筋とも通じている。どっちつかずの曖昧で不安定な境界性が、さまざまな怪異として表現されてきたのであろうか。かつて、都の大路で貴族が深夜に遭遇したという百鬼夜行の話が想起される。

しかし、実際のナメラスジの道筋は一様ではないだろう。それぞれの地域でどのような民俗的な意味を帯びて伝承されてきたのか。今日、それを確認するのは容易ではないが、三浦秀宥は昭和二十九年（一九五四）に発表した「ナメラ筋系伝承魔道考」で、「その多くが部落の境界を通ずる道筋を以て此れに擬せられる所以は、土用念仏・虫送り等に依って村内の悪霊を村境に送り出す習俗の拠る観念と相通ずる意義を、其の根底に潜めているのであるまいか」

と述べている〔三浦　一九五四〕。また、佐々木高弘は『怪異の風景学―妖怪文化の民俗地理』で、クビナシウマが出没する道筋が、十八世紀後半に吉野川流域の小地縁集団が目撃し語りついだものであるとの見通しを立てて、そこに絡み合うさまざまな要因の解読を試みている〔佐々木　二〇〇九〕。

原因不明の病気や不慮の事故など日常に発生した予期せぬ災禍は、しばしばナメラスジやマドウミチによって説明される。災いの原因を説明し回避する装置として機能してきた面が考えられるが、しかし、ある特定の道筋を人間だけでなく、神霊や魔物の通り道だとする発想はどこに由来するのだろうか。妖怪研究の興味深いテーマの一つである。

〔引用・参考文献〕


池田町昔話・伝説資料集編集委員会編　一九七七　『阿波池田の昔話と伝説資料集』　池田町ふるさとづくり運動推進協議会
香月洋一郎　一九九五　『山に棲む―民俗誌序章』　未来社
桂又三郎　一九三〇　「ナメラ」『岡山文化資料』二巻三号
鎌木史郎　一九六六　「ナマメスジ」『岡山民俗』六八号
今野圓輔　一九六九　『日本怪談集―幽霊篇』　社会思想社
佐々木高弘　二〇〇九　『怪異の風景学―妖怪文化の民俗地理』　古今書院
嶋村知章　一九三〇　「生梅筋」『岡山文化資料』二巻三号
武田　明　一九七八　「夜泣きのまじない」『香川の民俗』二八号
武田　明　一九八四　「仲多度郡琴南町美合の妖怪と怪談」『香川の民俗』四一号
常光　徹　一九九三　『土佐の世間話―今朝道爺異聞』　青弓社
時実黙水　一九三〇ａ　「邑久郡東部の土俗資料」『岡山文化資料』二巻六号
時実黙水　一九三〇ｂ　「邑久郡東部の妖怪」『岡山文化資料』二巻三号

苫田ダム水没地域民俗調査団編　二〇〇四　『奥津町の民俗』　奥津町・苫田ダム水没地域民俗調査委員会
花部英雄研究室編　二〇一一　『音声としての呪文・呪歌・唱え言の総合的研究』　國學院大學文学部花部英雄研究室
花部ゆりいか　二〇〇五　『ふるさとお話の旅①秋田　秋田のとっぴん語り』　星の環会
福田晃編　一九八二　『日本伝説大系』第一二巻・四国編　みずうみ書房
三浦秀宥　一九五四　「ナメラ筋系伝承魔道考」『岡山民俗』九号
三浦秀宥　一九六三　「ミサキ信仰」和歌森太郎編『美作の民俗』　吉川弘文館
柳田国男　一九三八　『禁忌習俗語彙』　国書刊行会
湯浅安夫　一九七七　『名西の伝説』　小山助学館

# Ⅲ　民間説話と俗信

# 一　「食わず女房」と歳の晩

## はじめに

ほぼ全国的に分布する「食わず女房」の昔話は、日本アルプスのあたりを境にしてモティーフの内容が東西で異なる。東日本では、蛇や山姥などが登場し、話の結末が五月節供の菖蒲・蓬の由来に結びつく傾向が強いのに対し、西日本では主に蜘蛛が登場して、最後は「夜の蜘蛛は殺せ」の俗信の由来を語るケースが顕著である。

ここでは、「食わず女房」の形態的な構造とその特徴を示すとともに、東西に分かれるモティーフの民俗的な背景と先後関係について検討する。

### 1　形態的構造

現在、筆者の手許にある「食わず女房」の資料をもとに、この昔話の形態的な構造を一つのモデルとして示すと、次の四つのモティーフ構成として表すことができるだろう(1)。

A
欲の深い独り者の男がいる
嫁取の**願望**｛飯を食わぬ女房を欲しがると、そのとおりの女が訪ねてくる
男は女を女房にする

B
男は女房の行動に不審を持つ
疑惑の**内偵**｛密かに女房の行動を窺い、大飯を食う異様な姿を見る
男は女房に出て行くように告げる

C
女は男を容器に入れてつれ去る
危機の**脱出**｛途中で男はぬけ出す
男は拘禁から解放される

D₁
女（妖怪）は男を追いかける
妖怪の**排除**｛ヨモギと菖蒲の草むらに隠れたため妖怪（蛇・鬼・山姥など）は男に近づけずに去る
男は難を逃れる—五月節供の菖蒲・ヨモギの由来

D₂
男は女（妖怪）の話を立ち聞きする
妖怪の**排除**｛命を狙って夜侵入してきたクモを殺す
男は難を逃れる—夜グモの俗信由来

A～Dまでの各モティーフの中核的な機能として「願望」「内偵」「脱出」「排除」を抽出してみた。四つのモティーフが連結して一話を構成している場合、A～Cまではほとんど変化が見られないが、Dの妖怪の排除では、女の正

体の違いによって二つの異モティーフに分かれる。正体が蛇・鬼・山姥などの場合は、妖怪は菖蒲・ヨモギの草むらに隠れた男に近づくことができずに退散する。ところが、女の正体がクモ（あるいはクモに化けた）場合は、多くは夜間に自在鉤を伝って下りてきたところを囲炉裏の火の中にたたきこまれて殺される。前者は消極的で後者は積極的であるが、いずれにせよ、男は、妖怪を退散させる魔除けの手段を偶然手に入れるか、意図的に退治することによって難を逃れる。退散も退治も妖怪を排除し危難を逃れる点では同じである。「桃太郎」や「タニシ息子」の昔話のように、富の獲得や幸福な結婚にむかって上昇する内容とは異なり、欲に目が眩んだ男がみずから招いた危機を克服し、日常性を回復した時点で物語は終わる。

この昔話は最初から最後まで男と女のやりとりを軸に展開していくが、ただ初めに示した図は、飯を食わぬ女を女房にした男の側から描いたものである。それでは、女の側、つまり妖怪の立場から描くとどういうことになるのだろうか。

A　嫁入の計略／成功（飯を食わぬ女に化けて妻になる）
B　秘密の大食／失敗（夫に隠れて大飯を食う姿が露見する）
C　男の誘拐／失敗（つれ去る途中で逃げられる）
$D_1$　男の追跡／失敗（菖蒲・ヨモギに隠れているため近づけない）
$D_2$　男の殺害／失敗（侵入したところを焼き殺される）

分類してみると、このような具合になるだろう。物語のなかでは、男と女（妖怪）はつねに利害を共有し得ない対立的な関係に置かれているのは明らかで、一方の成功は他方の失敗を意味している。妖怪は男の強欲に乗じてまんまと女房になることに成功するが、秘密の行動が露見してからは失敗を重ね最後は殺されるか退散を余儀なくされる。行為の結果をモティーフごとに「成功」か「失敗」かで判断すれば、A成功・B失敗・C失敗・D失敗となる。当然男の方は、A失敗・B成功・C成功・D成功と女とは裏腹の関係でなければならない。ところが、Aのモティーフにおいては、男の方も念願の嫁を迎えて成功したかのように語られる。「欲の深い独り者の男がいる」という冒頭の状況は、結婚相手の欠如を意味しており、訪ねてきた女を女房にしたのはその解消にほかならない。モティーフAにおける解消は飯を食わぬ嫁がきたという意味で欠如を充塡しており、男の望みは適えられるが、しかし、後に判明するようにこの女は大飯を食らう妖怪で多大の損失をもたらす存在である。「失敗」を一見「成功」のように語る、この矛盾のうちに、その後の事件を惹起する異常性が用意される。

冒頭に掲げたA〜Dの形態はあくまでモデルとして描いたものであって、現実に語られた内容に目を向けると多彩な変化を示している。例えば、Bのモティーフで男が女の行動に不審を抱くきっかけは、「いつの間にか米が減少する」というだけでなく、いくつかのパターンが認められる。

・飯を食わないのに働けるのはなぜか
・近所の者が女房の異常な行動に気づいて知らせる
・男の留守中に家から煙がのぼっている

といった不審から、男は外出を装って密かに女房の様子を窺う。夫に隠れて大飯を食らう女房の行為は、この昔話のもっとも迫力のある場面で、語り手の腕の見せ所と言ってよい。頭から飯を食う異様な姿を見た男はなに食わぬ顔で戻り、家から出て行くように告げる。この発言は女房の本性をばらしたことにほかならない。女房にとって、隠れた行為の露見は異類の姿を知られたことであり男との別れを意味するが、この場面にも幾通りかの類似の語られ方がある。

・男が告げる前に、見られたことを悟った女房の方から出て行くと言う。
・食い過ぎて寝込んだ女房にむかって、男が食い物の内容を言い当てる。
・覗き見をしているときに音をたて、あるいは二階から落ちて女房に知られる。

さらに細部の表現に目をやれば、語り手の工夫や、それぞれの話が語られた場や状況の関係性などを映し出して多様な表情をおびている。しかし、Bのモティーフにおける登場者の行為は、いずれも、疑惑の「発生」―「内偵」―「解消」という〈機能〉と展開に関係づけられた行為である。なかでも、最初の「疑惑の発生」に潜在する要因を具体的な出来事として現実化する「内偵」が中核的な〈機能〉と認められる。昔話の話型や類話群の形成にはモティーフの組み合わせの規則性が重要視されるが、「一つのモティーフの内部においても、各〈機能〉に従属する複数の行為（ツーク）の組み合わせに基づく類似性が考えられる。

## 2　モティーフの組み合わせ

ところで、「食わず女房」といえば、A～Dまでのモティーフが順次連結した形が一般的だと思われがちだが、しかし実際には、四つのモティーフのうちの二つあるいは三つの結合から成立している例が少なくない。一例を挙げてみよう。

あの、よくなよくな男がおりましたそ。言いますかネ?そいでネ、その男が嫁さんを、とっ、もらわあ思ってネ、どっかにその食べ物を食べない女がおらんかって言ってネ、探したそうですわ。そしたら、その、きれいな女が、私は食べ物を食べないからと言って、嫁にしてくれと言ってね、したそうです。そしたらもう食べ物食べずに働いちょ。不思議な女だ思ってね、そっか、その男が、仕事の出るふりして、正体がわからんどうしたことか。あんまりやつれもせんし、食べ物食べずに働いちょ。そっからそろっとその、かえって外からしのんで見たら、こう御飯をたくさんたいてね、そうして、このきれいな髪をあげとっだ。髪を、といてね、そうしてその、おにぎりをたくさんこすらえて、それをようけ、その頭の中へ入れたそうですわ。そうしてまたもとのとおりに頭をできるだけゆったわけでね。そして、だから、これを、これはなんということだ、ね、そいでね、その、ま、そ、そ、あんまりそげな事を言って、人にそのどっかにその、食べ物を食べのう女房ないじゃらあかと言ってその探したところが、うそをいつわってよおにだまされたとこでしょうね。女はそうしてきれいな女になって舞いこんだって。ま、そっからびっくりしてね、その男はにげたそうです。あんまり欲したか、そげなふうにネ、一つも遊びもせず、食べずと長いこと食べずとおもってもいい、とめてね、そいで、いっぺんによーけ損して。ま、そげな話ですわ。

島根県隠岐郡布施村（現在の隠岐の島町）の奥田シノブさんの語った「食わず女房」である。(2) AとBのモティーフから成る話で、報告数も多くまた分布も広い。個々の話の成立事情は定かではないが、前のモデルを基準に比較すると、後半部分を欠いている。しかしこれを、単純にCDが脱落した結果だとは言えないだろう。A＋Bの独立した話型にCさらにDが加わってモデルのような型が成立していった道筋も想定できるからだ。それと同時に、歴的な変遷への関心から離れて、状況に応じてモティーフの連結が変換していく可能性と、現実に複数の型がそれぞれ自立した話として語られていること自体の意味を多面的に捉える視座が必要であろう。

右のような話を仮にAB型とすると、この型のほとんどは「食わず女房」の特色とされる五月節供の菖蒲・ヨモギの由来や夜グモの俗信由来を伴っていない。女房についても大飯を食らう異様な姿は語られるが、その正体が蛇や鬼・山姥であるかクモであるかを特定する必然性は比較的希薄である。最後は、女房の異常な行動を目撃したところで終わるか、例話のように驚いた男が逃げ出すか追い出してしまう。なかには、寺の和尚に離縁を頼み込む例もあるがそれ以上の展開は見られない。AB型の結末は、飯を食わぬ女房を欲しがった男に対する制裁、社会生活をおくるうえでの極端な強欲とケチを戒める意図が鮮明に描かれている。

一つのモティーフの終わりから新たなモティーフへと展開していく契機には、結果から見ればいくつかの選択肢が用意されている。例えばBのモティーフで、女房の異様な行為の露見は夫婦の破局をもたらすが、その際、女のとる行動は基本的にa「無条件に去っていく」か、b「男をつれ去る」かである。aに対して男が何らの行動を起こさなければ物語はそこで完結する（ＡＢ型）が、わずかながら男が女の跡をつけていく例がある。この場合は、山中で女の話を立ち聞きし、クモになって侵入してきたところを殺す。つまりＡＢ$D_2$型となる。また、例話のように「男の方が逃げ出す」場合でも、そのあとを女が追いかけるケースがあり、男は菖蒲・ヨモギのなかに隠れて難を逃れるＡＢ$D_1$型が見られる。ただ私の知る限りでは、ＡＢ$D_1$型は東北地方を除くと事例がごく限られているように思われる。両型ともＣのモティーフを持たないが、後述するように前者は「クモ女房型」、後者は「蛇女房型」に属している。

Ａ＋Ｂで終息しないケースの大多数は、「男を桶や風呂釜に押し込めて山に連れ去る」Ｃのモティーフに連続していく。途中で男は木に取りつくなどして脱出を試みるが、ここでも脱出に成功した時点で完結するＡＢＣ型が存在する。

しかし、男に逃げられたと知った女（妖怪）に関心が移ると、「女（妖怪）が男を追いかける」$D_1$か、「女の話を立ち聞きする」$D_2$のモティーフへと展開していく。モデルとして示したＡＢＣ$D_1$・$D_2$型に該当する。ＡＢＣ$D_1$型の話は、先程触れた、家から逃げ出した男が菖蒲とヨモギに隠れて難を逃れるＡＢ$D_1$型とも共通するが、ただ、Ｂと$D_1$のあいだにＣのモティーフが挿入されていることで男の逃走の方向が逆転している。ＡＢ$D_1$型では、男は家から外にむかって逃走するが、ＡＢＣ$D_1$型では外（山中）から家にむかって逃走する。後者は、昔話「三枚の御札」などに見られるように、危険な領域にさ迷いこんだ主人公が安全な場所をめざして、つまり、異界から日常世界へむかって逃走する内容で、Ｃのモティーフは、男を日常の生活空間から異界（山中）へと移動させる役割を担っている。Ｃの誘拐と脱出の過程を抜きにして[3]、山中から逃走する$D_1$は成立しないわけで、Ｃと$D_1$は対の関係に置かれている。桶や風呂釜に閉じ込められて日常から切り離された男は、脱出という行為によって異界に姿を現す。これらの容器は、男を日常世界から異界へ運ぶための装置と言ってもよいだろう。土地によっては、棺桶に入れて運ぶ例があるのも、棺がこの世からあの世への移行を象徴する入れ物であることを考え合わせると興味深い。

モティーフの機能と構成についてはほかにも論ずるべきことが多いが、紙幅の都合で次に移りたい。

## 3　行事の由来と俗信の由来

これまでの「食わず女房」について書かれた論文を読むと、そこに共通する関心事が横たわっていることに気づく。それは、女の正体をめぐる問題である。柳田国男は『桃太郎の誕生』のなかで、「この頭のてっぺんに大きな口が有るといふのは、どうやら女が蛇体であったことを意味して居たらしい。現に懸離れた壱岐の島などでは、女房が頭だけ蛇になって、蔵の酒を飲んで居たといふ風にも語って居る。ところが多くの話し手はどういふわけか、是を山姥の化けたのであったと謂って、蛇だといふことはもう忘れてしまひ」と述べている。女の頭に口があるという発想は蛇体にもとづくものらしいと指摘して、山姥は後の変化した形であろうと理解している。一方、クモについては、「蜘蛛といふ方だけは新たに入って来る理由が考え難い故に、尚私は其原因を古い處に求めようとして居るのである。水の神の元の姿は、今とても實は瞭然としては居ない。之をオロチと呼び又はミヅチと謂ったところで、果して陸に棲む蛇類と同じものかどうかも確かで無い。単に外国の感化が次第に我々の空想を、さういふ方へ導いて行ったのみである。蜘蛛は事によるとその一つ以前の、我々の迷信の名残であったかも知れない」と発言している。頭上の口については その後、大森郁之助、五来重の説が発表されている[4]がここでは触れない。柳田は、「食わず女房」譚に登場する女の正体が、蛇（のちの変化と見られる山姥）であるかクモであるかの違いに着目しているが、登場者の相違が昔話全体のなかでどのような意味を持つかについては言及していない。この論文が発表された昭和五年（一九三〇）の段階では、全体の見取り図を描くだけの資料の蓄積がなされていなかったためであろう。

現在、『日本昔話通観28　タイプインデックス』では「食わず女房・蛇女房型」と「食わず女房・くも女房型」に分類している。これは、前に述べたＡＢＣ$D_1$型とＡＢＣ$D_2$型の二型にほぼ当てはまる。手許の資料をもとに大雑把に見通しても、女の正体が、蛇（鬼・山姥などを含めて）の場合と、クモあるいはクモに化ける場合とでは、単なる要素の違いにとどまらない問題を内在していることが読み取れる。正体が蛇では、女（妖怪）からの逃走の途中で菖蒲・ヨモギの草むらに隠れて難を逃れ、結末でしばしば五月節供の由来を説く$D_1$のモティーフを形成する。それがクモだと、男は女の話を立ち聞きし、夜間にクモになって侵入してきたところを殺す$D_2$のモティーフになり、結末は夜グモを忌む俗信の由来を説く傾向が顕著である。もちろん、すべてがこのとおりではない。正月飾りの由来などに結びつく場合もあるが、しかし、蛇かクモかという要素の違いがモティーフの違いに連動している割合は高いと判断してよいだろう。

図Ⅲ-1は、女の正体が、蛇（鬼・山姥）であるか、クモ（クモに化ける場合も含めて）であるかを地図に落したものである[5]。クモは、九州、四国、中国地方など西日本に色濃く分布し、新潟県、群馬県、東京都あたりを境にしてそれより北にはきわめて稀である。他方、蛇は東北地方を中心に濃密に分布するが中部地方より西は希薄である。ただ、クモが東北地方にごく限られた分布しか持たないのに比べ、蛇は西日本の各地に点々と分布しており、特に長崎県対馬、熊本県天草地方、鹿児島県奄美大島といった列島の周辺地域にある程度かたまった伝承密度を示している事実は注目される。臼田甚五郎は、「食はず女房が蜘蛛の化物であると語るのは、中部地方から以西であるのも奇妙である。関東以東は言ふまでもなく、蜘蛛地帯にも、ずうっと南にまで、奄美大島にまで、山姥・鬼・鬼婆の化けたのが食はず女房であったとする昔話がひろがっている。これだけのひろがりを見ると、山姥・鬼・鬼婆の方が古い型なのであ

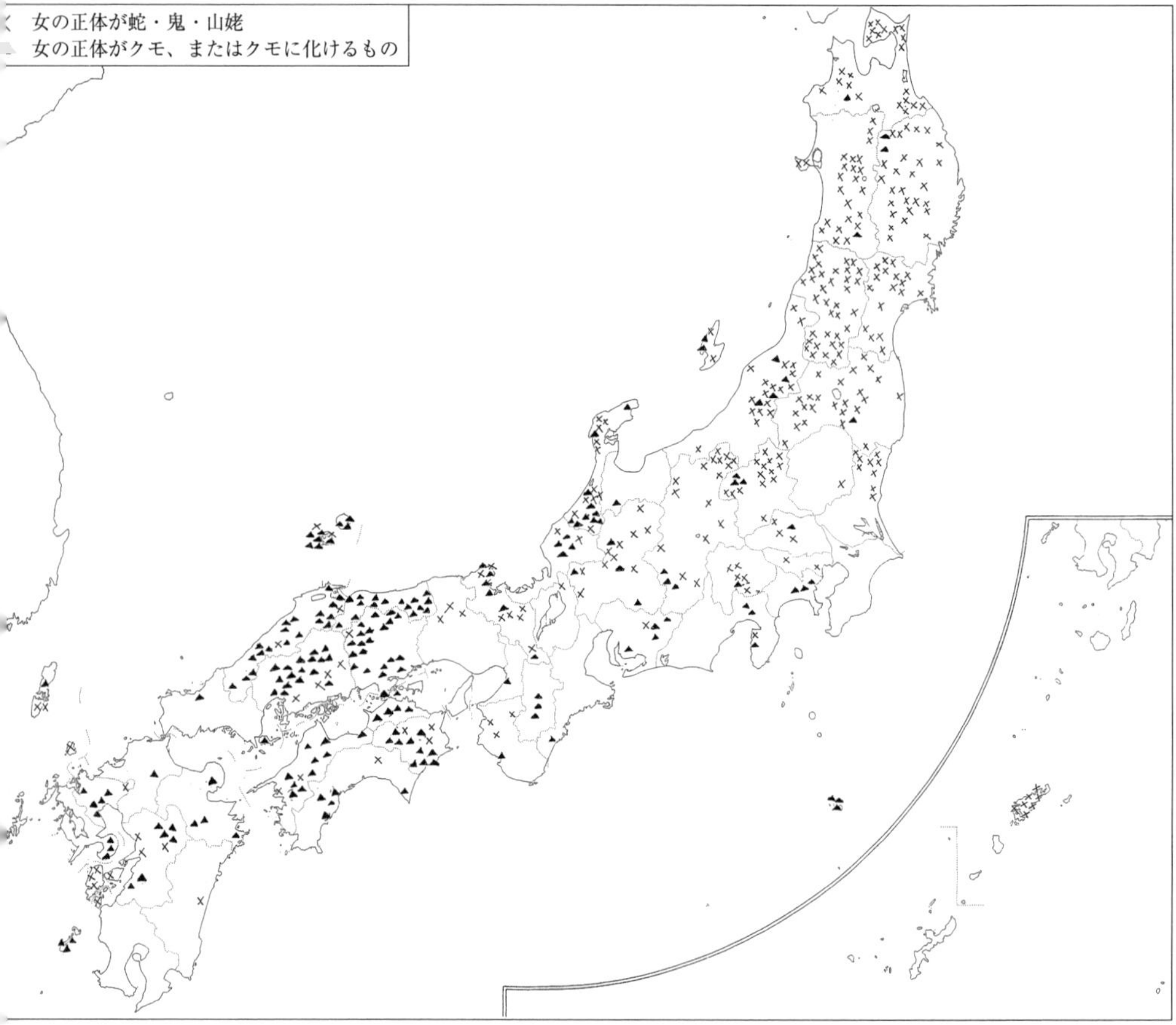


図Ⅲ-1　正体が蛇かクモかによる分布

らうか」[6]と推測している。蛇とクモのどちらがより古い姿をとどめているかについては、柳田以来、もっぱらこの小動物の水神的な信仰の古態に手掛かりを求めようとしてきたが、臼田の指摘はこの問題を別の角度から読み解こうとしたもので示唆にとむ。また、こうした東西に分かれる分布の様態は他の昔話、例えば「猿聟入」の嫁入り型と里帰り型においても似た傾向を示しており、特定の話型の事情を超えた背景が予想される。

ところで、「蛇女房型」では、女は蛇・鬼・鬼婆・山姥となって男を追跡する。男は菖蒲・ヨモギのおかげでそれらの妖怪から逃れたため、最後で五月節供に菖蒲・ヨモギを挿す由来を語る例が数多く見られる。「蛇女房型」の登場者は多彩だが、しかし、その由来は総じて五月節供に結びつく。一方、「クモ女房型」では男の命を狙って侵入するるのはクモでありほかの妖怪は登場しない。最後に夜グモは殺せの俗信の由来を語る例が数多く見られるが、ただ「蛇女房型」が五月節供の由来に集中しているのとは異なり、「クモ女房型」では、夜グモの俗信由来以外にも複数の由来と結びついている。まず「夜のクモは殺せ」の一般的な由来とは異なる説明をしている例をいくつか挙げてみよう。

1　だから歳の夜には火を焚く（鳥取・広島・徳島・愛媛・高知・佐賀）
2　毎年おおつごもりには一年分の箒をつくるようになった（和歌山県すさみ町）
3　それから年越に自在にヤキサシをするようになった（奈良県十津川村）
4　それから大歳にはヒビとタラの木を飾るようになった（愛媛県久万町〈現在の久万高原町〉）
5　それからおと一日《ついたち》にはナスを食べるようになった（岡山県上斎原村〈現在の鏡野町〉）
6　それからクモは箒でたたくようになった（岡山市）

7　それから火箸は右ねじり左ねじりに作るようになった（鹿児島県下甑村〈現在の薩摩川内市〉）
8　クモの血のついた灰でソバを蒔いたのでソバの根が赤くなった（大分県蒲江市〈現在の佐伯市〉）
9　それで谷わたり藤は人助けをするから切ってはいけない（奈良県十津川村）
10　それから年の初めにユズリハとウラジロを取って祝うようになった（熊本県湯前町）

1〜7の由来は、侵入してきたクモを退治した手段やそこで用いた道具の起源を説明している。なかでも1〜4が大歳の夜の行事に関わる事柄と結びついているのは注意したい。8はクモの血に染まった灰の色からソバの根の赤い理由を語ったもの。9は男が脱出の際に取りついた植物、10は脱出後に隠れた植物から由来を説き起こしている。(7)

クモが登場する話では、夜グモを忌む俗信由来の優位は動かないが、それ以外にも右のように幾通りかの由来が認められ、結末が一定しない。おそらく伝承される過程で、新たな由来に結びついていった変化層の断面を垣間見せているのであろう。その変遷の道筋を辿るのは容易でないが、ただ数のうえで多数を占める「夜のクモは親に似ていても殺せ」の俗信から変化したのではないように思われる。特に注目したいのは、クモの侵入する日を大歳（あるいは節分）の夜と語っている事例と、大歳に火を焚く由来を説く伝承の存在である。ここで、筆者が聞いた「食わず女房」を紹介したい。語り手は高知県中村市佐田（現在の四万十市）の小林志加野さん（明治二十六年生れ）である。

欲な男がのう「飯を食わん嬶《かか》が欲しい」いうて言よったそうですらぁ。言よったら、その、飯を食わんという人がありましてのう。飯を食わんずくに居るという人があって、その人をもろうたそうですらぁ。もろうたところが、飯を食わんというたら、ちっとも食わん〈おかしいことよ。うちの嬶は飯食わんが、どういて生きちょるがじゃろ〉と、不思議になりましてのう。へぇから〈毎日、何をしよるか見ちゃろう〉と思て、家のつしへ上がってのう、藁の中へ隠れて見よった。見よったところが、昼になったら大けな釜で飯を炊きよるそうですわ。〈大けなお釜でお飯炊きよる。何するろう〉と思うたところが、飯が炊けると頭の髪をこうやる（髪をふりほどく）と、大けな口がありましての、頭に。そこへその飯を押し込んで、しゃあ知らん顔しちょるがですと。

　びっくりしましてのう。それから〈こりゃいかん〉と思て、その晩、男の人が風呂へ入りよりましたら、嫁さんが来て、風呂ごし担《かた》いでのう、ずーっと山奥へ行きだいての。

「取ったぞー、取ったぞー」

言うて、風呂桶ごと担いで山へ逃げ出しましたけんのう。男は〈こりゃ安からん、魔神《ましん》じゃ。どうぞして逃げにゃいかん〉と思いよったら、幸い横しい木が出ちょるところがあって、そいつへヒョッとつかまって風呂桶から出ましたと。魔神は、

「取った、取った」

言うて去《い》んで、そして開けたところがおらん。

「たしかに取ってきたにおらん」

つうことになって、話しよるがじゃそうですら。そこで、

「ああ、もうしゃんと家は知ったけんね。こんどの歳の晩に行て、俺がクモに化けて行て、あれ（男）を取ってくるけん、待っちょれ」

って、ほかの魔神に言いよりましての。

男はそれを木の上で聞いつろう。急いで戻《もん》てきて、あたりに話したら、「そりゃまぁ、歳の晩にはみんなが行《い》ちゃるけん、その晩には火を焚こうぜや」つうことで、みんなが大けな火を焚いて待ちよったそうですら。したところが、間もなくすると、自在からクモがツラツラツラと下りてきつろ。ほんじゃけん、たかで、若い者らが急いでクモを払い転《こ》かして、大きな火へ焼《く》べましたと。そしたら案の定、大けな魔神になったいいましてのう。クモが。

そんで、歳の晩には必ず大けな火を焚くもんぞ。むかしは歳の晩には明くる朝まで、大きな木を焼べて火を切らしませざった。（傍線筆者）

男を取り逃がした魔神は、歳の晩にクモに化けて侵入したところで殺され、そこからこの晩に大火を焚く由来につながっていく。徳島県三好郡祖谷山村（現在の三好市）でも、「男に逃げられた女が、大晦日の夜クモの姿になって取りに行くと話すのを立ち聞きする。男が大晦日の夜、近所の衆を集めて囲炉裏に火を焚いていると、自在にクモが現れたので箒で火の中にはたき込んで退治する。それ以来、大つごもりの夜さは火を焚かねばならぬというようになった」と語られる。(8) 歳の夜と大火の由来の結びついた例は、前に示した六県から報告があるが、さらに、歳の夜の侵入という点に限って見ていけば次に挙げるように西日本の各地に及んでいる。

鹿児島県下甑島村打籠（現在の薩摩川内市。岩倉市郎『全国昔話記録　甑島昔話集』）
熊本県球磨郡湯前町（丸山学「球磨民話抄（4）『昔話研究』昭和十年十二月）
佐賀県伊万里市南波田町（北九州大学民俗研究会編『波多の民話』）

高知県中村市佐田（現在の四万十市。筆者調査）
高知県幡多郡西土佐村（現在の四万十市。立命館大学説話文学研究会編『高知・西土佐昔話集』）
高知県須崎市（節分の晩）（坂本正夫編『お大師さまと天の邪鬼』）
徳島県三好郡東祖谷山村（現在の三好市。武田明『全国昔話記録　阿波祖谷山昔話集』）
愛媛県周桑郡（森正史編『えひめ昔ばなし』）
愛媛県上浮穴郡久万町（現在の久万高原町。『日本昔話通観』第17巻）
岡山県阿哲郡神郷町（現在の新見市。稲田浩二・立石憲利編『奥備中の昔話』）
和歌山県西牟婁郡すさみ町（京都女子大学説話文学研究会編『紀伊半島の昔話』）

立春の前日を一年の境としてとらえ、節分の夜を年越とする意識はいまも根強く残っている。この夜に大晦日と同類の越年行事が多く見られることなどからしても、節分の夜のクモの侵入は大歳の夜のそれと同じ範疇に含めてよいだろう。また、侵入の日が大歳とは語られなくても、それが歳の夜の出来事であるらしいことを予感させる話は多い。例えば、クモを待ち受ける場面を鳥取県淀江町では、「『そりゃ世話ない。今夜おらが来て、へんぜるけえ、囲炉裏にがいな火焚いてござい』ってえ、言いますで、がいな火焚いて待っちょったら、天井から自在鉤つたって蜘蛛のがいなのがぞろぞろうっと下りてきましたって」[9]と語っている。がいな火というのは大きな火ということである。語り手によっては、「いろりの中ぃ火《ひい》どんどんいこして」「ええ火を囲炉裏に焚いて」「炭火いっぱい焚いちょうだけん」などと、それぞれに表現はちがうが、いずれも囲炉裏に火を勢いよく燃やすことを意味している。囲炉裏にこうした大火をつくる作業は特別の用意のもとに行われるべきもので、本来日常の行為ではない。高知県中村市（現在の四万十市）の小林志加野さんも、「そんで、歳の晩には必ず大けな火を焚くもんぞ。むかしは歳の晩には明くる朝まで、大きな木を焼《く》べて火を切らしませざった」と実際に行なっていた習俗について述べているように、年中行事のなかでは歳の夜に顕著な行為だった。話によっては、クモの侵入の日は不明でも、由来では大歳の出来事になっている例もあり、その日が大火をつくる特別の夜であることを彷彿とさせる状況は随所にうかがえる。

それにしても、クモの侵入を歳の夜の出来事として語っているのは何故であろうか。「だから夜のクモは殺せ」の由来を説くのであれば、あえて歳の夜に限定する根拠はない。しばしば「だから朝のクモは縁起がよいが、夜のクモは殺せ」の由来を伴って語られる場合もある。昔話のなかで朝のクモについては何ら説明されていないにもかかわらず、このような矛盾が生じるのは、広く流布している「朝クモは吉、夜グモは凶」の定型的な俗信を取り込んだためであろう。

「蛇女房型」の行事由来の対象は、妖怪（蛇・鬼・山姥など）を追い払う手段としての植物（菖蒲・ヨモギあるいは茅）であるのに対し、「クモ女房型」の俗信由来では排除すべき妖怪、それも夜という時間帯に出現するクモそのものが対象である。両者を比較すると、「五月節供の菖蒲・ヨモギの由来」と「夜グモを殺す由来」のあいだには何ら共通点はなく、まったく異質の結末のように映る。しかし、大歳の夜に関する事例を間に置いて眺めると、特定の日（五月節供―大歳）が指定されていること、妖怪を排除する手段（菖蒲・ヨモギ―火・篝）の由来を語るというレベルで「五月節供の行事由来」との共通点が見出せる。また、男の命を狙う妖怪が夜間に侵入してきたクモである点は「夜グモを殺す由来」とも重なり合う要素を持っている。

「蛇女房型」と「クモ女房型」ではどちらが先行するかについては両説があるが、どうも「蛇女房型」が先行する可能性が高いのではないかと考えられる。(10)蛇やクモの信仰からより古い形態をさぐる根拠は持たないが、菖蒲・ヨモ

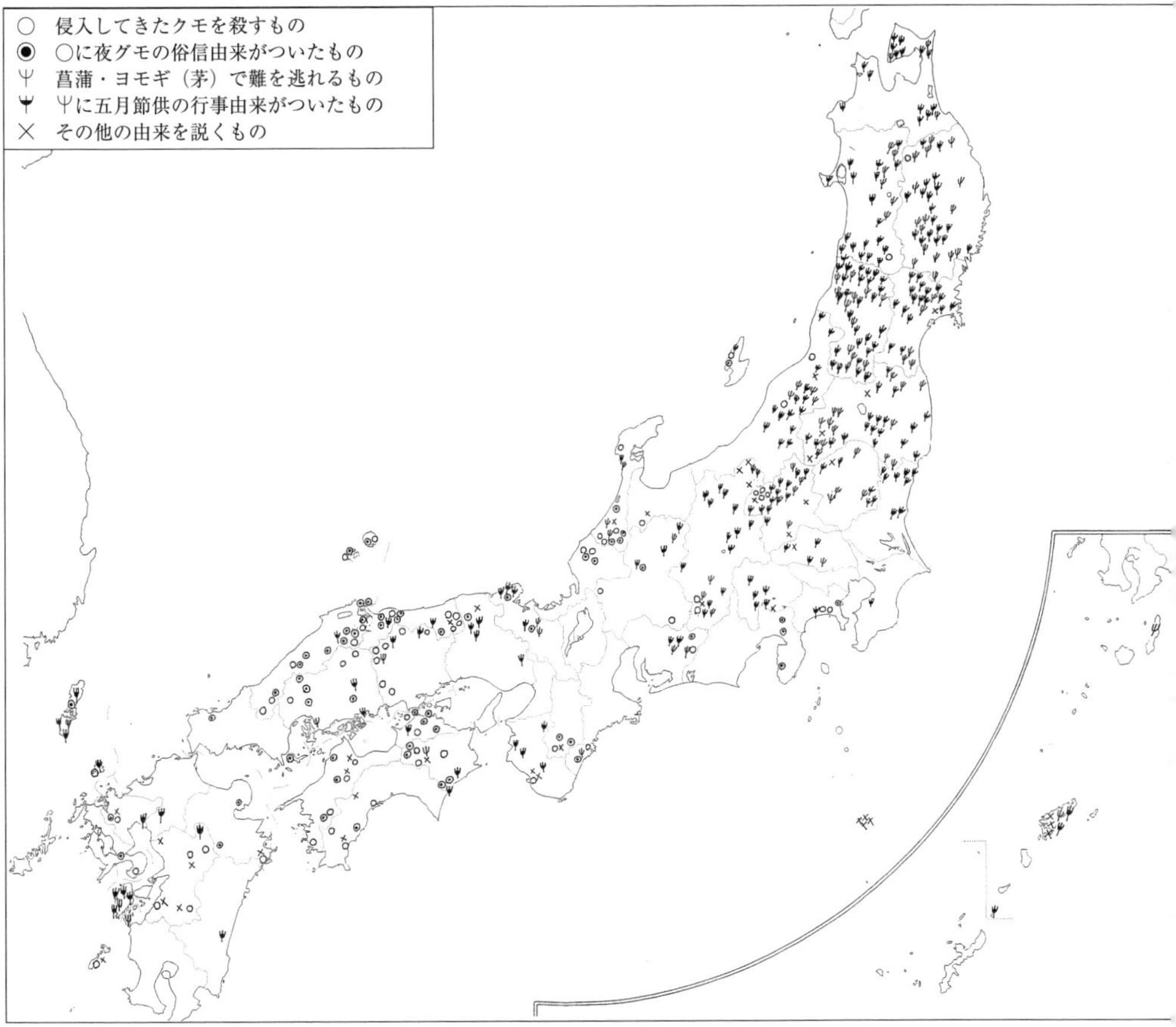


図Ⅲ－2　節供由来と俗信由来の分布

ギが登場する話の分布が東北地方のみでなく西日本にも斑状に分布し、特に九州の周縁部に伝承されている実態（図Ⅲ-2）は、一つの読み取り方として、五月節供の由来を説く「蛇女房型」が広く分布しているところに、後れて西日本を中心に「クモ女房型」が勢力を拡大していった経緯を物語るもの、と解釈できないだろうか。また、「クモ女房型」では一般に女の正体はクモと理解されているが、しかし、少し注意深く資料を読むと、蛇・鬼・山姥などがクモに化けて男の家に侵入する例がかなりある。火にたたき込まれた途端、鬼や山姥の正体を現わすこともあり、クモは二次的な変化と見られるケースが少なくない。おそらくこれは、蛇・鬼・山姥を主要な登場者とする「蛇女房型」の構成モティーフA～$D_1$のうち、最後の$D_1$に代わって$D_2$のモティーフが連続したために生じた現象であろう。もともと、蛇・鬼・山姥などがクモに化けて男の家に侵入する内容だったものが、のちにクモそのものを女の正体と見なすようになった可能性がある。

五月節供の行事由来を語る「蛇女房型」の異モティーフとして、大歳の行事由来を語る「クモ女房型」が成立したのではないだろうか。そこには、節供と大歳という暦日の替わり目に訪れる邪悪なモノを排除する共通の意図が読み取れる。自在鉤を伝って侵入してきたクモはことごとく囲炉裏の火によって退治されることを念頭におくと、一方が蛇や鬼・山姥を退散させる五月節供の菖蒲・ヨモギの力を説くのに対して、この方は歳の夜に侵入してくるクモを退治する火の力を説くことが重要だったのではないかと思われる。この昔話は、常の夜とちがって、一段と鮮やかに燃え盛る歳の晩の火の印象に向けられた素朴な疑問に応えて語りの機会を得てきたのであろう。「大つごもりの夜さは火を焚かねばならぬと言うのは、それ以来言い始めた事だそうな」という徳島県祖谷山地方の結末は、「クモ女房型」の古風な形を伝えていると見られる。しかし、歳の夜の火の由来はやがて、クモ退治に用いる植物や道具に、あるいは「夜グモは殺せ」の俗信と結びついて、クモそのものを殺すことに目的が移っていったのではないかと思う。

〔註〕

（1）この形態的構造のモデルは、「登場者と話型」（『國文學』一九九九年一二月号）に発表したものを一部手直しした。

（2）『隠岐島・布施村の民話と民謡』（一九七八年、島根県民話研究会）

（3）東北地方には、節供礼などで女房の里（山）に夫婦で行き、途中から男が逃げ出す例が見られる。

（4）大森郁之助「食わず女房の種姓」（『国学院雑誌』六〇―一二）、五来重『鬼むかし』（一九八四年、角川書店）

（5）このほかに、化物、魔物、河童、蛙、ナマズ、狐、狸、などが登場する場合がある。化物は事例は多いが性格に曖昧な点があり、その他は事例数が少ない。図が煩雑になるのを避けるためと、クモと蛇（鬼・山姥）の関係を鮮明にするために今回は省いた。記号は県単位のおよその目安にすぎないが、現時点における分布の傾向をうかがうことはできるであろう。

（6）臼田甚五郎『食はず女房その他』（一九七二年、桜楓社）

（7）9・10のケースはクモである必然性はない。例えば、熊本では鬼におわれてウラジロとつるの木に隠れたために、正月の飾り物に使用するようになったとの伝承がある。

（8）武田明『全国昔話記録　阿波祖谷山昔話集』（一九四三年、三省堂）

（9）福田晃他編『伯耆の昔話』（一九七七年、日本放送出版協会）

（10）亀山慶一は「食わず女房―蜘蛛考序―」（『桐朋女子学園紀要』三）で、夜グモの俗信由来について「これは蜘蛛が主人公として登場以降の改造であることは誰が見てもすぐわかる」「仮に蛇を主人公とする趣向の昔話の発生が古く、それが、山姥或いは蜘蛛に変更されたとしても」と述べている。臼田甚五郎については、前掲註(6)を参照。亀山はクモよりも蛇の方が、臼田はクモよりも山姥・鬼・鬼婆の方が古いのではないかと推測しているが、これは「クモ女房型」と「蛇女房型」の関係に置き換えて理解することができるだろう。

〔引用資料〕

○佐々木達司『聴く語る創る第2号―特集津軽の民話』一九九四年、日本民話の会　○青森県児童文学研究会『青森県昔話集成上巻』一九七一年、北彰介　○青森県環境生活部県史編纂室『青森県史叢書奥南新報「村の話」集成上』一九九八年、青森県　○青森県環境

生活部県史編纂室『青森県史叢書奥南新報「村の話」集成下』一九九八年、青森県　○津軽民話の会『津軽の民話第10号』一九九五年　○津軽民話の会『津軽の民話第12号』一九九九年　○宮本朋典『木造町のむがしコ集』一九八四年、木造町教育委員会　○花部英雄・新田壽弘『青森県昔話記録2』一九八一年、青森県昔話記録会　○国学院大学説話研究会『津軽百話』一九六八年、東出版　○佐藤正治『鶴田の民話』一九八二年、津軽民話の会　○能田多代子『手っきり姉さま』一九五八年、未来社　○高松敬吉『下北半島昔話集』一九八四年、岩崎美術社　○斎藤正『津軽昔話集』一九七八年、岩崎美術社　○民俗文学研究会編集委員『伝承文芸第5号』一九六七年、国学院大学民俗文学研究会　○久保孝夫『津軽海峡圏の昔話』一九九三年、青森県文芸協会出版部　○『深浦の民話』一九八九年、津軽民話の会　○『脇野沢村史民俗編資料集』一九八三年、脇野沢村役場　○常光徹・花部英雄『扇屋おつる―岩手・衣川の昔ばなし―』一九八七年、みちのく民芸企画　○千葉みよ子『民話と文学の会会報14―岩手県の伝承』一九七八年、民話と文学の会　○田中喜多美『月刊旅と伝説―岩手郡昔話』一九三一年、三元社　○岩手県教育会岩手郡部会『岩手郡誌』一九八七年（復刻版）、臨川書店　○岩手県教育会九戸郡部会『九戸郡誌』一九三六年　○川井村郷土誌編纂委員会『川井村郷土誌下巻』一九六二年、川井村役場　○平野直『すねこ・たんぱこ第一集』一九五八年、未来社　○岩手昔話調査会『浄法寺町昔話集』一九八二年、荻野書房　○民俗文学研究会編集委員『伝承文芸第6号』一九六八年、国学院大学民俗文学研究会　○国学院大学民俗文学研究会伝承文芸14号編集委員会『伝承文芸第14号』一九八五年、国学院大学民俗文学研究会　○吉川祐子『白幡ミヨシの遠野がたり』一九九六年、岩田書院　○高橋貞子『火っこをたんもうれ』一九七七年、熊谷印刷出版部　○加藤ゆりいか『ゆりいかが聞いた岩手の昔ばなし』一九八二年、みちのく民芸企画　○中田功一『陸中寺田村の昔話』一九七四年、昔話伝説研究会　○丸山久子・後藤良祐『陸奥二戸の昔話』一九七三年、三弥井書店　○森嘉兵衛『宮守村誌』一九七七年、宮守村教育委員会　○佐々木徳夫『佐々木徳夫昔話記録1』一九八五年、ひかり書房　○佐々木徳夫『佐々木徳夫昔話記録2』一九八六年、ひかり書房　○佐々木徳夫『佐々木徳夫昔話記録3』一九八七年、ひかり書房　○佐藤清晴『ふるさとの民話・へったれ嫁ご』一九七一年、宝文堂　○佐々木みはる『冬の夜ばなし』一九八二年、一声社　○佐々木徳夫『夢買い長者』一九七二年、桜楓社　○佐々木徳夫『陸前の昔話』一九七九年、三弥井書店　○佐々木徳夫『陸前昔話集』一九七八年、岩崎美術社　○松谷みよ子『宮城県女川・雄勝の民話』一九八二年、日本民話の会　○宮城県史編纂委員会『宮城県史復刻版21』一九八七年、ぎょうせい　○佐々木徳夫『むがす、むがす、あっとごぬ第一集』一九七八年、未来社　○今村義孝『秋田むがしこ第一集』一九七五年、未来社　○武藤鉄城『角館昔話集』一九七五年、岩崎美術社　○民話と文学の会『民話と文学第三号』一九七八

年　○阿仁採訪資料集編集委員会『阿仁の民話』一九七八年、民話と文学の会　○野添憲治『秋田・阿仁町高堰祐治昔話集』一九九二年、民話と文学の会　○榛谷泰明『かろうと物語』一九八〇年、草風社　○武藤鉄城『羽後角館地方昔話集二』一九四一年、三元社　○秋田県民俗学研究会『秋田県の昔話・伝説第三集』一九七五年　○武田正『新装日本の民話3』一九九六年、ぎょうせい　○武藤鉄城『仙北郡昔話』一九三六年、三元社　○民俗文学研究会編集委員会『伝承文芸第11号』一九七四年、国学院大学民俗文学研究会　○民俗文学研究会編集委員会『伝承文芸第12号』一九七六年、国学院大学民俗文学研究会　○民俗文学研究会編集委員会『伝承文芸第12号第2集』一九七五年、国学院大学民俗文学研究会　○野村純一・畠山忠男『話の三番叟』一九七七年、桜楓社　○嶋田忠一『池内スエ媼の昔話―昔話研究と資料第8号』一九七九年、三弥井書店　○寺山千枝子『男鹿羽立の昔話（下）―昔話研究と資料第14号』一九八五年、三弥井書店　○長谷川秀樹『雄和町の伝説と昔話―秋田民俗4号』一九七七年、秋田県民俗学研究会本部　○武田正『羽前の昔話』一九七三年、日本放送出版協会　○野村純一・野村敬子『五分次郎』一九七一年、桜楓社　○相模女子大学グループ『小国地方の昔ばなし』一九六六年　○草刈四郎・武田正『置賜の昔話』一九九二年、山形民話の会　○佐藤義則『羽前小国昔話集』一九七四年、岩崎美術社　○阿彦周宜『おら家のむがしあったけど』一九八一年、本の会　○武田正『海老名ちゃう昔話集』一九七〇年、海老名正二　○野村純一・新田壽弘『池田鉄恵媼昔話集』一九八三年、荻野書房　○『月山山麓月山沢・四ツ谷・砂子関・二ツ掛の民俗』一九七六年、山形県教育委員会　○佐藤義則『羽前小国郷の伝承』一九八〇年、岩崎美術社　○野村純一・藤原岳良・矢口裕康『飽海郡昔話集』一九七九年、荻野書房　○清野久雄『庄内昔話集』一九八四年、岩崎美術社　○野村純一『酒田の昔話』一九七六年、酒田市　○滝口国也『東根の昔話集』一九七二年、村山文学会　○大友儀助『新庄のむかしばなし』一九七一年、新庄市教育委員会　○野村純一・野村敬子『雀の仇討』一九七六年、東北出版企画　○清野久雄『千貫長者』一九六八年、庄内民俗学会　○武田正『佐藤家の昔話』一九八二年、桜楓社　○野村純一『笛吹き聟』一九六八年、東出版　○野村純一・野村敬子『萩野才兵衛昔話集』一九七〇年　○野村敬子『真室川の昔話・鮭の大助』一九八一年、桜楓社　○武田正『雪女房』一九六七年、置賜民俗学会　○野村敬子『真室川昔話集』一九七七年、岩崎美術社　○本間紀久子『天童の昔話―昔話研究と資料第5号』一九七六年、三弥井書店　○高橋良雄『「真室川の昔話」を書いて―山形の民話第124号』一九九三年、山形民話の会　○石川純一郎『河童火やろう』一九六八年、東出版　○国学院大学説話研究会『石川郡のざっと昔』一九九一年○中村博・水谷章三・望月新三郎『伊南村の民話』一九八三年、日本民話の会　○小野町『小野町のむかしばなし』一九八七年　○藤田浩子『かたれやまんば』一九九七年、藤田浩子の語りを聞く会　○郡山市教育委員会

『郡山のむかしばなし』一九八四年　○吉沢和夫・藤田浩子『遠藤登志子の語り』一九九五年、一声社　○西郊民俗談話会『大栗・狸森の民俗』一九七六年　○東京女子大学郷土調査団『猪苗代湖南の民俗』一九七〇年　○『安積地方の民俗』一九六七年、福島教育委員会　○岩崎敏夫『磐城昔話集』一九四二年、三省堂　○東京女子大学45年度民俗調査団口承文芸班『奥州東白川の昔話』一九七一年　○下郷町史編纂委員会『下郷町史5巻』一九八二年、下郷町　○福島県教育委員会『西郷地方の民俗』一九七〇年　○民俗文学研究会編集委員『伝承文芸第2号』一九六四年、国学院大学民俗文学研究会　○日本文化研究会（千葉大学内）民話分科会『ざっとむかし第三集』一九七四年　○藤川誠『南郷むかし第二集』一九七四年、千葉大学日本文化研究会民話分科会　○日本文化研究会内民話分科会『南郷むかし』一九七三年　○ざっと昔を聴く会『東白川郡のざっと昔』一九八六年、ふるさと企画　○山本明『ふくしま文庫38・ふくしまの昔話』一九七七年、FCT企業　○三春町『三春町史6巻』一九八〇年　○鶴尾能子『茨城の昔話』一九七二年、三弥井書店　○高萩市教育委員会『高萩の昔話と伝説』一九八〇年、高萩市役所　○『粕尾の民俗』一九七四年、東洋大学民俗研究会　○加藤嘉一・高橋勝利『下野昔話集』一九七六年、岩崎美術社　○小堀修一『那珂川流域の昔話』一九七五年、三弥井書店　○柾谷明『金の瓜』一九七三年、桜楓社　○持谷靖子『語りによる日本の民話3』一九八七年、国土社　○群馬県史編纂委員会『群馬県史資料編27民俗3』一九八〇年、群馬県　○柾谷明『全国昔話資料集成31』一九七九年、岩崎美術社　○上野勇『全国昔話資料集成13』一九七六年、岩崎美術社　○持谷靖子『とらみばあの話』一九八〇年、持谷順一郎　○千葉県立千葉高等学校民俗学研究会『千葉高民俗・群馬県片品村の昔話』一九七二年　○千葉県立千葉高等学校民俗学研究会『千葉高民俗・群馬県六合村入山の昔話』一九七四年　○群馬県教育委員会『白沢村の民俗』一九六九年　○八ッ場ダム地域文化財調査会昔話部『長野原町の昔ばなし』一九九七年、長野原町　○民話の研究会『藤原の民話』一九七九年　○『六合村の民俗（復刻）』一九八七年、六合村教育委員会　○吉井町誌編纂委員会『吉井町誌』一九七四年　○鈴木棠三『川越地方昔話集』一九三七年、民間伝承の会　○鈴木棠三『全国昔話資料集成20』一九七六年、岩崎美術社　○榎本直樹『埼玉県大里郡大里村口承文芸調査資料』一九八九年　○両神村教育委員会『りょうかみ双書4』一九九一年、秩父郡両神村役場　○川端豊彦・金森美代子『房総の昔話』一九八〇年、三弥井書店　○安藤操『ふるさと千葉県の民話』一九八〇年、千秋社　○成田市史編纂委員会『成田市史』一九八二年、成田市　○高津美保子『語りによる日本の民話6』一九八七年、国土社　○社会教育部社会教育課『大田区の文化財第二十二集・口承文芸』一九八六年、大田区教育委員会　○矢口裕康『八丈島の昔話』一九七三年　○東京都教育庁社会教育部文化課『文化財の保護第6号』一九七四年　○神奈川県教育庁指導部『神奈川県昔話集』一九六七年、財団法

人神奈川県弘済会　○谷本尚史・柾谷明・丸山久子『新装日本の民話４』一九九六年、ぎょうせい　○鶴見区史編集委員会『鶴見区史』一九八二年、鶴見区史刊行委員会　○小島瓔禮『全国昔話資料集成35』一九八一年、岩崎美術社　○藤沢市教育文化研究所『藤沢の民話第三集』一九七八年　○真鍋真理子『越後黒姫の昔話』一九七三年、三弥井書店　○佐久間惇一『全国昔話資料集成２』一九七四年、岩崎美術社　○水沢謙一『おばばの昔ばなし』一九七二年、野島出版　○下田村立鹿峠中学校『越後下田郷昔話集』一九七六年、下田村中央公民館　○佐久間惇一『絵姿女房』一九七三年、桜楓社　○水沢謙一『越後宮内昔話集』一九七七年、岩崎美術社　○民話と文学の会『越後・守門村馬場マスノ昔話集』一九九一年　○文野白駒『加無波良夜譚』一九三二年、玄久社　○岩室村史編纂委員会『岩室村史』一九七四年、岩室村　○小池直太郎『小谷口碑集』一九二二年、郷土研究社　○水沢謙一『とんと昔があったげど第一集』一九五七年、未来社　○水沢謙一『とんと昔があったげど第二集』一九五八年、未来社　○水沢謙一『とんと一つあったてんがな』一九五八年、未来社　○佐久間惇一『しばたの昔話』一九八六年、新発田市古地図等刊行会　○相川町史編纂委員会『佐渡相川の歴史資料集九』一九八一年、相川町　○浜口一夫『鶴女房』一九七六年、桜楓社　○伝承文芸第13号編集委員会『伝承文芸第13号』一九七九年、国学院大学民俗文学研究会　○民俗文学研究会編集委員『伝承文芸第３号』一九六五年、国学院大学民俗文学研究会　○岩倉市郎『南蒲原郡昔話集』一九四三年、三省堂　○水沢謙一『栃尾市史史料集第十九集』一九八〇年、栃尾市史編集委員会　○新潟県栃尾市教育委員会『栃尾郷昔ばなし集』一九六三年、東洋館出版　○野村純一『吹谷松兵衛昔話集』一九六七年　○佐久間惇一『波多野ヨスミ女昔話集』一九八八年、波多野ヨスミ女昔話集刊行会　○村松町史編纂委員会『村松町史資料編第五巻』一九八〇年、村松町教育委員会事務局　○伊藤太郎『巻町双書第十九集』一九七三年、巻町役所　○水沢謙一『宮内昔話集』一九五六年、長岡史蹟保存会　○薄井有三『利賀・坂上昔話集』一九八三年　○榎本純一・山本清『越中・八毛地方の昔話上—昔話研究と資料第13号』一九八四年、三弥井書店　○伊藤曙覧『越中射水の昔話』一九七一年、三弥井書店　○山下久男『全国昔話資料集成19』一九七五年、岩崎美術社　○常光徹『石川県珠洲市の昔話と伝説』一九七三年　○常光徹『石川県珠洲市の昔話と伝説二』一九七四年　○金沢口承文芸研究会『金沢の昔話と伝説』一九八一年、金沢市教育委員会　○尾口村史編纂専門委員会『石川県尾口村史第二巻・資料編二』一九七九年、尾口村役場　○石川県立郷土資料館『志賀町史紀要第三輯』一九七六年、志賀町史編纂委員会　○大島広志・常光徹『三右衛門話』一九七六年、桜楓社　○立命館大学説話文学研究会『白山麓・手取川流域昔話集』一九八〇年　○小倉学『全国昔話資料集成４』一九七四年、岩崎美術社　○立命館大学説話文学研究会『能登富来町昔話集』一九七八年、富来町教育委員会　○加能昔話研究会『加賀の昔話』一九七九年、日本放送出版協会　○黄地百合子・松本孝三他『南加賀の昔話』一九七九年、三弥井書店　○民俗文学研究会編集委員『奥越地方昔話集』一九七二年、国学院大学民俗文学研究会　○杉原丈夫『越南の民話』一九六六年、福井県郷土誌懇談会　○稲田浩二『若狭の昔話』一九七三年、日本放送出版協会　○中塩清之助『福井地方の昔話―南越民俗3号』一九三七年、南越民俗発行所　○土橋里木『甲州昔話集』一九七五年、岩崎美術社　○小沢俊夫・福原登美子・森野郁子『新装日本の民話5』一九九六年、ぎょうせい　○日本民話の会『日本昔ばなし100話』一九八六年、国土社　○富士吉田市史編纂委員会『富士吉田市史民俗編第二巻』一九九六年、富士吉田市　○浅川欽一『全国昔話資料集成40』一九八四年、岩崎美術社　○伊那民俗研究会『伊那民俗叢書第二輯』一九三四年、信濃郷土出版社　○信濃教育会北安曇部会『北安曇郡郷土誌稿第一輯』一九三〇年、郷土研究社　○浅川欽一『信濃の昔話第三集』一九七八年、スタジオゆにーく　○岩瀬博・太田東雄・箱山貴太郎『信濃の昔話』一九八〇年、日本放送出版協会　○『飯山市昔話集』一九七五年、大谷女子大学説話文学研究会　○長野県『長野県史民俗編第二巻三』一九八九年、長野県史刊行会　○木曽・開田の民話編集委員会『木曽・開田の民話』一九八一年、民話と文学の会　○『旧静波村の民俗』一九七一年、東洋大学民俗研究会　○鈴木棠三・及川清次『しゃみしゃっきり』一九七五年、未来社　○荘川村口承文芸学術調査団『荘川村の民話―昔話編』一九九三年、荘川村教育委員会　○立命館大学古代文学研究会『さかうちの昔話』一九八三年　○民俗文学研究会編集委員会『伝承文芸第7号』一九七〇年、国学院大学民俗文学研究会　○小鷹ぬい『飛驒の昔話と伝説―ひだびと第4年第9号』一九三六年、飛驒考古土俗学会　○江馬三枝子『飛驒白川村』一九七五年、未来社　○鈴木棠三『飛驒昔話（六）―ひだびと第5年第5号』一九三七年、飛驒考古土俗学会　○稲田浩二『美濃の昔話』一九七七年、日本放送出版協会　○鈴木暹『全国昔話資料集成30』一九七九年、岩崎美術社　○鈴木暹『伊豆の昔話第五号』一九七五年　○鈴木暹『伊豆の昔話第八号』一九七六年　○静岡県立女子師範学校内郷土史研究会『静岡県伝説昔話集』一九七五年、長倉書店　○佐々木弘之『奥設楽昔話』一九三一年、三元社　○竹尾利夫『愛知県北設楽地方の生活文化』一九八四年、愛知県北設楽地方の生活文化学術調査団　○沖野晧一・加納妙子『新装日本の民話6』一九九六年、ぎょうせい　○山本節・永田典子・山田八千代『西三河の昔話』一九八一年、三弥井書店　○国学院大学説話研究会『三重県南昔話集上』一九八四年　○国学院大学説話研究会『滋賀県湖北昔話集』一九八五年　○稲田浩二・岡節三・笠井典子『京都の昔話』一九八三年、京都新聞社　○『弥栄町昔話集』一九七二年、大谷女子大学説話文学研究会　○立石憲利『丹後伊根の民話』一九八八年、国土社　○稲田浩二・岡節三・細見正三郎『丹後の昔話』一九七八年、日本放送出版協会　○稲田浩二『丹波和知の昔話』一九七一年、京都女子大学説話文学研究会　○民俗文学研究会編集委員会『伝承文芸第10号』一九七三年、国学院大学　○京都府総合資料館『丹後伊根の昔話』一九七三年、白川書院　○京都府立総合資料館『山城和束の昔話』一九八二年　○谷垣桂蔵『全国昔話資料集成27』一九八六年、岩崎美術社　○奈良県教育委員会事務局文化財保存課『十津川の民俗』一九六一年、十津川村役場　○国学院大学説話研究会『奈良県吉野郡昔話集』一九八三年　○京都女子大学説話文学研究会『紀伊半島の昔話』一九七五年、日本放送出版協会　○熊野・中辺路の民話編集委員会『熊野・中辺路の民話』一九八〇年、民話と文学の会　○近畿民俗学会『近畿民俗60・61』一九七四年　○『聴く・語る・創る7号』一九九九年、日本民話の会　○山口康雄『紀伊伊都郡昔話（二）—口承文学第10号』一九三五年、口承文学の会　○高木史人『安東花嫗のはなし—上・むかしばなし』一九八一年　○福田晃・三原幸久『因幡智頭の昔話』一九七九年、三弥井書店　○川上廸彦・三原幸久『新装日本の民話8』一九九六年、ぎょうせい　○稲田和子『鳥取県関金町の昔話』一九七二年、山陽学園短期大学昔話同好会　○稲田浩二・福田晃『大山北麓の昔話』一九七〇年、三弥井書店　○立命館大学説話文学研究会『鳥取・日野地方昔話集』一九七七年　○関西外国語大学・関西外国語短期大学民俗学研究会『鳥取県東伯郡三朝町の昔話』一九八四年　○福田晃・宮岡薫・宮岡洋子『伯耆の昔話』一九七六年、日本放送出版協会　○立石憲利・山根芙佐恵『出雲の昔話』一九七六年、日本放送出版協会　○近藤雅尚『小野寺賀智嫗の昔話』一九八一年、小野寺賀智嫗の昔話を刊行する会　○島根大学昔話研究会『石見大田昔話集』一九七四年○島根大学昔話研究会『隠岐・島前民話集』一九七七年　○島根民話研究会『隠岐島・布施村の民話と民謡』一九七八年　○島根大学昔話研究会『島根県邑智郡石見町民話集1』一九八五年　○島根大学昔話研究会『島根県三瓶山麓民話集』一九七七年　○酒井董美『山陰の民話』一九九六年、渡部総合プリント　○島根県立隠岐島前高等学校郷土部『都万村の民話』一九七八年　○島前の民話編集委員『島前の民話』一九七六年、民話と文学の会　○島根大学昔話研究会『島根県美濃郡匹見町昔話集』一九七六年　○島根大学昔話研究会『島根県安来市民話集』一九九〇年　○田中瑩一・酒井董美『鼻きき甚兵衛』一九七四年、桜楓社　○昔話研究懇話会『隠岐の昔話—昔話研究と資料第4号』一九七五年、三弥井書店　○島根大学教育学部国語研究室昔話研究会『馬木昔話集』一九七三年　○岡山民話の会『なんと昔があったげな上巻』一九六四年　○立石憲利『語りによる岡山むかし話101選（下）』一九九〇年、山陽新聞社　○立石憲利『犬のごろたろう』一九八七年、新庄村教育委員会　○立石憲利『岡山県阿波村の昔話』一九七一年　○稲田浩二・立石憲利『奥備中の昔話』一九七三年、三弥井書店　○桂又三郎『岡山文化資料第三巻第一号』一九三〇年、文献研究会　○稲田浩二・立石憲利『中国山地の昔話』一九七四年、三省堂　○立石憲利『てんねえ話』一九八一年　○立石憲利『しんごうの民話』一九九五年、神郷町教育委員会　○稲田浩二・福田晃『蒜山盆地の昔話』一九六九年、三弥井書店　○今村勝臣『岡山県御津郡昔話集』一九七四年、三省堂　○立石憲利『美作の民話』一九八六年、日本民話の会　○立石憲利『三室峡』一九九六年、神郷町教育委員会　○立石憲利『民話集人形峠』一九九五年、上齋原村教育委員会　○広島県師範学校『芸備の昔話』一九七九年、歴史図書社　○礒貝勇『安芸国昔話集』一九三四年、岡書院　○国学院大学説話研究会『芸北地方昔話集』一九七七年　○村岡浅夫『芸備昔話集』一九七六年、岩崎美術社　○堀江駒太郎『芸備叢書第一輯・昔話の研究』一九三九年、広島県師範学校郷土研究室　○中国放送『ひろしまの民話（昔話編）』一九八一年、第一法規出版　○柴口成浩・仙田実・山内靖子『西瀬戸内の昔話』一九七八年、日本放送出版協会　○広島県教育委員会『広島県の民話と伝説』一九七九年、広島県文化財協会　○広島女子大学国語国文学研究室『広島県上下町昔話集』一九八三年　○大谷女子大学説話文学研究会『広島県山県郡千代田町昔話集』一九七七年　○大谷女子大学説話文学研究会『口和町昔話集』一九七〇年　○大谷女子大学説話文学研究会『大朝町昔話集』一九七七年　○宮本常一『周防大島昔話（二）―口承文学第11号』一九三五年、口承文学の会　○大谷女子大学説話文学研究会『日置・俵山昔話集』一九七〇年　○池田町昔話・伝説資料集編集委員会『阿波池田の昔話と伝説資料集』一九七七年、池田町ふるさとづくり運動推進協議会・池田町教育委員会　○稲田浩二『新装日本の民話10』一九九六年、ぎょうせい　○大谷女子大学説話文学研究会『浅川・川東昔話集』一九七三年　○武田明『阿波祖谷山昔話集』一九四三年、三省堂　○『川上昔話集』一九七三年、立命館大学説話文学研究会　○細川頼重『全国昔話資料集成10』一九八八年、岩崎美術社　○武田明『徳島県井内谷昔話集』一九七三年、三省堂　○谷原博信『高松地方の昔話集母から子への民話』一九七六年、ふるさと研究会　○武田明『候えばくばく』一九六五年、未来社　○武田明『全国昔話資料集成9』一九七五年、岩崎美術社　○武田明・谷原博信『全国昔話資料集成32』一九七九年、岩崎美術社　○香川県教育委員会『民俗資料緊急調査報告書』一九七五年　○森正史『えひめ昔ばなし』一九六七年、南海放送　○『広見町昔話集』一九七四年、大谷女子大学説話文学研究会　○秋田忠俊『愛媛の伝説昔話・トッポ話案内』一九九〇年、伊予民俗の会　○和歌森太郎『宇和地帯の民俗』一九七四年、吉川弘文館　○稲田浩二・和田良誉『伊予の昔話』一九七三年、日本放送出版協会　○立命館大学説話文学研究会『高知・西土佐村昔話集』一九八三年　○坂本正夫『お大師様と天の邪鬼』一九七〇年　○坂本正夫『猿の生肝』一九七六年、桜楓社　○坂本正夫『土佐の昔話』一九七九年、日本放送出版協会　○須崎市教育委員会『須崎市の昔話』○市原麟一郎『土佐の民話』一九七二年、土佐民話の会　○国学院大学説話研究会『豊前地方昔話集』一九七四年　○宮地武彦『全国昔話資料集成26』一九八七年、岩崎美術社　○国学院大学説話研究会『佐賀百話』一九七二年、桜楓社　○佐賀市教育委員会『さがの民話』一九七六年　○織戸健造『続肥前諫早昔話—口承文学第8号』一九三五年、堺木曜会事務所　○宮地武彦『肥前伊万里の昔話と伝説』一九八六年、三弥井書店　○北九州大学民俗研究会『波多の民話』　○鈴木棠三『くったんじいの話』一九五八年、未来社　○関敬吾『全国昔話資料集成21』一九七七年、岩崎美術社　○宮本正興・山中耕作『対馬の昔話』一九七八年、日本放送出版協会　○和歌森太郎・鈴木棠三・谷川健一『山口麻太郎著作集第一巻』一九七三年、佼成出版社　○長谷部保正・河津泰雄『阿蘇のむかし話』一九七五年、青潮社　○荒木精之『肥後民話集』一九四三年、地平社　○宮崎一枝『国東半島の昔話』一九六九年、三弥井書店　○鈴木清美『全国昔話記録直入郡昔話』一九四三年、三省堂　○有馬英子・遠藤庄治『新装日本の民話12九州・沖縄』一九九六年、ぎょうせい　○比江島重孝『半ぴのげな話』一九五九年、未来社　○田畑英勝『奄美大島昔話集』一九八九年、岩崎美術社　○荒木博之・上村孝二『甑島の昔話』一九七〇年、三弥井書店　○立命館大学説話文学研究会『奄美笠利町昔話集』一九八六年　○水野修『徳之島民話集』一九七六年、西日本新聞社　○有馬英子『福島ナヲマツ昔話集』一九七三年　○稲田浩二・小沢俊夫『日本昔話通観』第1巻〜第28巻　同朋舎出版　○『昔話研究』第一巻〜第四巻（復刻版）岩崎美術社　○関敬吾『日本昔話大成』第一巻〜第十巻　角川書店

# 二　「幽霊滝」と肝試し譚

## 1　死を意味する隠語

先日、学生（大学一年生・女子）から、この頃流行っているという怪談を教えてもらった。怪談と言うより怪談遊びと言った方がよいのだが、六、七人の男女が、夜、誰かの家でパーティを開いているときなどにやると盛り上がるのだという。

まず部屋の明かりを消して真っ暗にする。一人がライターの火をつけると、この怪談の仕掛人である人物がみんなに「広島に行く?」と問いかける。そして、「行く? やめるなら今のうちよ。トイレ平気? こないだは一人逃げたやつがいて大変なことになったんだよ。マジで」などと、おどかす。何も知らない参加者は、「えっ、どうなるの」などと不安と期待の入り交じった声を出す。実はライターをつけている人間と話し手の二人はこの怪談の種を知っていて、それとなく協力する。この二人以外は、ライターの明かりの方を向いて目をつぶるように命じられる。参加者はまぶたにほのかな明かりだけを感じる。会話は厳禁。しーんと静まり返ったところで、「今から、一から十までカウントします」と告げる。それから、「いーち、にー、さーん、しー、ごー…」と、ゆっくりと、だんだん間隔をのばしながら数えていく。すると数が十に近づくにつれて、不安な表情になり隣同士で手を握り合ったりする。その怖がる姿が二人はたまらなく面白い。「きゅう……じゅう」と言ったときには、手をぎゅっと握って恐怖は最高潮になる。二人はその姿を見て笑う。そこで参加者は、「何なの？　あー超こわかったのに」と言って、怪談遊びに乗せられたことに気づく。

単純な内容だが、「一から十までカウントする」という一言がうまい。それ以外には何も言ってはいないのだが、十に近づくにつれて怖さがつのってくるのは、怪談話によく見られる手法をうまく取り入れた演出である。その下敷きには、百物語のように最後の話をすると怪異が起きるという意識があるのだろう。参加者の恐怖の増幅と同時に仕掛人の笑いが増幅するという、怖さを笑う遊びでもある。

ところで、筆者が興味を持ったのは、「広島へ行く？」という最初の問いかけの言葉である。女子学生は「広島」について、「広島というのは怖さをかもしだすためのものであって」「広島というと原爆ドーム。この地には悲惨な過去があった所です。それを想像すると顔が青ざめ怖さを促します」「実は、広島なんて行くわけでもない。広島の過去になんて行けるわけでもない」と述べている。しかし、筆者はこの言葉が目に入ったとき別のことを思い浮かべた。「ひろしまへいく」あるいは「ひろしまへたばこをかいにいく」というのは、死を意味する隠語だからである。柳田国男は昭和十二年（一九三七）に発表した「広島へ煙草買いに」という文章で、「ヒロシマへユクという言葉を、壱岐では死ぬの隠語に代用して居ることが、最近刊行された山口君の続方言集に見えて居る。隠語とは言っても、そう新たな工夫を費やしたものではなく、単に所謂世間を広島という語が、前からこの小さな島にはあったのを使った迄であろうが」と見える。『綜合日本民俗語彙』にも「ヒロシマヘタバコヲカイニイク」という語について、「愛媛県今治市や長崎県などでは、広島へ煙草買いに行った、というのが死の隠語である」と出ている。

「広島へ行く?」という言葉が、どのような経緯からこの怪談遊びに登場するようになったのかは知らない。ただ、筆者が「死ぬ?」とか「あの世に行く?」という意味で受け止めた言葉を、報告者の学生は隠語としての「死」ではなく、広島の過去の悲惨な現実と恐怖をだぶらせている。同じ言葉から想起する薄気味悪さや怖さは人によって違う場合がある。この当たり前のことを改めて感じた。

## 2　怖さの変容

おとぎ話は、土台に原形的なものがあり、時を超えて訴えてくるものがあるにもかかわらず、実際には、「伝来のテーマ」を「自分の聞き手に合わせて」語る能力を生まれながらに持ち合わせた語り手が、「普遍的なテーマのなかに特定の時と場所とを浮かび上がらせようと」して生み出す「歴史資料」なのだ。

ハロルド・シェクターが、現代の大衆娯楽について論じた『体内の蛇』(1)のなかで、ロバート・ダートンの『猫の大虐殺』(2)を引用して述べた言葉だ。シェクターは、異常な出来事や不思議な話を提供するタブロイドの記事の多くが、実は昔の話をたえず最新の形にして語り出したものだという点を繰り返し力説している。そして、そこでの話は「つねに新しい、その時代にあった形をとり、その時点での文化の上にあらわれている関心事を反映しているものだ」という。本章では、現代の若者たちのあいだで話されている怪談話を手掛かりに怖さの変容の一面を探ってみたい。

### 肝だめし

ある夏の夜、子どもたちはお寺に集まった。裏のお墓で肝だめしをすることになっているからだ。十人ほど集まると、一番年上の子が言った。

「みんな恐いか」

「恐い、恐い」

「恐くない、恐くない」

静まったお寺の中に子どもたちの声が響いた。また、一番年上の子が言った。

「オレは、今日の朝、父さんから一万円をもらった。それを昼間のうちに裏の墓の一番奥にあるあのでっかい石の前のビンに入れて置いてきた。今から順番を決めて、肝だめしをやって、そのビンを持って帰ってきた奴に、その一万円をやる。ただし順番はくじ引きだぞ」

子どもたちがくじを作っていると、一人の女がフラフラとやってきた。その女はたいそうやせていて、よく見ると子どもをおぶっていた。女が言った。

「さっきあそこであなたたちの話を聞いていたのだけれど、どうか私にも肝だめしをやらせてくださいませんか。どうしてもお金が欲しいのです」

子どもたちはその女を見て、なんだかたいそう気の毒になり、仲間に入れてやることにした。くじ引きをした。すると一番はその女だった。女は少し微笑んだ。女が行こうとしたとき、一番年上の子が女にカマを渡した。

「何かあるといけないから、持って行きな」

女は暗い暗いお墓の中をフラフラ歩いて行った。蛙が薄気味悪く鳴いている。手に持っているろうそくの明かりがチラチラと揺れて、まるで何かが動いているようだった。しかし女は恐ろしさをこらえて歩いて行った。

しばらく行くと、一番奥の大きな石が見えてきた。女は石の前のビンを探した。ビンはすぐに見つかった。女は喜んでもどろうとした。そのとき女の首に冷たい人間の手がさわった。

「ギャー」

女は走った。走って走って苦しくなった。

すると今度は髪の毛を思いきり引っぱられた。

「ヒーッ」

女はまた走った。だがその手は髪の毛をしっかりつかんで離さない。女はカマをふった。

「ザクッ」

という音とともに手は離れた。

「帰ってきたぞー」

女は冷や汗でびっしょりになりながら息を切らせてもどってきた。

「おばさん、大丈夫かい」

「ああ、ほら、とってきたよ。一万円もらっていいかい」

その時、一人が悲鳴をあげた。

「おばさん、背中がまっかだよ。まっかっかだよ」

女は落ちないように必死にしがみついていた自分の子をカマではねたのである。(3)

（志達明子）

肝試しという夏の夜の子どもたちの遊びを舞台に思いがけない事件が発生する。報告者は、東京の専門学校に通う学生で友人から聞いたのだという。この話の誕生の経緯とその伝播の状況は判然としないが、ほかにもわずかながら類話を確認することができる。

さりげない場面の描写から意外な結末への展開が巧みに構成されていて迫力があるが、ただ、一読した後である作品を思い浮かべた人は少なくないだろう。言うまでもなく、ラフカディオ・ハーンの名作「幽霊滝の伝説」である。

伯耆《ほうき》の国、黒坂村の近くに幽霊滝《ゆうれいだき》と呼ばれる滝がある。その名前の由来は知らない。滝壺の脇には小さなお宮があって、土地の人々が滝大明神と呼ぶ神様がまつられている。お宮の前には木でできた小さな賽銭箱《さいせんばこ》が置かれているが、その賽銭箱にまつわる次のような話が伝えられている。

今から三十五年前の凍《こご》えるような冬の晩のこと、黒坂の、ある麻取り場で、一日の仕事をすませた女房、娘達が仕事部屋の大きな火鉢のまわりに集まって幽霊話に興じていた。十余りも話の出た頃には、居合わせた女達のほとんどが薄気味悪くなってきたが、娘の一人がその場の恐ろしさを募《つの》らせようとして、

「今晩たった一人で幽霊滝へ行ける人がいるかしら」

と声をあげた。これを聞いて一同は思わず悲鳴をあげ、続いてどこか神経質なところのある笑いが起こった。

「行く人がいたら、今日あたしの取った麻を全部あげてもいいいわ」

一人がからかうように言った。

「あたしもあげる」

「あたしも」

「あたし達みんなあげるわよ」

女達が次々に言い出したその時、一座の中から安本お勝という大工の女房が立ち上がった。お勝は二歳になる一人息子をおぶっていたが、子供は暖かくくるまってすやすやと眠っていた。

「ねえ、皆さん。今日皆さんの取った麻を、もし本当に全部下さるというのでしたら、あたし幽霊滝へ行ってきます」

お勝がこう言うと、ほかの者達は驚きの声をあげたり、できるものかという顔をしたりしたが、お勝が幾度も幾度も繰り返すので、ついに真剣に耳を貸すようになった。そして、もしお勝が幽霊滝へ行くなら自分の取った一日分の麻をあげよう、と皆代わる代わる約束するに至ったのである。

「でも、本当に行ったかどうか、どうしてわかるの？」

と鋭い声がとんだ。

「そうだね、ではお勝さんに賽銭箱を持って来てもらうことにしよう。そうすれば確かな証拠になるだろう」

皆におばあさんと呼ばれている年寄《としより》が答えた。

「ええ、持ってきますとも」

お勝は叫ぶようにそう言うと、眠った子をおぶったまま、外へとび出して行った。

　凍るように寒い晩だったが、空は晴れていた。お勝は人通りのない夜道を急ぎ足で歩いて行った。刺すような寒気にどの家も表をしっかりと閉ざしている。やがて村を抜けて街道に出ると、お勝は走った――ぴちゃぴちゃ、と。道の両側は一面氷った田圃《たんぼ》で、しんと静まり返り、空の星がお勝を照らしているだけである。それを三十分ほど行って街道を折れると、道は細くなり、その先は崖下を曲がりくねって続いている。進むにつれてあたりはいよいよ暗く、足元はでこぼこと歩きにくくなった。だが、お勝は良く道を知っている。まもなく、どうっと水の落ちる音が響いてきた。二、三分で道は広くなって谷間に出る。さっきまで低かった滝の音は、ここまで来ると急に大音響となった。そして今、お勝の目の前に、白く長々と流れ落ちる滝が、真暗な闇の中からぼうっとその姿を現わした。お宮もぼんやりと見える。賽銭箱もある。お勝は駆け寄ると手を伸ばした——その時である。

「おい、お勝さん」

轟く水音の上の方から、突然、いましめるような声がした。

恐怖で縛られたようになって、お勝はその場に立ちすくんだ。

「おい、お勝さん」

再び大声が響きわたり、そこにこめられた威嚇《いかく》の調子は前より強まっていた。

けれども、お勝は実に大胆な女であった。すぐに我にかえると、さっと賽銭箱をつかんで走り出したのである。あとはもう、驚き恐れるようなことは何も起こらず街道まで戻って来た。そこでお勝は立ち止まって一息つき、また走り続けた——ぴちゃぴちゃ、と。そしてついに黒坂に入り、お勝は麻取り場の戸をどんどんと叩いたのである。

賽銭箱を抱えたお勝が息を切らせて中に入ると、待っていた女達は口々にわっと叫んだ。皆は息をひそめてお勝の話を聞き、幽霊滝から二度もお勝の名を呼ばわった声のことを聞くと、同情の悲鳴をあげた。——なんという人でしょう。勇敢なお勝さん。麻をもらう資格は十分だわ。

「それにしても、坊やはさぞかし寒かったことだろうね。お勝さん、坊やをほら、ここへ、この火のそばに」

とおばあさんが声をかけ、母親のお勝も、

「おなかもすいたことでしょう、すぐにお乳をあげなくては」

と言った。

「大変だったねえ、お勝さん」

そう言いながらおばあさんは、ねんねこ半纏《ばんてん》を脱ぐのに手を貸してやった。

「おやまあ、うしろがすっかり濡れているよ」

こう言ったかと思うと、かすれた声で叫んだ。

「あら、血が……」

半纏から床に落ちたのは、ぐっしょりと血の染みたひとくるみの子供の着物、そこから突き出ている日に焼けた小さな二本の足、日に焼けた小さな二本の手——それだけであった。

子供の頭は、もぎ取られていたのである。


小泉八雲著・平川弘編『怪談・奇談』(4)に拠った。河島弘美訳である。先に紹介した「肝試し」とは、いささか様相を異にしてはいるが、しかし、基本的には同じタイプの話と認められる。肝試しの賭物を手に入れるために出かけた女性が背中に負った子供の命を失う、という基本的なストーリーは変わらない。「肝試し」の成立事情については不明だが、ハーンの「幽霊滝の伝説」をもとに現代風に作り替えたのではないのかとの予想は十分に検討の余地がある。というのは、子どもたちや若者たちが好んで話す現代の怪談のなかには、ハーンの作品と密接な関係があると思われる例がほかにも指摘されているからである。(5)

ところで、「幽霊滝の伝説」はよく知られているように、明治三十四年（一九〇一）八月一日発行の『文芸倶楽部』

第七巻十一号に載った松江の平垣霜月の「幽霊滝」と題した次の文章をもとに書かれたもののようである。(6)

出雲の隣国の伯耆に黒坂と云う町がある、此黒坂町は我が住むで居る松江から恰度廿里程有つて余り賑やかな町ではない、此町はづれに一条の滝が有る、此滝は昔から幽霊が出ると言伝へて有る此滝の側に滝大明神と云う社が有る、此滝大明神には二歳に成る幼児は連れて参る事が出来ないのである、夫れには少々由来があることで其を探ねると明治の初頃《年は確とは分らず、》此黒坂町に麻取場があつて其処へは下賤の娘や女房達が麻取りに行くので有る或冬の夜寒いものだから皆休息しようと云ふので炉の周に集つて浮世話をして居つたところが中の一人の女が云ふには『今夜あの幽霊滝へ行つて大明神様の賽銭箱を取つて来た者には私等が取つた麻を皆与うじやないか』と退屈まぎれに言ふと皆の者が賛成した。他の者が取つた麻を皆もらふのだから誰も欲しいがさて幽霊滝へ行く事が恐ろしいから行く者がない中から大工の女房が『それじゃ私しが行こう』と云つて其年に二歳になる男の子を背負つて出掛けた後に残つた者は彼の女の慾よりはむしろ其剛胆に驚いた、やがてかの大工の女房は町はづれの幽霊滝の上にある滝大明神さんへ参つてさい銭箱も取つて帰らうとした時に其幽霊滝の中から『ヲイおかッさん《他人の女房の方言》おかッサン』と呼んだ何程剛胆な女と雖も少しは恐れた様子にて一生懸命にサイ銭箱をかゝへて麻取場を向けて走り帰つた処が誰もが其安全なのに驚いた。炉に松葉をくべて居つた一人の老婆が『おかつさん子供が泣きやせなんだかへちと下してやらつしやい』と言ふてくれるので其背負つて居ッた子を下して見ると、大変、大変、此子供の首は失なつて居ッた、首の無い体だから其恐しさと云ふものは一通りではない、翌朝になつて滝へ若者等が行つて見たけれど何もなかつたと云ふ話。

伯耆の黒坂（現在の鳥取県日野町）の町はずれにある滝山神社にまつわる怪異伝承を書き留めたものである。『怪談・奇談』のなかで、布村弘は平垣の報告とハーンの作品との関係について、「原話は町はずれに滝があることになっているため、大工の女房が滝に着くまでの描写がないが、再話は、寒気、暗さ、静寂と滝の音などを効果的に使い、道程の不気味さを漸層的に盛りあげ、読者の期待、安堵、驚愕を巧みに誘っている」と解説している。それにしても、麻取場に集まる下賤の娘や女房たちの間で、明治の初め頃に実際に起こった事件とされているのは興味深い。おそらく、こうした女性たちの労働の場を通して、まことしやかに話されてきたのであろう。

ところで、同型の怪談話はさらに遡って確認できる。延宝五年（一六七七）刊の『諸国百物語』(7)巻三に「賭づくをして、我が子の首を切られし事」と題する話がそれである。

紀州《きしゆう》にてある里に、侍《さむらい》五、六人寄り合ひ、夜ばなしの次《つい》でに、「その里より半里《はんみち》ばかり行きて、山際に宮あり。宮の前に川あり。この川へ、をりをり死人《しびと》流れ来たる。まま誰にてもあれ、此の川へ今宵《こよい》行きて、死人の指を切り来たらん者は、互ひの腰の物をやらん」と賭《かけ》づくにしければ、誰も行かんと云ふ者なし。その中に欲深き臆病者有りて、「それがし参らん」と、受合ひて、我が家《や》に帰り、女房に語りけるは、「我、かやうかやうの賭をしたけれども、胸震《ふる》ひてなかなか行かれず」と云ふ。女房聞きて、「もはや変改《へんがえ》なるまじき也。それがし参りて指を切りて参らん。そなたは其処《そこ》に留守せられよ」とて、二つになる子を背中に負ひ、くだんの所へ行きにける。

此の川の前に、壱町ばかりある森ありて、物凄まじきを行き過ぎて、彼《か》の宮の前に着き、橋の下に降りて見れば、女の死骸ありしを、懐より脇差を抜き出し、指二つ切り、懐に入れ、森のうちを帰りければ、森の上より、からびたる声にて、「足もとを見よ、足もとを見よ」と云ふ。怖ろしく思ひて見れば、小さき苞《つと》に何やら包みて有り。取りあげみれば重き物なり。いかさま、これは仏神《ぶつじん》の我を憐れみ給ひて、与へ給ふ福なるべしと思ひ、取りて帰る。男は女房の帰るを待ち兼ね、夜着《よぎ》を冠り、かたかたと震ひて居たりしが、屋根の上より、人廿人ばかりの足音にてどうどうと踏み鳴らし、「何とて汝は賭したる所へ行かぬぞ」と呼ばはる。男は、なほなほ恐ろしくて、息もせずして、竦《すく》み居たり。

その所へ女房帰り、表の戸をさらりと開くる音しければ、さては化け物這入《はい》ると心得、男、「あつ」と云ひて、目を回しけり。女房聞きて、「我なるぞ。如何に如何に」と、言葉をかけければ、その時、男、気付きて喜びける。さて女房、懐より指を取り出だし、男に渡し、「さて嬉しき事こそあれ」とて、件《くだん》の苞を開きて見れば、わが背後《うしろ》に負ひたる子の首也。「こは如何に」と、泣き叫びて、急ぎ子を下し見ければ、遺骸《むくろ》ばかり有りけり。女房、これを見て嘆き悲しめども、甲斐なし。されども男は欲深き者なれば、かの指を持ちゆきて、腰の物を取りけると也。

「幽霊滝」の話では、事件は麻取場に集まる女たちの浮世話に端を発しているのに対し、ここでは侍たちの夜ばなしのついでから始まる。この怪談が雑談の場でもてはやされ語り継がれてきた形跡がうかがえる。賭けづくをした男に代わって女房が出向くのは、いくらか不自然な感が残るが、そのことはかえって、この話の核心が「母親に背負われた子どもの首が取られる」というモティーフにあることを示している。子どもの歳を二つと言っているのも、先の「幽霊滝」と同じである。この俗信について大島廣志は、「『幽霊滝』の変容」(8)のなかで、「現在でも、伊達さんを始め、菅地区の人々や、日野町に隣接する岡山県新見市の人々は、『滝山に二歳の子を連れて行くと、首を取られる』と言い伝えている。ちなみに、『新見市史—通史編下巻』の「民俗知識」には、『伯耆の大山に二つ子を負うては参られん。負うて戻ったら子の首がなかった』とある。大山にも同じ伝承があるようだが、日野町に近い新見市千屋地区では大山ではなく、二歳の子が参ることのできない場所はすべて滝山であった。つまり、『滝山に二歳の子を連れて行くと、首を取られる』という伝承は、滝山神社と切っても切れないほど深く結びついているのである」と述べている。

さて、現代の怪談「肝試し」から出発して、それ以前に記録された同型の話をいくつか紹介してみた。それぞれの資料間における影響関係、特に具体的な繋がりについては、平垣霜月の「幽霊滝」と、それをもとに再話したハーンの「幽霊滝の伝説」との比較以外には検討はむつかしい。時間的、空間的にかけ離れた地点からの報告資料であること、何より現段階での事例数が少ないからだ。個々の要素と要素のあいだには興味深い共通点も見られるが、それよりも、共通の形態的な構造を有する怪異談が、江戸期、明治期、現代と語り継がれてくるなかで、その時代の文化的状況や語りの場、そこに集う人びとの関心事といった事柄をどのように映し出しているかということに注目したい。

例えば、発端の場面に目を向けると、事件は「侍たちの夜ばなし」（『賭づくをして、我が子の首を切られし事』）、「麻取場に集まる女たち」（『幽霊滝』）、「夏の夜の子どもたちの肝試し」（『肝試し』）からスタートする。前二話が大人たちが寄り合う場の世間話であるのに対し、「肝試し」では子どもたちの遊び場が舞台になっているのは、この怪談を支持する集団の性格や年齢層の違いの表れと見ることも可能だろう。そこでの賭物が、腰の物（刀）、麻、一万円であるのもその特色の一端をよく示している。

しかし、さらに大きな相違点は、これらの怪談が訴えかける怖さの質の違い、つまり、何に恐怖を感じるのかその意識の違いではないだろうか。「賭づくをして、我が子の首を切られし事」を読むと、夜道を行く不気味さや、死者の指を切り取る場面に目を奪われがちだが、実はそうした怖さ以上に、人びとの恐怖心を駆り立てているのは、神聖な宮の前で死人に触れ、指を切り取るという行為に対するおののきであろう。この話の背後に横たわっているのは、穢れた行為に手を出すことに対する、当然予想される神の祟りへの恐怖と見てよい。首を取られた子どもは、取り直さず、神の怒りに触れた結果として暗黙のうちに了解されていたのであろう。同様の意味で、大明神の賽銭箱を持ち帰る「幽霊滝」にも共通の意識が潜んでいると思われるが、ただ、ハーンの作品では布村が言うように、「道程の不気味さを漸層的に盛りあげる」点が巧みに描かれている。

一方、現代の「肝試し」には、右のような意識はどこにも見当たらない。一万円の入ったビンを持ち帰る途中で何者かに髪の毛を引っ張られ、動転した母親は振り向きざま鎌をうちおろす。ザクッという手応えとともに怪しい手は離れる。墓地に出没する魔性のモノに向けた筈の刃が、あろうことか我が子を刎ねていたという、聞き手の予想を逆転させる思いがけない悲劇に生々しい恐怖がはしる。ここに、共通のモティーフを語りながらも、明らかに、怖さを意識する質の違いが読み取れる。

〔註〕

（1）ハロルド・シェクター『体内の蛇――フォークロアと大衆芸術――』（鈴木晶・吉岡千恵子訳）リブロポート、一九九二年。

（2）ロバート・ダーントン『猫の大虐殺』（海保真夫・鷲見洋一）岩波書店、一九九〇年。

（3）大島廣志編「若者たちのこ・わ・い話―その5」（『民話と文学の会かいほう』五二号、一九八八年、民話と文学の会）。友人から聞いた話をレポートで報告したものである。

（4）小泉八雲著・平川弘編『怪談・奇談』講談社、一九九〇年。

（5）大島廣志「母の子殺し――その伝統と現代」（『民話と文学』二〇号、一九八八年）で、現代の若者たちが語る怪談とハーンの作品との関係が論じられている。

（6）前掲註（4）所収。
（7）高田衛編・校注『江戸怪談集』下、岩波書店、一九八九年。
（8）大島廣志「『幽霊滝』の変容」（『世間話研究』一一号、二〇〇一年）。

# 三　「偽汽車」と「消えた乗客」

## 1　汽車に化けた狸――「偽汽車」はどう読まれてきたか

此程最も珍らしき噺《はなし》なりとは、東京上野発の汽車が夜に入りて桶川の手前に差掛る時、前面より汽笛を鳴らして同線路を進み来る列車あり。此方の機関手は驚きて急ぎ運転の速力を緩め、烈しく汽笛を鳴らしたるに、先の汽車も同様の事を為し頻《しき》りに汽笛を鳴らしたり。されども目に近く見ゆる列車は遂に此方に近寄らず猶目を定めて熟《よ》く視《み》れは其車有るが如く無き如く模糊朦朧《もこもうろう》の裏《うち》にある如くなれば、扨《さて》こそと汽力を速めて先の車に衝突する如く駛《はし》り掛《かけ》しに、彼の車忽ち烟《けむり》の如く消て迹《あと》方もなくなりぬ。然るに其跡にて線路を見るに大さ狗《いぬ》程なる古狸二頭軌道に引れて死してあり。忌々《いまいま》しき奴かなとて其皮を剝ぎ肉は狸汁にシテ遣《や》りたりと。明治の今日に於て此の如きものありとは。

明治二十二年（一八八九）五月三日付の『東奥日報』に載った記事である〔湯本　二〇〇一〕。走っている汽車に向かって前方から同じような汽車が走ってくる。機関手がそのまま突き進むと何事もなく通過するが、あとで線路を確かめると狸が死んでいたという、いわゆる「偽汽車」と呼ばれる話である。明治五年に新橋・横浜間に鉄道が開通して以降、軌道が延びるとともに鉄道は方々で世間話の話題にされていったようだ。(1)明治十一年十一月二十七日付の『読売新聞』には、「機笛《きてき》の声も遠く響きて今月二十四日の夜十時の蒸気車が高輪八ツ山下へ来るとき一疋の大狸が駆出して線路を横ぎるところを汽車に曳《ひ》かれ其まま死にましたが大方狸仲間に身を置きかねる事があッて此ごろ流行の鉄道往生の真似をしたのでもありましょう」という記事が見える。狸は、こうした話題には格好の存在だったらしい。柳田国男は大正七年（一九一八）に発表した「狸とデモノロジー」で、狸と鉄道との関係に注目している〔柳田　一九七〇〕。

・能く狢が汽車に化けて軌道を走り、そして本当の汽車に轢かれて往生したなどという話をも聴き、下らぬ悪戯をする滑稽な動物だと、実は遂近頃迄も思って居たのだ。

・東海道の鉄道沿線には狸が能く汽車の真似をする。先づ遠くに赤い燈光が見えると思ふと次第にガー〳〵と凄じい音響が加はるので何であらう、貨物列車も通る時間ぢゃないと思うて間近くなるや、燈光は車輪の響と共にバッタリ跡方もなく消え失せる、是は狸の仕業だといふ話もある。又常陸の霞浦附近、即ち土浦辺では能く狸が河蒸気の真似をして、ポーポーッと威勢能く入って来る。今夜は常よりも少し早く入って来たなと思って岸に出て見ると何の影もないと云ふ話も聴いた。

論文のなかで柳田は、「小豆とぎ」や「砂まき」の怪異を例に挙げて、山中などで説明のつかない音響を耳にしたときにそれを狸の仕業に帰すように、好んで音の真似をし、人の耳を欺く狸の伝承が背後に横たわっていることを示唆している。さらにこの問題は、昭和五年（一九三〇）にまとめた『明治大正史世相篇』でも取り上げている〔柳田　一九九三〕。「時代の音」と題して、「平和なる山の麓の村などにおいて、山神楽あるいは天狗倒しと称する共同の幻覚を聴いたのは昔のことであったが、後には全国一様に深夜狸が汽車の音を真似て、鉄道の上を走るという話があった。それは必ず開通の後間もなくのことであった。また新たに小学校が設置せられると、やはり夜分に何物かが、その子供らのどよめきの音を真似るといった。電信が新たに通じた村の狢は、人家の門に来てデンポーと呼ばわった」と書いている。ここにも狸が出てくるが、鉄道の開通以前から音の物まねを得意としてきた狸の伝承にはほとんど触れていない。「時代の音」という見出しが示すように、鉄道・小学校・デンポーといった明治になって生まれた音の一つとして紹介し、近代が作り出した新しい音響を当時の人びとがどのような印象を持って聞き、どう語ろうとしたのかについて関心を示している。「こういう類の話は決して一地方だけではなく、しかも一家近隣が常に共々にこの音を聴いたと主張するのであった。新しく珍しい音響の印象は、これを多数の幻に再現するまで、深く濃《こまや》かなるものがあったらしいのである。われわれの同胞の新事物に対する注意力、もしくはそれから受けた感動には、これほどにも己を空しゅうし、推理と批判とを超越せしめるものがあったのである」と考察している。

「偽汽車」については、大正十五年に佐々木喜善が「偽汽車の話」という文章を書いている〔佐々木　一九六一〕。冒頭で、「かなり古い時代から船幽霊のほうがわれわれの間に認められていたらしい。ただしこの偽汽車だけはごく新しい最近にできた話である。ずっと古いころで明治十二、三年から二十年前後のものであろう」[2]と述べている。「船幽霊」の話を持ち出したのは両者の間に話型の類似性を認めていたからだろうが、ただ、喜善は「船幽霊」から「偽汽車」へといった歴史的な変遷を予測しようとしたのではない。鉄道の開通によって生まれた話が自立した話型として成長し、「船幽霊」のように定着していくのかという点に関心があった。それは、「この話がどの辺まで進展してゆくかわからぬが後にはきっと一つのまとまった口碑になろうと思われる」という言葉から知ることができる。喜善は、自身が居住している近隣地域を見てもこの話が点々と分布している事実を列挙し、さらに、新聞（『万朝報』大正十年十月二十一日付）に載った「偽汽車」の記事を紹介している。(3) そして、実際に事件が発生したという村に足を運んでいる。ところが、「自分の最近この話の発生地だと言い伝わっている村にいって聞くと、きまって土地の人はそんなことはあるものですか、知らぬという。いなそんなはずがないがといったって、本場で知らぬものはどうもできぬ。土地の人から反語的にこういう案内を受けるのである。それはおれが所の話ではないが、関東の那須野ケ原にあった話だそうだ」と、すげない返事が返ってきたという。この報告は興味深い。自分の村のことではないが他所の土地であったことだという言い方は、うわさ話の常套手段である。事件の当事者を語るとき、よく「知り合いのお姉さんが」とか「友達の友達が」と、いかにも身近な知人が現場に居合わせたように強調されるが、しかし、事件に遭遇した人物にはどこまでいってもたどりつけない。喜善のこの現地報告は、「偽汽車」の話が当時どのような伝わり方をしていたのか、その一面を垣間見せている。また、喜善は、話の筋がどこでも同じで変化がない点を指摘している。おそらく、地域的な変化を育むまでの時間的な余裕がなかったことを言ったものと思われるが、言い換えれば「偽汽車」の話が短期間のうちに広範に流布していったことを物語っている。そこには、新聞というメディアの介在とともに、鉄道の開通にともなう新奇で面白いうわさ話としての性格が濃厚で、鉄道の日常化とともに忘れられやすく、一部を除いては土地の話として根付きにくい要因があったことが推測される。

宮田登は、昭和五十三年（一九七八年）に発表した論考「世間話の深層」で、茨城県古河市での民俗調査をもとに「偽汽車」を取り上げて、新しい角度からの解釈を試みている。「町場から離れた地域に、魔性のものが出現する場所があり、かつては人間の方は容易に近寄らなかったが、そこを汽車が通過するようになって、魔性のものは、その文明の利器に対抗しようとした。しかし結果的には殺されてしまうか、その地を追い払われる破目になっており、その場面が世間話として語られることになる」と述べた。汽車に轢き殺された狸や狢を地域社会の自然を象徴する存在と見ている。つまり、鉄道の開通に代表される近代化・都市化という文化現象に対抗しながらも、結果的にその地を追われる破目になったという、自然を侵食する文化の観点から論究した〔宮田　一九七八〕。「偽汽車」の話に限らず、不思議な話や怪異を生み出す根幹に、人間と自然との関係が横たわっているのではないかとの着眼を宮田は持っていた。例えば「皿屋敷」伝説について、「古い城下町が開発されていく過程で、土地の持っている霊、つまり土地霊があり、開発される過程で、人間の行ってきた土地開発に対して抵抗する。つまり都市化というプロセスで、強引にその土地が開発されると祟りが生じる。よからぬことが生じてくるというときに、こうした皿屋敷の伝承も生まれてきたと思われる」と述べている〔宮田　二〇〇二〕。多様な語られ方をする不思議話や怪異現象の根っこに、人間と自然との相克の歴史を透視しようとする関心が読み取れる。

早くに、柳田国男、佐々木喜善が注目した「偽汽車」の話を全国的な規模で収集し、現代民話としての位置づけを行なったのは松谷みよ子である。『現代民話考』三（ちくま文庫）を開くと、東北から九州まで二十七の類話が収められていている〔松谷　二〇〇三〕。柳田はこの話が話題になったのは、「それは必ず開通の後間もなくのことであった」と指摘している〔柳田　一九九三〕。『現代民話考』三を見ても、その地方に鉄道が開通した頃の話として語られている例が半数近い。ところが、松谷によれば、鉄道が明治五年に開通してから五、六年のあいだは、狸が轢死したとか化けたとかというわさが生まれなかったらしい。このことについて松谷は、日本初の鉄道を運転したのが日本人ではなく英国人によって運転されていた事実に気づき、明治十二、三年頃から日本人の手によって運転されるようになったことが狐狸の話の誕生と関係しているのではないかと推測している。この間のうわさの有無の確認は容易ではないと思われるが、「イギリス人がいくら汽車を走らせても、偽汽車は現れなかったのかもしれない」との指摘は興味深い。

## 2　人力車に乗った狸――「消えた乗客」の素性

鉄道が開通するより少し前の明治三年（一八八八）に、人力車の製造と営業の願いが出された。利便性の高い人力車は軽便な交通手段として瞬く間にブームとなり、翌四年には東京府下で一万八二〇両の人力車が営業をしていたというから驚きである。生産は増加の一途をたどり、最盛期の明治二十九年の総台数は二一万六八八台にのぼった〔青木　二〇〇三〕。この時期、人力車（人力車夫）もまたうわさ話の格好の材料であった。

明治七年から十年頃まで、ニュースを伝える文章と錦絵が合体した新聞錦絵（錦絵新聞）が新しいメディアとして活躍する。東京、大阪、京都などの都市であいついで発行され、強盗、殺人、奇談など庶民を主人公とした市井のさまざまな事件を取り上げた。ニュースは東京では日刊紙の記事に求めたが、関西では大部分が投書を含めた独自の取材で作成されたという〔土屋　一九九九〕。紙面にはしばしば人力車夫が顔を出す。次に紹介する新聞錦絵（『各種新聞図解の内』第十三、明治八年）は、『日新真事誌』三七号の記事をもとに作られたものである（図Ⅲ-3）。

天然痘の流行ゆへ、痘瘡神の閙急《いそがし》く、軗《くるま》で走り歩行《あるく》にや、這所彼所《ここかしこ》にて怪しき魔神を載たる車夫のありといふ。風説《うわさ》ハ嘘か本所なる緑町より浅草迄のせたる客ハ十四五歳にて、未《ま》だ荷も軽《かる》症き少女《こむすめ》なりしが、茅町辺へ来《きた》りしとき、灯を點《つけ》んと車を置、小戻《こもどり》したる其隙に、彼《くだん》の娘ハ消失《きえうせ》て、輓《くるま》の賃も紅《くれない》の紙もて作れる四手《ぬさ》立《たて》し、南無三俵の残りしのミ、是痘瘡の厄神《かみ》なること疑なしと無根《あともな》き、虚に訛《きよ》を傳ふる未開の俗《ぞく》民か、種痘の上旨を奉戴《ほうたい》せで、可愛い子供に菊石《あばた》を需《もと》め、或ハ失明にするなんど、家長慈母《おやぢおふくろ》該児《そのこ》とも合せて三人三驫鹿《ばか》と書た赤紙を戸に張るは愚昧を布《しら》する看板なるべし。

木挽街の隠士　轉々堂主人録

絵師は鮮斎永濯（小林永濯）である。本所緑町から人力車に乗せた娘が、茅町辺で車夫が火を灯すわずかの間に消え失せてしまった。車賃代わりに紅で作った幣を置いていったが、娘は痘瘡の厄神に違いないという。疱瘡（天然痘）は現在では過去の病気となったが、かつてはもっとも恐れられた疫病であり、疱瘡神として祭られる神でもあった〔福田他　二〇〇〇〕。疱瘡をまぬがれるための民俗は実に多彩である。人力車に乗った娘がかかげている赤（朱）で描いた達磨と武者の絵は、赤絵と呼ばれるもので、江戸時代には病児にもたせると症状が軽くなると言われていた。また、文中に見える馬の字を三つ重ねた「驫」も疫病除けの呪いである。『日本俗信辞典』（一九八二年、角川書店）には、群馬県や栃木県では、赤い紙に「馬」という字を三文字書いて（驫）入り口に貼って

図Ⅲ-3　人力車から消え失せた娘
（『各種新聞図解の内』第十三より、国立歴史民俗博物館所蔵）

おくとジフテリアの予防になる、あるいは罹っても軽くすむと言い、静岡県でも「馬の字を三字書いて入り口に貼っておけば疫病にかからない」と出ている〔鈴木　一九八二〕。文章や絵のなかにかつての疱瘡除けの民俗がうかがえるが、ただ、こうした呪《まじな》いは「愚昧を布する看板」と指弾されているように、種痘の普及を阻害する要因と見られていたことがわかる。

しかし、興味深いのは、この娘の正体が疱瘡の厄神《かみ》だという説明である。大島建彦は『疫神とその周辺』（一九八五年、岩崎美術社）のなかで、恐ろしい災いをもたらす神は、しばしば人の姿で現れると古くから信じられていたと説き、「くだって江戸時代にも、悪い病気がはやるたびに、あやしげな疫病神があらわれて、さまざまな事情を語ったと、世間のうわさにのぼっている。例えば『宮川舎漫筆』巻三によると、嘉永元年の夏から秋にかけて、疫病がおおいにはやったときに、浅草あたりの老女が、ものもらいのような女と出あって、二椀の蕎麦をふるまったが、その女はお礼を述べて、『我等儀は疫神に候、若し疫病煩ひ候はば、早速鯲《どじよう》を食し給へ、速かに本復いたすべし』と教えてくれたという」と述べている〔大島　一九八五〕。大島は関連する豊富な事例を示して、疱瘡神がさまざまな人の形で町や村をさまようと考えられていたことや、その姿には老婆の印象が強いことを指摘している。先に掲載した新聞錦絵も、天然痘の流行時に疱瘡神が人間の姿で現れて街中をめぐるという設定は従来のパターンを踏襲している。しかし、十四、五歳の娘に姿を変え、人力車を利用して移動中に忽然と消えたというのは新しい趣向と言ってよい。車賃代わりに疱瘡除けの呪物を置いていったのも、疱瘡神を助けた礼に代々特別の扱いを受けるようになったという疫神歓待の伝承とは異なっている。同様の話は、次に取り上げる『大阪新聞錦画』第二号（図Ⅲ-4）にも見える。ほぼ同時期の発行と思われる。

種痘《うへぼうそう》の御世話も馬の耳に風と三ツ馬や為朝の宿を悦ぶ親達にきかせて置たき咄し有り、堀江辺の人力車しかも立派な二人のり、或る日街《ちまた》の客まちに三人連れの子供をバ味《うま》くのせたる口車に乗りし子供のはなしにハ、モウ大阪も末なれば是より諸国へ廻りて續くだけしてやらんなど、話もつきぬうち、今宮の辺《ほと》りにて車がかるくなりしに、見れば子供ハいつかまぼろしの夢かうつゝかきへうせて、あとに極《きめ》たる十戔の包んで有りし赤紙に是ハとはかり驚きしか、咄しのそぶり此様子疱瘡神と知《しら》れたり、人の噂をきくにつけ、早く何《いつ》れの親達もまよふ心を捨小舟汀《みぎわ》の芦のそれならで栄ゑる千代之竹枝葉の栄へを祈るぞかし

猩昇記　小信改二代貞信画

図Ⅲ－4　人力車から消え失せた子供
（『大阪新聞錦画』第二号より、国立歴史民俗博物館所蔵）

三ツ馬や為朝の宿は疫病よけの呪《まじな》いであるが、親たちは種痘よりもこうした呪いの方を重宝する風が強かったようである。人力車に乗せた三人の子供は、今宮のあたりで赤紙に包んだ十銭を置いて姿を消す。絵は、振り返った車夫が空の車を見て驚く様子である。疱瘡神は老婆だけでなくしばしば子供の姿でも現れたようで、大島建彦は先の書で、「疫病神や疱瘡神の中には、こどもの姿であらわれるものもみられる」と指摘していくつか例を

挙げている〔大島　一九八五〕。天然痘が流行るのは、人間に姿を変えた疱瘡神が病を振りまきながら巷を駆け廻るためだと語られるが、実際には、疱瘡が流行し始めるとこうした風説が蘇えり、人口を介して巷を駆け廻るのであろう。右の新聞錦絵からややのちの明治十二年四月二十五日付の『東京曙新聞』にも、人力車に乗せた客が目的地に着いたところで消えてしまった話が載っている。

狸穴《まみあな》といふ名を聞いても狸の巣窟かと思ふ物凄い所なるに、二三日前の雨の夜に麻布飯倉町三十番地の車夫亥之吉《いのきち》が門を叩くは女の声にて狸穴まで大急ぎで行てくれろと頼めども、雨は降る夜は更《ふく》るもふ今晩は寝ましたから出られませんと断りしを車代のところは幾らでも御望み通り高いのは少しも厭《いと》はず上《あげ》るから如何《どう》ぞ行て呉よといふに、慾には賢き亥之吉が高くてもよいならばと忽《たちまち》地に刎起《はねおき》て雨戸を開きて見れば十七八の別品《べつぴん》なれば之は必定色情にて男の跡を追かけて行とでもいふ訳ならんと車を仕立て一散走《いつさんばし》りに物凄き木々は茂りて昼さへ暗き狸穴の坂の下まで行たるに、乗たる女は車の上にてモウ此辺でよろしいといふゆゑに車を停め掛たる桐油《かつぱ》を解て見れば此《こ》はいかに女はいつしか下りしと見えて行方の知れねば愕《びつく》り仰天腰をぬかし暫く立も上がらざりしが、狐か狸のわざならんと漸くに心づき、恐《おそ》る恐る車を曳て帰らんとすれば、不思議やな一ツ所をぐるぐると往つ戻りつ曳《ひく》のみにして来りし道へ帰られねば、いよ〳〵驚きさまよふうち東の空も明くなり鴉の啼《なきこえ》にやう〳〵と我家へ戻る道も解《わか》り帰宅はしたれど、其翌日は気ぬけのやうに茫然として家業にさへも出られぬは全く物に魅せられしか又は寝ぼけて惑ひしか怪しい事だが虚説ではなし〔湯本　一九九九〕。

新聞が誕生してしばらくあいだは、この種の話題がよく紙面をにぎわせている。湯本豪一は、新聞という新たなメディアの興隆とともに怪奇記事は欠かせないニュースだったことを指摘している。特に明治十年代を中心に散見され、二十年代になると減少傾向が顕在化してくるという〔湯本　一九九九〕。人力車夫はこうしたニュースの常連だったと言ってよい。右の話は当時のうわさ話を素材にした記事だと思われるが、乗せた女が目的地に着いたところで消え失せたというモティーフは、現在のタクシーの怪談でもなじみが深い。消えた女については「狐か狸のわざならん」とあるが、狸穴の地名からするとどうも狸のようだ。帰り道を失って「一ツ所をぐるぐると往つ戻りつ」したというのも、狐狸が人をたぶらかす際に使う手口である。美女に化けた狸にまんまとだまされたわけだが、話の背後には狸穴という土地をめぐる怪異伝承が深く関わっていて、ある時期まことしやかにうわさされていた形跡がうかがえる。次に話の舞台は西に移るが、明治十三年七月二十三日付の『西京新聞』にも似た記事が出ている。

諸君《みなさん》放心《うつかり》すると欺《だま》されるから注意《きをつけ》てお読なさいよ。去る十二日の彼誰時《ゆふまぐれ》竹田街道銭取橋の近傍《きんぺん》で人力車夫《くるまや》が客待を為《し》て居ると、向ふから女が一人ぶら〳〵来て白川橋三条まで往《いつ》てお呉と云からへエ〳〵畏まりましたと何心なく見ると、東京風《とうけいふう》の島田髷絹上布の単《ひとへ》物青みがかつた浜縮緬の裾除《すそよけ》顔かたちなりふりまで慄《ぞつ》とする程別嬪であつたから、胸を轟々《どきどき》さしながら転々五免《ころころごめん》と曳出し、汗たら〳〵走り附け白川橋筋古門前まで来ると、俄《にわか》に車が軽くなり慄《ぞつ》と身の毛がたつたと思へば川の中に茶聞《ちやぶん》と音して生臭ひ風が颯と吹き、川水がくる〳〵と舞上り其丈一丈有余にして鼠衣に鼠袈裟一蓋《いつがい》の笠一条の杖を曳《ひい》た大坊主鏡《かが》みの様な目を見開き口から火炎を吐きながら此方《こつち》を覗《にら》んで亭足《たつ》て居たから驚愕《びつくり》仰天振返り車を見ると、彼の別嬪は何時の間にやら影も形ちも見へなくなり竹箒が一本乗せてあるから初めて気が付《つき》、是れは狐か狸めが欺《ばか》しおつたナ糞垂め、よし〳〵夫《そ》んなら此方《こつち》にも積《つも》りがあると捻鉢巻犢鼻褌《ふんどし》をしめ直し腕を撫《さす》つて立上り向ふを見れば坊さんも竹箒もなんにも無かつたと。此車夫は狸汁の八公といふ渾名を取り何時でも竹田街道で働らひて居るそふだが、中々強気《ごうき》な男だから、是まで幾度も狸を生け取り汁の実にして喰た事があるので狸汁と渾名されたが、此奴《こやつ》も狸の親類で此譚《このはなし》も万一《ひょっ》としたら人を欺したのではあるまいかナ〔湯本　二〇〇一〕。

文飾が施されて面白おかしい内容になっているが、人力車から消えた美女の正体が狸だったという筋立ては前話と大差がない。

明治の初めに登場して以来、交通手段として重要な位置を占めてきた人力車だが、鉄道が軌道を延ばすにつれて陰りが見え始めた。大正時代になると、自動車、とりわけタクシーの登場が人力車を駆逐していく。大正元年（一九一二）に東京数寄屋橋にタクシー自動車株式会社が開業し、十三年には、大阪市内の一定区間を一円均一で営業するタクシーが出現する。東京では大正十四年頃に「東京均一タクシー会社」が開業し、通称「円タク」と呼ばれ急激に増加してゆく〔重信　一九九九〕。人力車が衰え、タクシーが街中を走り回るようになってくると、それまで人力車を利用していた消える乗客もタクシーに乗るようになった。人力車からタクシーへの切り替えは、同時にそれに伴う諸事情の変化をもたらしたようだ。例えば、客を車に乗せるいきさつを見ても、人力車では乗せるまでのやり取りが語られたりするが、タクシーの場合は橋のたもとや病院の前に手をあげた女性が立っていてそのまま乗ってくるケースが多い。また、人力車では、移動中に「急に軽くなった」という車夫の身体感覚をとおして乗せた客の異常が語られるが、自動車では乗客の異常性はしばしばバックミラーに映し出される。「消えた乗客」は基本的には車夫・ドライバーと客という相対《あいたい》の関係を前提にして成立していると言ってよい。どう語られるかは、乗り物と人との関わり方の関係、車を媒介にして変容する私たちの意識や身体の感覚を敏感に反映している。現在の消える乗客もほとんど若い女性だが、ただし、その正体は疫神や狐狸ではない。不慮の事故や自殺などで命を失った女性が生前の姿で現れて目的地まで車を利用する、つまり、幽霊の移動である。

〔註〕

(1) 松谷みよ子『現代民話考一二 写真の怪・文明開化』(一九九六年、立風書房)には、電信、電話、汽車をはじめ文明開化の世相を映し出すさまざまな民話が収録されている。近年の研究では、鉄道の開業に触発された伝説集をもとに伝説の身体性を論じた、野村典彦の「鉄道、あるいは旧道―地域の物語と身体の移動と―」〔野村 二〇〇〇〕という興味深い論考がある。

(2) 「偽汽車」と共通のモティーフを持つ「船幽霊」とは次のような話である。松谷みよ子『現代民話考』三から引いてみる。「和歌山県日高郡日ノ御崎。船乗りたちの間で、語り継がれて来た体験談に幽霊船の話がある。自分の船が進んで行く前方が突然まっ白になって、其の中から一艘の船がわが船をめがけて進んで来ることがある。この時、決してこの船を避けて進んではいけない。船長はそのまままっすぐにつき進むよう指令する。すると壁のようにたちふさがっていたはずの船は姿を消して、みごとにつき抜けて行くことができる。回答者・吉川寿行(和歌山県在住)」〔松谷 二〇〇三〕。

(3) 喜善が紹介した『万朝報』に載った「偽汽車」の記事は次の内容である。「雨のそぼ降る六月の朧月夜であった。湖沢山中の白坂トンネル付近に進んだ列車の機関士が、前方からくる一列車を認めた。非常汽笛を鳴らすと同じく向こうでも鳴らした。止まると向こうも止まった。鏡に映すようにこちらの真似をする。機関士は思いきってまっしぐらに進行を始めた。衝突と思う刹那に怪しい列車は影を消した。その後も二、三度あった。いつも月の朧な夜であったが、やがて線路に一頭の古ギツネが轢死した後はその事も絶えた。付近にいまでもそのキツネの祠があるとか、怪しい列車はキツネの化けたものとして土地の人は信じている。月朧の山間には、機関士の錯覚を誘う樹木石角の陰影もあろうが、鉄道開設時代の獣類に関するこれに似た話は各地にもある」〔佐々木 一九六一〕。

〔引用・参考文献〕

青木 登 二〇〇三 『人力車が案内する鎌倉』 一二一～一二三頁 光文社

大島建彦　一九八五　『疫神とその周辺』　岩崎美術社
佐々木喜善　一九六一　「東奥異聞」『世界教養全集』二一　平凡社
猿田量編　一九八八　『新聞錦絵』　ジャーナリズム史研究会
重信幸彦　一九九九　『タクシー／モダン東京民俗誌』　日本エディタースクール出版部
鈴木棠三　一九八二　『日本俗信辞典―動・植物編』九九頁　角川書店
土屋礼子　一九九九　「錦絵新聞とは何か」『ニュースの誕生　かわら版と新聞錦絵の情報世界』　東京大学総合研究博物館
常光　徹　一九九四　「車社会」池田香代子他『ピアスの白い糸』　白水社
野村典彦　二〇〇〇　「鉄道、あるいは旧道―地域の物語と身体の移動と―」『口承文芸研究』二三
福田アジオ他編　二〇〇〇　『日本民俗大辞典』下　五三〇～五三一頁　吉川弘文館
ハルトムート・オ・ローテルムンド　一九九五　『疱瘡神―江戸時代の病いをめぐる民間信仰の研究』　岩波書店
松谷みよ子　二〇〇三　『現代民話考』三　一八～五五頁　筑摩書房
宮田　登　一九七八　「世間話の深層」『昔話伝説研究』七　昔話伝説研究会
宮田　登　二〇〇二　『妖怪の民俗学』四七～四八頁　筑摩書房
柳田国男　一九七〇　「狸とデモノロジー」『定本柳田国男集』二二　筑摩書房
柳田国男　一九九三　『明治大正史世相篇』　新装版　五五～五八頁　講談社
湯本豪一編　一九九九　『明治妖怪新聞』三四～三五頁　柏書房
湯本豪一編　二〇〇一　『地方発明治妖怪ニュース』四二～四三・一〇八～一〇九頁　柏書房

# Ⅳ　俗信の民俗

# 一　長居の客と箒

## 1　逆さに箒を立てる俗信

幕末の錦絵「長ッ尻な客人」（二枚続き、歌重画、図Ⅳ-1）には、いつまでも帰ろうとしない不粋な客に業を煮やした料理屋の女将たちが、箒を逆さに立てたり、草履の裏に灸をすえようとしている場面が描かれている。実はこの錦絵は、薩長を中心とした政府軍に対する江戸庶民の感情を表したもので、南和男は『幕末維新の風刺画』で次のように述べている。

江戸庶民に反政府軍の感情があるかぎり、面白いはずがない。このような江戸庶民の気持ちをあらわしたものが「長ッ尻な客人」である。客の多い料理屋「東楼」（江戸をあらわす）で長居する不粋な客に、料理屋のおかみたち（天璋院と和宮）が困惑している図である。（中略）不粋な客として描かれた客の着物には、薩摩・長州・土佐をあらわす籠目などの模様が描かれている〔南　一九九九〕。

図Ⅳ－1　歌重「長ッ尻な客人」（国立歴史民俗博物館所蔵）

政府軍に対する批判を込めた風刺画だが、ここで注目したいのは、いやな客をはやく帰すための手段として、箒を立てたり履物に灸をすえる呪《まじな》いが描かれている点である。図の中央に「長ッ尻な客しん」と大きく書いているところを見ても、当時、この呪いが広く知られていたことがわかる。本章では、箒を立てる呪いの俗信的な背景について、以前に発表した「境界の呪具—箒」（常光一九九三）に拠りながら紹介したい。

箒の家庭での役割は、現在では電気掃除機に取って代わられた感があるが、以前は生活の必需品であった。身近な生活道具であっただけに箒にまつわる俗信は多い。ここでの関心に沿って言えば、箒は生命の誕生と死に関わって登場する、いわば境界の呪具として伝承されてきた。出産のときに箒で妊婦の腹をなでる俗信が知られているが、かつては、お産の場に箒を逆さに立てることが行われた。

・出産のとき、箒を逆さに立てると安産する（青森・

岩手・長野・大分）
・箒を逆さに立てると早く産まれる（兵庫）
・子どもができるとき、箒を逆さに立ててご飯を供え、「早く子どもを産ませてください」と唱える（愛媛県城川町〈現在の西予市〉）
・難産のとき、産婆が箒を産婦の後ろに立てて呪文を唱える（青森県南部地方）
・産が重いときは、産のぐるりへ箒を立てるべきものとされた（福井）

いずれも産室に箒を逆さに立てて安産を願ったもので、ほぼ全国的に確認できる。大藤ゆきは『子どもの民俗学』で、「生まれ出ようとする生児の魂は、きわめて不安定なやわらかなもので、他の悪霊からの影響を受けやすい。とくに死んだばかりの生まなましい霊が入りこんではたいへんだという古い考え方があったためであろう」と述べている〔大藤　一九八二〕。産室に立てられた箒は、産の神の依り代とも言われるが、しかし、真の狙いは外に向けられたものにちがいない。新しい生命の誕生の場は、大藤が言うようにまことに危険な空間であった。それは時代を遡るほど大きな不安として人びとのうえにのしかかっていた。周囲には生まれ出る子の命をねらって、虎視眈々とすきをうかがう悪霊が徘徊している。逆さまに立てられた箒には、そうした悪霊の類を追い払う使命があったと考えられる。

箒は、異界から人間界へ新しい生命を迎える誕生の場にその呪的な力を顕在化させるが、他方では、死の現場にも立ちあって、この世からあの世へと死者の霊をとどこおりなく送り出す役割も担っている。箒は生と死のはざまに立ち現れる。死者のそばに箒を逆さに立てる（岩手・秋田・高知・長崎）という例は少なくない。高知県安芸郡北川村では、死者の枕元に箒や包丁などを逆さに立てると言い、同県安芸市では、死者の頭部近くに機の道具の糸枠と逆さに立てた箒を用意する。これは、死体に猫が入って動いたときに叩くためだという。佐賀県富士町（現在の佐賀市）のあたりでは「さか箒」と呼んで、人が死ぬとすぐに枕元に立てると言い、「魔のかけて来っけ、箒で叩かならん」ためと説明している。こうした俗信は、産室に立てる逆さ箒と共通の心意に根差していると思われる。死体を狙う魔性のモノはしばしば猫に象徴されてきた。

逆さ箒を立てるのは寝かせた死者のそばだけではなく、墓場にも立てる土地があることは斎藤たまの『死とものけ』〔斎藤　一九八六〕や武田明の『日本人の死霊観』〔武田　一九八七〕などでも紹介されている。多彩な魔除けのなかでも、箒や刃物が用いられる頻度が高いのは、これが現実的にものを払いのける作用にすぐれているからだろう。平生、箒を逆さまに立てるものではない（青森・山形・栃木・熊本）とか、箒を玄関に立ててはいけない（新潟県佐渡）と言って嫌うのは、それが出産や葬式など非日常的な場における特別の行為であるためで、悪霊や死のイメージが強く漂っているからだろう。

## 2　長居の客を帰す呪い

錦絵「長ッ尻な客人」のように、客がなかなか帰ろうとしないときは箒を逆さに立てるとよいとの呪いは誰でも知っているが、これも伝承者や土地によって変化がある。錦絵でも、女将が持つ箒には手拭を被せている。これを「箒に頬かぶりをする」と言っている所もあり、手拭以外にも、風呂敷（岐阜・愛知）、帽子（岩手）などの例も見られる。さらに手のこんだやり方としては、頬かぶりをして立てた箒を、棒でたたく（千葉）、動かす（岩手）、人形のように踊らせる（愛知）、団扇であおぐ（岩手・秋田・岐阜・愛知・島根）などと言う。いずれも退散の催促であろう。なかには、「長居の客を帰すには、箒に頰かぶりさせ、客の背の方の見えぬところに立て、出雲来て長門話に安芸周防、因幡伯耆を立てて美作、と唱える」と、言葉遊びの要素の入ったものもある。また、立てた箒を三べん回ると帰る（福井）とも言う。箒を立てる場所は、当然客には気づかれない所だが、玄関や座敷の隅に立てる例がいくつか確認されるほかは特には決まっていないようだ。

この呪いは早くから流布していたようで、江戸時代の川柳に、

・帰ったを見れば箒も恐ろしい（『誹風柳多留』）
・さかさまにして人をはくしゅろ箒（『誹風柳多留』）
・逆に立つ箒長座の客を掃く（『江戸雀』）

などとよまれている。江戸小咄にもよく登場する。『再成餅』（安永二年〈一八五五〉）の「たけ箒」は次のような話である。

ながが咄する客来る。亭主うるさく思ひ、でつちに「箒立てよ」と言付ける。でつちうなづき、勝手へ行き、箒立てんとするに、客の草履取が見て居る故、立てるところなし。詮方なくて、背戸へ出、見れば、竹箒あり。これ幸とさかさに立て内へ入れば、客「今晩は何も用事がござらぬ。ゆるりとお咄うけたまわりませふ。まず家来をば帰しませふ。」（興津　一九七八）。

早々に客を帰すつもりが、背戸の竹箒を立てたために草履取を帰すことになったという笑話。類話は『御伽草』や『笑府衿裂米』『気の薬』などにも見える。

先に述べたように、通常は箒を逆さに立てるのを忌む。言うまでもなく、生と死の緊迫した状態のもとで、産室や死者のそば、墓場などに立てて悪霊を駆逐するための行為だからである。そこから、逆さ箒には不吉な事態や凶事を想起させるイメージがまとわりつくようになったのであろう。箒を立てると、家の者が死ぬ（岩手）、三年しか生きられない（山形）、不要の客が来る（山形）などの伝承には、逆さ箒に漂う悪霊や死の時空への再現につながりかねない不安が横たわっている。

しかし、その一方では、逆さ箒の持つ呪的な力を日常生活のなかで積極的に活用しようとのしたたかな側面もある。「箒の柄を下にして庭の戸口に立てていると悪魔が入ることができない」（鹿児島）、「箒を逆さに立てておくと乞食が来ない」（京都）、「箒を門口に立てるといやな人が立ち寄らない」（岐阜・愛媛）、「強風のとき箒の先に鎌をつけて、風の方向に向けて立てると風よけのまじないになる」（山梨）という。ここに出てくる悪魔・乞食・いやな人・強風は、日々の生活を営むうえで、どれも早々に立ち退いてほしいありがたくない相手である。ともすれば被害を蒙りかねないところから、箒の力で排除しようとの魂胆である。おそらく、「長居の客」もこうした発想の延長線上に生まれた伝承で、ありがたくない、そうそうの退散を願いたい存在と言ってよい。長居の客の呪いは、出産や死の現場で行われた悪霊を退散させる意識と深くつながっていると考えられる。

〔引用・参考文献〕

大藤ゆき　一九八二　『子どもの民俗学』　草土文化

興津要編　一九七八『江戸小咄』講談社
斎藤たま　一九八六『死とものの け』新宿書房
武田　明　一九八七『日本人の死霊観』三一書房
常光　徹　一九九三『学校の怪談―口承文芸の展開と諸相―』ミネルヴァ書房
南　和男　一九九九『幕末維新の風刺画』吉川弘文館

# 二　虫と天気占い

## 1　天気占いは昔から

筆者のような面倒くさがり屋でも、旅に出る前にはいちおうテレビで天気予報を確認する。旅先での天気の変化を頭に入れておかないと、しばしば辛い思いをすることがあるからだ。日常の生活に大きな影響を及ぼす天気の予測に、人びとが深い関心を寄せてきたのはいまに始まったことではない。しかし、気象のメカニズムの解明が進み、だれもが詳細な天気予報に接する環境が整ったのは近年のことと言ってよい。早く、『万葉集』巻七に、「楽浪《ささなみ》の連庫《なみくら》山に雲居《い》れば雨ぞ降るちふ帰り来《こ》わが背《せ》」という歌が見える。当時、連庫山に雲がかかれば雨が近いとの伝承があったことが知られる。こうした雲の動きや風などから天気の変化を予測する知識は、それぞれの土地における経験のなかから生まれ、語り継がれてきたもので、長い間、占候の際の拠り処として重視されてきた。気象予報が発達した現在でも、一部では生きた知識として機能している。

天気のことを日和《ひより》ともいう。よく知られているように、かつて天気のようすを判断する日和見を職能とする人たちがいた。各地の日和山の地名に名残をとどめているように、「江戸時代に港入口の小高い丘に立ち、風の方向や潮の流れなどを見究める」役を担っていた（『日本民俗大辞典』下、吉川弘文館）。吉村淑甫《よしほ》の「日和師・田島左衛門とその家系」は、土佐藩で代々日和見を勤めた田島家の活動の実態を描いていて興味深い（『海南九人抄』高知市民図書館、一九八四年）。ただ、残念なのは、天気を判断する際の裏づけとなった知識についてはほとんどわからないという。しかし、著者が文章の最後に追録として紹介した土佐の天気俚言は明治期の庶民の天気占いを知るうえで示唆に富む。蒐集者は内務省地理局測量課に勤務していたドイツ人のエルウィン・クニッピングとK・川島（翻訳者）で、明治十五年（一八八二）に高知測候所を訪れたときに周辺の船頭や漁師から聞き取ったものではないかという。全部で百項目にわたっており、「雲西北に向って飛び行けば、風雨且つ大波を起こす」といった事例が並んでいる。その大部分は雲・風・月・星などの状態を見て判断をする経験的な観測だが、ほかにも次のような伝承が記録されている。

・セミの巣、草木の下枝にあれば、その年必ず大風多しと知るべし。
・クモみずから網を破るは風或は雨の兆なり。
・ヘビの木の上に登れば大風雨なり。
・もろこし高く根を生ずれば暴風雨多し。
・高知市北に当ってほきおどと称する山あり。この山に奇火現るる時は三日以内に降雨す。(1)（傍点筆者）

右の俗信が記録されたのは明治だが、これらの知識はそれ以前からの伝承と見てよい。例えば、『続鳩翁道話《きゅうおうどうわ》』（天保七年〈一八三六〉）にはクモの予知について、「蜘蛛は大風ふく前には巣をたたみ狐は雨ふるまえに穴をふさぐと申しつたえて未然にそのわざわいを用心いたします」と出ている。また、寺島良安の『和漢三才図会』を開くと、フクロウは「将《まさ》に霽《はれ》んとするとき、乃利須里於介《のりすりおけ》と曰ふが如し、将に雨ふらんとするとき、乃里止利於介《のりとりおけ》と曰ふが如し、以って晴雨を占ふ」と、聞きなしによる晴雨の判断を載せている。現代でも秋田県では、フクロウが「ノリツケホセ」と鳴くのは「糊つけ干せ」で晴と言い、兵庫県では「ノリトリオケ」と鳴くと雨になると伝えている。箕輪蕃昌《みのわばんしょう》が編集した『天時占候』（寛延三年〈一七五〇〉）にも天気の俗信が集められていて参考になる。最後の事例に見える「ほきおど」とは法経堂のことである。高知市北東の山中にあり、昔からケチビ（火の玉）が出る場所として有名だが、こうした怪火の出現も天気の変化と無関係ではなかったことがわかる。ここに紹介した事例は一部にすぎないが、あらゆる知見を動員して天気の変化を読み取ろうとしたあとがうかがえる。

## 2　雪とカマキリ

俗信は、特定の地域に偏った分布傾向を示すことは少ないが、それでも、新潟県などでは雪国の生活を反映してか、雪の降る時期やその多少を占う俗信が多い。新潟県山古志村（現在の長岡市）を歩いたとき、土地の古老から「晩秋の空にチゴトンボが高く群れ飛ぶようになると七十五日で雪が降るので、冬時支度に忙しくなる」と聞いた。とりわけ、その年に降り積む雪の量は最大の関心事で、これを予測するためにさまざまな手段が講じられてきた。虫の行動を観察し、その変化から雪の多少を判断するのも一般的である。「イボムシ（カマキリ）が木の上の方に巣をつけると大雪、低ければ小雪」（新潟）、「カマキリが卵を高いところにつければ大雪、低いところにつければ小雪」（広島）などと言う。ここでの巣や卵とは卵塊のことで、オジガフグリとかカラスノヨダレと呼ぶ土地もある。平成四年（一九九二）五月三十一日付の『朝日新聞』に、「卵塊を観察、積雪ピタリ」という題で、カマキリの卵塊を三十年にわたって観察し、雪占いをしている新潟県の酒井與喜夫氏の活動を紹介している。地元では気象庁よりよく当たると評判で、活動の一端を次のように記している。

無線器機の販売修理で新潟、長野県北部を回る。仕事のついでにカマキリの卵を追いかける。卵塊の地上からの高さ、風に対する角度などを調べて、同じ場所の過去の積雪データと比較分析。昨シーズンは新潟、長野県下六十一地点について九百八十九個の卵塊を調査した。「山間部の積雪は平年並みか小雪に近い。平野部は感覚的には小雪だが極小雪に近い。春先はぐずつく」と発表した。十月初旬、気象台の長期予報よりも早く、各地点別の予想最深積雪量まで数字で出した。実際はどうだったか。今春、新潟地方気象台が発表した積雪結果は「山間部は平年の五〇～八〇％、平野部は二〇～五〇％」。春先は彼岸に雪が降るなど、ぐずついた空模様だった。酒井さんの『雪占い』の結果は、まずまずの的中だった。

興味深い記事だが、はたしてカマキリに降雪量を予想する能力があるのだろうか。俗信を調べているとしばしばぶつかる問題である。類似の俗信はハチやカエルなどでも言われる。「ハチが低いところに巣を作ると大風がある。高いところだと風の心配がない」と、巣をかける場所の高低から占うのはほぼ全国的と言ってよい。「ハチが木の高いところに巣を作ると大水が出る。低いと洪水の心配がない」とも言う。しかし、この逆の例もあり、カマキリやハチのような小動物が未来の天候を予知して場所を選んでいるとは考えづらい。むしろ、事実はその反対で、営巣の場所を見て、たまたまカマキリが高く巣をかけていたとすれば、「それはカマキリが雪を避けているのだ」と結果に意味を与えて解釈したためではないだろうか。「カエルが浅いところに冬篭りすると、冬が暖かい」（宮城・広島）とか

「雪が少ない」（山形・群馬・新潟・福井）と言い、反対に「カエルが深くもぐると大雪になる」（山形・新潟・島根）と言う。こうした俗信について鈴木棠三《とうぞう》は、「雪に関する俗信は、当然の事ながら、降雪量の多い裏日本に多く見られる。カエルが寒暖を予知するというよりも、冬眠に入るころの気候が寒ければ地中深くもぐり、暖かい年には浅い所で越年するゆえであろう」と述べて、降雪量に関するカエルの予知能力には否定的である（『日本俗信辞典』角川書店、一九八二年）。先に紹介した、セミの巣が草木の下枝にあると大風が多いという高知の例も同想の伝承と言ってよい。

## 3　俗信から諺へ

天気は日々の生活と密接に結びついているだけに、その変化の兆しを読み取ろうとする観察の眼は驚くほど多様な場面に及んでいる。例えば、「汽車の音がポーッとよく聞えるときは雨か曇、小さく聞えるときは晴」「川の音がゴーッと大きいときは雨か曇」（山形）。いずれも日ごろ聞きなれた音から予測したものである。大気の湿度の違いが音の伝わり方に影響を及ぼしているのであろう。身近にある生活道具から判断する例もある。「水甕が汗をかくと天気が悪くなる」（熊本）、「障子の紙がピンと張れば晴」（群馬）、「鍋の尻に火の粉がつくと風になる」（新潟・岡山）などという。みずからの身体や身にまとう衣服の類も一役買っている。「腰が痛むと雨が近い」（愛知）、「褌がしめると雨」（千葉・山梨）。褌の天気占いは早くから言われていたようで、江戸時代の『誹風柳多留』に「褌で天気のしれるふせふ者（無精者）」の句が見えている。挙げていけばきりがないが、いずれも、日常のささやかな変化に眼を凝らし、あるいは聞き耳を立てて天気の変化を判断している。

伝承内容を科学的に検証し読み解く仕事も進められている。各地で「ツバメが低く飛ぶと雨が降る」と言うが、この俗信について南利幸は、「低気圧が近づいているとき、雲が多くなるため日中の気温はあまり上がりません。気温が低いと昆虫の活動は鈍くなります。また日ざしがなくなり、地上付近の弱い上昇気流はなくなります。そのうえ低気圧が接近すると風が強くなります。風は地上付近より上空へ行くほど強くなるので、小さな昆虫は地面に近い所しか飛べなくなり、ツバメはエサを捕まえるために低い所しか飛ばなくなるのです」と解釈している。「アマガエルが鳴くと雨が降る」との俗信も広く知られているが、カエルは天気の変化を予知しているわけではなく、湿度の変化を感じて鳴いているのではないかという（『ことわざから読み解く天気予報』日本放送出版協会、二〇〇三年）。

天気予測にまつわる予兆や占いといった俗信のなかには、日常生活の経験の積み重ねから、人びとの確かな実感と信頼を獲得してきたものも数多くあり、それらは諺化して伝承されているケースが少なくない。俗信と諺の境界は必ずしも明瞭ではないが、言語技術である諺は、人間や人生に対する批評や教訓、あるいは経験的な知識などを譬《たとえ》を用いて簡潔な文句で効果的に表現する。朝の雨はすぐに止むことを言った「朝雨女の腕まくり」とか、「朝雨馬に鞍をおけ」と言った諺は、もともと俗信だったものが諺化した例と言ってよいだろう。この点について大島建彦は、貴重な前代の知識として民間に伝承されていた俗信が、「少しずつ耳に入りやすく、また心に刻まれやすい言い方となっていったのである」と説いている（『咄の伝承』岩崎美術社、一九七〇年）。俗信の諺化が天気予測に関して顕著に見られるのは、今日の気象学から見ても理に適ったものが多いからであろう。

〔註〕

（1）　本資料は、中央気象台の星為蔵氏から高知気象台防災業務課の刈谷博氏に送られてきたものを、吉村氏が昭和五十八年（一九八三）に提供を受けたものである。なお、明治十五年（一八八二）当時、高知市は成立していない。吉村氏は、仮名遣いや漢字の使用などいくつかの点で現代風に改められているのは星野氏によるものであろうと推察している。

# 三　巳正月と後ろ手

## はじめに

葬送習俗や節分行事をはじめ民間伝承のなかには、特定の場所で後方にものを投擲するとか、意識的に後ろ手でやりとりする場面がしばしば見られる。こうした「後ろ向き」「後ろ手」の行為が帯びている民俗的な意味については、以前に論じたことがある〔常光　二〇〇六ａ〕。伝説や昔話に登場する妖怪との交渉において後ろ手が用いられるのは、人間が妖怪から害を受けずに富を入手するための手段であった。身体に取り憑いた病魔やケガレを移した銭や豆を、四辻で捨てる際にわざわざ後ろ向きになるのは邪悪なモノとの関係を拒絶する意志の表明であり、そのうえで行われる後ろ手のしぐさには、そうしたモノとの関わりを拒否しつつ、それらに働きかけていくという二面性が読み取れる。「後ろ向き」「後ろ手」の行為には、人間界とは異なる世界の存在に働きかけようとする意図が秘められていると言ってよいだろう。また、後ろ手が呪《のろ》いの行為としての意味を持っていた点も見逃せない。『古事記』の海幸山幸の神話には、火遠理命が鉤を後手《しりへで》（後ろ手）に渡したために火照命が没落したと記されているが、興味深いのは、平安時代前期の井戸から、腕を後ろ手にまわした裸体の男女の人形が出土していることである。これらの人形は井戸が埋め戻されるときに意図的に入れられたもので、呪《のろ》いの意味があるのではないかという〔国立歴史民俗博物館　二〇〇七〕。「後ろ向き」「後ろ手」に関する伝承は多岐にわたるが、本章では高知県東津野村（現在の津野町）で行われた「巳正月」を紹介し、こうした行為が帯びている意味を考えてみたい。

## 1　巳正月

巳正月とは、「主として四国地方で、十二月初めの巳の日、およびその前後に行われる新仏のための模擬的な正月行事」である〔森　二〇〇〇〕。新仏の正月と称して墓前で行われるが、行事内容の特異性もあって早くから関心を持たれてきた。柳田国男は昭和八年（一九三三）七月発行の『旅と伝説―誕生と葬礼号―』に寄せた「生と死の食物」で巳正月を取り上げて、「たとへば四国の各県、殊に愛媛県の内海沿ひの村々などは、『巳正月』又は『坎日《かんにち》』とも称して、暮の十二月の最後の巳の日から午の日への夜に、近親打寄つて新仏の墓に詣で、火を焚いて其日の餅を炙り、こゝで又兄弟の引張り合ひをするさうである。是も本式の正月を迎へる前に、亡者と共に最終の食事をして、清く人並になつて初春に入つて行かうとする絶縁の式であつたかと思はれる。我々の忌の思想の根本は食物の相餐に在つて、是に入るにも又出て行くにも、共に特殊なる食事の作法を以て之を明かにしたことは、今有る乏しい資料からでも、大よそは推察し得られるのである」と述べている〔柳田　一九三三〕。文中「十二月の最後の巳の日」とあるのは、実際は「十二月の最初の巳の日」である。平山敏治郎は昭和二十七年に発表した「取越正月の研究」で巳正月に触れ、右の柳田の説を紹介したあとに続けて、「そのために墓前の餅分割の式すなわち食い別れの作法がおこなわれたのである。暮の十三日は古くから正月初めの松迎えの日であった。この時から正月の物忌みにはいるわけである。そのためにはこれに先立って是非とも済まされなければならぬ手続きであったようである」と説いている〔平山　一九五二〕。田中久夫も、正月を迎えるにあたってその年に死者をかかえた家での正月を迎える方法だと論じている〔田中　一九七八〕。巳正月に関する論考はいくつか発表されているが、いずれも、民俗的な意味の究明に関心の目が向けられ、伝承の実態を深く掘り下げたものではなかった。この点において、近藤直也が平成九年（一九九七）に発表した「仏の正月―徳島県一宇村における所謂ミウマゴシについて―」と「外道から祖先神へ―簾の向う側からのまなざし―」は、一宇村という一つの村の各地区を隈なく歩き、その聞き書き資料に立脚した論考で、仏の正月（巳正月）の実態解明に向けて大きな役割を果たした仕事である〔近藤　一九九七〕。巳正月が四国特有の行事であることは以前から知られていたが、しかし、その全体像が明らかになっていたわけではなかった。平成十年（一九九八）八月に開催された四国民俗学会において、巳正月を共通テーマとした報告が行われた。田井静明「香川の巳正月」、梅野光興「高知県の巳正月」、大本敬久「愛媛県の巳正月」の発表があり、その成果が『四国民俗学会会誌』三二号に掲載されている。本誌に発表した大本敬久の「『巳正月』研究の論点と課題」は、巳正月の〈分布〉〈呼称・行事日・地域差〉〈四十九日との交錯〉といった諸問題を四国という視野からとらえたものである。この成果によって四国に伝承される巳正月の輪郭が明らかになったと言ってよい。大本は、「巳正月は新亡者を出した家が清浄なる正月を迎えるにあたって行われる忌明けの行事であることはこれまで言われてきたとおりである」「巳正月は死のケガレとの決別の行為と言えるだろう」と述べると同時に、巳正月には「新亡者との交流的側面があることを忘れてはいけないだろう」と指摘している〔大本　一九九九ａ〕。巳正月の解明は、近年の調査・研究によって着実に進展しているが、ただ実際の行事内容に立ち入った報告はほとんどないように思われる。ここでは筆者が立ち会った巳正月について報告し、その際、墓前で行われた後ろ手で餅を引っ張り合う行為について述べてみたい。

## 2 死んだ人の正月

平成十七年（二〇〇五）十二月十一日、高知県東津野村北川の明神正和氏（昭和二十六年生れ）の家では、同年八月に亡くなった正和氏の父の巳正月が行われた。以下は、正和氏を中心に行われた巳正月の内容と参加者からの聞き書きの記録である（図Ⅳ-2）。

十二月の最初の巳の日を「死んだ人の正月」と言う。この日、親戚はもち米一升を届けるが、このもち米を量るときの作法が平生とは異なっている。ふつうは一升枡に少し盛りかけをした量の米を持っていくが、この時は、枡にすくったもち米を斗掻で一度かき飛ばしたものを持参するという。贈られたもち米は餅に搗いて親戚にもどす。現在では、親戚でもお金を包むのが一般的でもち米を贈ることはほとんどなくなったが、正和氏の祖母の巳正月（昭和五十年）のときには親戚から一斗二升のもち米が届いている。

当日の朝、一升餅を搗く。搗きあがった餅は盆に移して円盤状にのばし、真ん中に切れ目を入れる。一升餅はその日に搗くものとされている（図Ⅳ-2⑴）。お床の前には、ご飯とお煮しめの膳を一対と白若葉の上に二重ねの小餅をのせたものを供える（図Ⅳ-2⑵）。その後、シメ縄を綯い足を四、二、六と偶数につける。次に、シメ縄に白若葉（ユズリハ）を四枚つける。ユズリハには葉のつけ根のくきが赤いものと白いものがあり、白いものでなければならない（図Ⅳ-2⑶）。シメ縄に白若葉をつけると墓（墓床という）に行き門松を立てる。墓（この段階では墓石ではなく霊屋の前に松・樫・竹をたばねたものを左右に立ててシメ縄を張り、シメ縄の中央にシダをつける。墓に一升餅を供える（図Ⅳ-2⑷）。

図Ⅳ-2　巳正月の行事

(1)真ん中に切れ目を入れた一升餅

(2)お床の前の供え物

(3)白若葉をつけたシメ縄

（4）門松を立てた墓

（5）一升餅を供えた墓に手を合わせる

（6）一升餅を後ろ手に持って引き合う

(7)二つに分けた餅の半分を墓に供える

(8)残りの半分の餅を藁で焼く

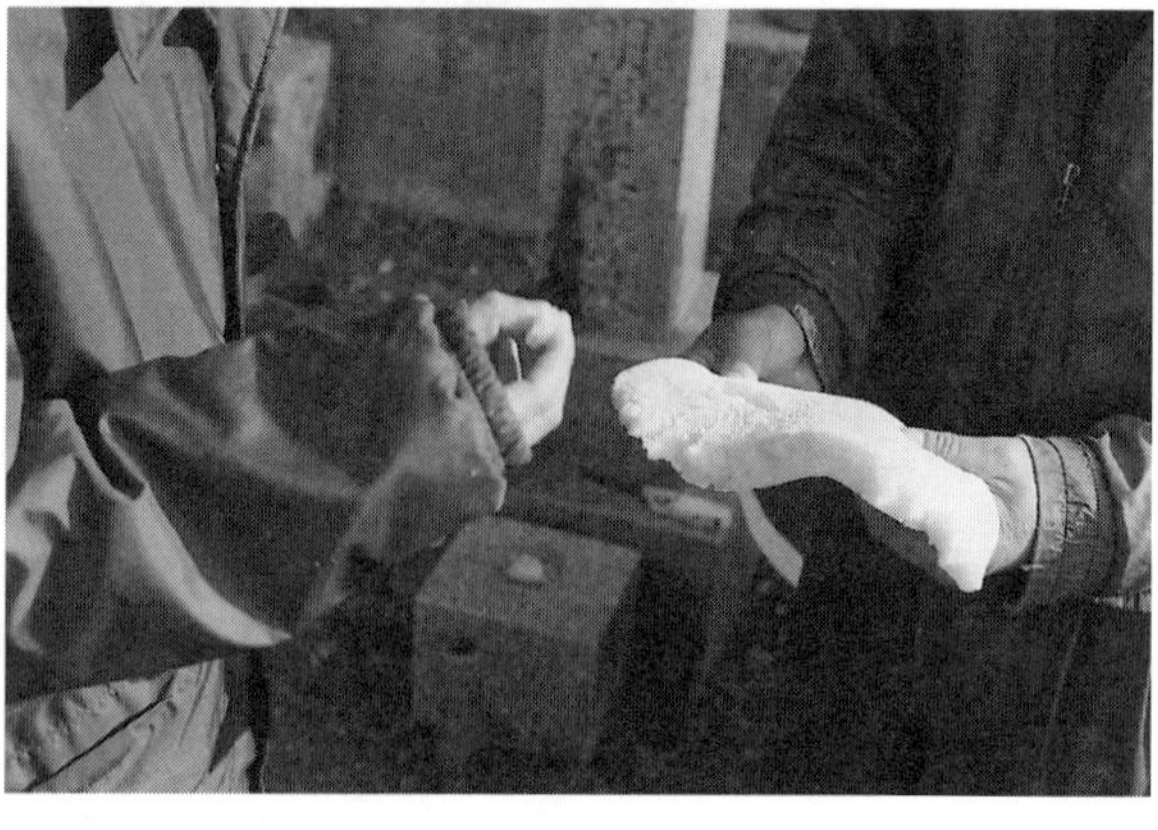

(9)焼いた餅をちぎって口に入れる

(10)参加者が去った墓場に現れた一人の女性

(11)死者の生前の話などでもりあがる

(12)墓から持ち帰った半分の餅

午後、家の者や親類が連れ添って墓に行く。参加者は死者の弟妹、子ども夫婦、孫、それに近くに住んでいる死者のいとこ夫婦である（図Ⅳ-2⑸）。全員がお参りをすませると、死者と血のつながりの近い者が一升餅を後ろ手に持って引き合う（図Ⅳ-2⑹）。墓前で、死者の弟と妹が後ろ手で引き合ったが、正和氏は餅が真ん中から二等分されるように切れ目の位置をあらかじめ調整していた。引っぱり負けるとよくないと言われており、双方に勝ち負けが生じないようにしてやるのだと言う。平生は「餅を引っ張り合ってはいけない」とか「後ろ手で物を渡してはいけない」と言う。二つに分けた餅の半分は墓に供え（図Ⅳ-2⑺）、あとの半分は墓前で一束の藁に火をつけてかるく焼く（図Ⅳ-2⑻）。焼いた餅は正和氏が手に持ち、それを参加者が少しずつちぎって口に入れる（図Ⅳ-2⑼）。このため、「普段は餅を引っ張り合って食べてはいけない」と言う。また、「その日に搗いた餅をその日に焼いて食べるものではない」とも言い、もし食べるときには、「夕べの餅じゃ」と言って餅に鍋の墨をつけて食べるとよいと伝えている。

参加者は、餅をちぎって食べると家の方にもどる。お参りの人が去って墓場に誰もいなくなったとき、一人の女性が別の道から現れた。そして、お墓に手を合わせたあと供えてある半分の餅を持ち去っていった（図Ⅳ-2⑽）。家にもどると、座敷でビールと鍋料理のご馳走がふるまわれ、死者の生前の話や先祖の話題でもりあがった（図Ⅳ-2⑾）。テーブルには正和氏が墓から持ち帰った餅も置かれていた（図Ⅳ-2⑿）。

以上で「死んだ人の正月」は無事に終わり夕方前には解散となったが、この間、参加者から一つの疑問が出された。それは、墓に立てた門松に樫を用いたことについてである。集落では柿の木を用いるが樫は使わない、何かの間違いではないかという。正和氏に聞いたところ、昭和六十一年（一九八六）に亡くなった母がこの行事について簡単なメモを残していて、それに拠ったと説明してくれた。確かにメモには、「祭方。その日、当日に、松、竹、カシ、シメは四、二、六の（白若葉をはさむ）物を墓床にかまえる」と記されている。この点について、近所に住む二人の古老に尋ねてみた。しかし二人とも、門松には樫ではなく柿の木を用いるとのことだった。「柿の木は燃やしてはいけない」という言い伝えがあり、これも巳正月に関係があるという。平山敏治郎の『歳時習俗考』に「同郡（高知県幡多郡）宿毛町に近い大深浦ではミノエ正月といい、同じく巳の日に新墓へ詣りお松様を立てて正月をする。朝早く小鳥の啼かぬ先に、搗きたての一升餅を膳にのせて墓前に持ち行き、これを藁火でちょっと焼き、切って供えまた詣った者も食べた。松の支柱には必ず柿の木を用いるが、十二月にはそのために柿の木を焚木にはしない」と見えている〔平山　一九八四〕。また、梅野光興がまとめた高知県内の事例を見ても、巳正月に柿の木を使用する例はいくつか確認できる。例えば、土佐清水市下ノ加江船場では、「『死んだ人の正月』といって新しく故人となった仏の祭りをした。行事は柿の木の男杭に『片ゆずり葉』（ヒメユズリハ）を立ててしめ縄（七五三でなく四二三の垂をつける）を張った」という。同県越知町、大方町（現在の黒潮町）、大月町でも柿の木を使用している報告はあるが樫は見当たらない〔梅野一九九九〕。カキとカシを聞き違えたのかも知れないが、いずれにしても何らかの理由で柿を樫とあやまって記録した可能性が高い。

行事内容は、ハレの日である正月とはことごとく反対、あるいは通常の正月との違いを鮮明にする意図によって貫かれていると言ってよい。シメ縄を例にとってみても、シメにつける足を正月は一、五、三と奇数にするところを四、二、六と偶数につけ、ユズリハも正月には葉のくきの赤いもの（赤若葉）を用いるのに対してくきの白いもの（白若葉）である。シメ縄にはさむ若葉も正月は三枚だが四枚である。中央につけるシダの種類については確認できなかったが、故老の話では、正月に用いるウラジロではなくイヌシダをつけるものだと言う。門松に樫を使用していた点についても、右に述べたように本来は柿の木であったと思われる。「柿の木から落ちると死ぬ」（全国的）、「柿は火葬のときの燃料にするものだから平常燃やしてはいけない」（神奈川県津久井郡）など、柿が人の死や葬式と深く関わる伝承を帯びた木である点もそれを推測させる〔鈴木　一九八二〕。円盤状をした一升餅も通常の餅の形状とは異なる。同様の餅を徳島県一宇村（現在のつるぎ町）でカガミモチと呼ぶ地区があり、これについて近藤直也は、「普通の正月の鏡餅と比較した場合、これらは明らかに奇形と言わざるを得ない。恐らくたまたまこうなったのではなく、一枚でしかも扁平な姿は敢えて意図的に造形されたのであろう」と述べている。そして、こうした日常の作法や秩序からことごとく逸脱した状況について、「新仏との共食であるから、新仏の作法に則って行なうという意図が働いていたと考えられる」と指摘している〔近藤　一九九七ａ〕。そもそも、十二月の巳の日そのものが凶日とされている〔大本　一九九九ａ〕。

## 3　後ろ手で引き合う

今回、聞き書きを行なった巳正月の個々の内容を注視すると、他地域での報告との関連でいくつかの興味深い問題点が浮上するが、本章では、墓前で近親者（今回は死者の弟妹）が後ろ手で餅を引き合う行為を取り上げてみたい。二人の人間が一つの餅を後ろ手で引き合うためには、まず背中合わせの格好になる必要がある。必然の成り行きだが、じつは巳正月を執り行う狙い、言い換えれば、その民俗的な意味は、この「背中合わせ」を前提とした行為のうちに象徴的に表出されている。一般に、背中合わせと言えば仲が悪いことの喩えだが、それだけではない。東京都板橋区本町にある縁切榎は、男女の縁切りに効果があると信じられ江戸時代から人びとの関心を集めてきた。江戸庶民の縁切榎をめぐる様相については、十方庵敬順が『遊歴雑記』で文化十年（一八一三）前後のありさまを詳しく記録しているが、そのなかに次のような記述が見える。

此処へ来る茶店の嬶《かか》又ハ兒共《こどもら》等をたのみ此榎の皮を枌取《そぎとり》もらひて家に持帰り、水より煎じその者にしらさず飲しむれバ男女の縁を切夫婦の中自然に飽倦て離別に及ぶ事神の如しといひはやし、心願かなふて後は絵馬を持来り榎へかくるものあれバ又幟たてる徒もありけり。いか様絵馬かけしを見れバ男女もの思える風情して双方へたち分る、姿を画きしは不仁の志願も叶ふとみえたり（傍線筆者）〔大島他　一九九五〕

離別の願いが叶ったとき掛ける絵馬は、「男女もの思える風情して双方へたち分る、姿」を描いたものだと言う。つまり、背中合わせの男女の絵柄である。縁切りの手段として背中合せを描いた絵馬が用いられるのは、言い換えれば、背中合わせが絶縁を表象する行為や形であるからにほかならない。岩井宏實は背中合わせの絵馬について、「関東では足利市の門田稲荷、東京板橋の榎神社が名高い。この両者は、縁を切るといえばなんでも絶縁してくれるといわれ、夫婦の縁はもとより、情婦・情夫の手切れ、病気との絶縁、盗人との絶縁、酒との縁切から兵役逃れというように、断絶を目的とすることならなんでも祈願する。したがって、図柄の種類も多く、男女が背合せに坐っている図、軍服姿の男と祈願者本人が背合せに立つ、兵役と縁切の図、大盃と背合せしている断酒の図など、実にバラエティーに富んでいる。榎神社には昔、縁切榎という榎の木があって、榎が縁の木になり、何かの説話が生まれて縁切の縁起ができたのであろうか、ここの絵馬はみな、榎を中心に左右に縁切したいものと祈願者本人の姿を描いている」と述べている〔岩井　一九七四〕。

図Ⅳ-2(6)のように、墓前で背中合わせの状態から手を後ろに回して餅を引き合うのは、供物の餅を分け合って死者の霊との絶縁を図る行為と言ってよい。つまり、引き合っている一方の側は死者を表象しているのであろう。近藤直也は、徳島県一宇村の巳正月で、餅を包丁に突き刺して食べさせる行為などを分析した結果として、「新仏との共食であるから、人並みの食べ方は許されなかった。恰も、見るもおぞましい、触れる事もおぞましいものであるかの如く新仏は見做されていたのである。新仏への供物のお下がりを食べる行為が、かくも奇妙な形式を取る事自体異常であり、この供物を食べる親戚や近所の人々は食べるという儀礼的行為の上では新仏の分身またはそのものとしての役割を演じていたと考えられる。このようにでも解釈しなければ、これら奇妙な共食儀礼はとても理解できない」と述べている〔近藤　一九九七b〕。奈良県柳生の里（奈良市）の引っぱり餅では、野辺の送りをすませた喪主が、敷居をへだてて、喪主の次に死者と血の濃い人物と背中合せになって、後ろ手で餅を引っ張り合う〔田畑　一九六七〕。この場合もおそらく、生者と死者の霊とが互いに後ろ手で引き合っている状態を演じているのであろう。それは、そのまま死者の霊（新仏）との関係を切り離す絶縁の意味と重なっていると考えられる〔常光　二〇〇六a〕。

また、一つの餅を二人で同時に引き合うのは平生は忌まれる行為である。それは、巳正月に行うから忌むというよりも、この行為が「同時に同じ」という現象を惹起し、二者の関係を一時的に無化し勝ち負けを生じてしまう意味を帯びているからである〔常光　二〇〇六b〕。背中合わせは相手を無視し絶縁を図る意志の表れだが、そのうえで行われる後ろ手の行為は、相手との関係を遮断しつつ相手と交感する手段と言ってよいだろう。もちろん、こうした一連の儀礼は人々が想像（創造）してきた死者の霊（新仏）を相手に、生者の側の思惑のもとに構成された演出にほかならない。

ところで、お参りの人たちがお墓をはなれたあとにやって来た一人の女性が、墓に供えてある半分の餅を持ち去っていくのを目撃したのは偶然だった。声をかけたところ、この餅を食べると、夏病みをしないとか、寂しがらなくなると言う。全員が帰ったあとでやって来たところを見ると、参加者には気づかれてはいけない行為だと思われる。話しているうちに、餅を持ち去ったのは正和氏に頼まれたからだということがわかった。正和氏が事前に頼んでおいたところを見ると、餅はいつまでも墓にあるものではないという意識がうかがえる。ただ、今日は飽食の時代でもあり、予め誰かに頼んでおかないと墓から餅がなくならないとの配慮が働いたためであろう。しかし、かつては食料としての餅の魅力もあって、おそらくそのような心配はなかったのではないだろうか。というよりも、墓からなくなっているという事実が大事で、その原因を詮索すべき性質のものでなかったにちがいない。関係者にとっては、墓から餅がなくなっていることで、死者の霊との食い別れがとどこおりなく終了したことを確認し納得したのであろう。

〔引用・参考文献〕


岩井宏實　一九七四　『ものと人間の文化史一二　絵馬』一八一〜一八二頁　法政大学出版局
梅野光興　一九九九　「高知の巳正月」『四国民俗学会会誌』三二号　二二〜三二頁
大本敬久　一九九九ａ　「『巳正月』研究の論点と課題」『四国民俗学会会誌』三二号　一〜一四頁
大本敬久　一九九九ｂ　「愛媛の巳正月」『四国民俗学会会誌』三二号　一五〜二一頁
大島建彦他編　一九九五　『遊歴雑記』一　二五六頁　三弥井書店
国立歴史民俗博物館編　二〇〇七　『長岡京遷都―桓武と激動の時代―』展示図録　一二頁
近藤直也　一九九七ａ　「仏の正月―徳島県一宇村における所謂ミウマゴシについて―」『近畿民俗』一四六・一四七号
近藤直也　一九九七ｂ　「外道から祖先神へ―箕の向う側からのまなざし―」『近畿民俗』一四八・一四九号
城埜真代　二〇〇二　「四国に見る『仏の正月』〜庖丁による餅分割儀礼〜」『久里』一二号　神戸女子大学民俗学会
鈴木棠三　一九八二　『日本俗信辞典―動・植物編』柿の項目　角川書店
田井静明　一九九九　「香川の巳正月」『四国民俗学会会誌』三二号　三三〜四七頁
田中久夫　一九七八　「みたまの飯」『講座日本の民俗』六　有精堂
田畑賢任　一九六七　「引っ張り餅」『岡山民俗』七四号
常光　徹　二〇〇六ａ　「後ろ向きの想像力」『しぐさの民俗学―呪術的世界と心性―』　ミネルヴァ書房

常光　徹　二〇〇六b　「『同時に同じ』現象をめぐる感覚と論理」『しぐさの民俗学―呪術的世界と心性―』　ミネルヴァ書房
古岡英明他編　一九八二　『下村・賀茂神社〈稚児舞〉調査報告書』　富山県射水郡下村役場
平山敏治郎　一九八四　『歳時習俗考』　法政大学出版局
森　正康　二〇〇〇　「巳正月」『日本民俗大辞典』下　吉川弘文館
柳田国男　一九三三　「生と死の食物」『旅と伝説』第六年七月号　九～一〇頁

# 四　道具と俗信――鍋と鍋蓋

## はじめに

柳田国男は、昭和十年（一九三五）に出版した『郷土生活の研究法』で、ヨーロッパでの先行研究を参照しつつ、そこに独自のアイディアを入れて民俗資料の三部分類案を提示し、その意図を次のように説明している。

最初に眼に訴えるものをもってくる。これならどんな外国人や他所者でも、注意しさえすれば採集することができるから、論理の上から言っても第一におくべきものであろう。次には言うまでもなく耳を通して得らるるもの、そうして第三には見たり聞いたりしただけでは、とうていこれを知ることのできない、単に感覚に訴えるもの、となるのが自然であろう。（傍線筆者）

このように述べて、第一部「有形文化」、第二部「言語芸術」、第三部「心意現象」という分類案を示した。第一部の有形文化は、眼に訴えるもの、つまり見ることによってかなりの程度理解できるもので、衣・食・住をはじめ年中行事や人生儀礼など、有形文化に属するものは数限りなく存在する。これは身体の器官で言えば、眼の機能が中心である。第二部の言語芸術は、耳を通して得られるもの。見るのは難しくても聞くことによって大方の理解が可能なもので、諺・語り物・昔話・伝説など、口から耳へと伝承されていく口承の世界である。人間の身体で言えば、耳に大きく依拠していると言ってよい。そして、第三部に心意現象を置いている。これは感覚に訴えるものだから、第一部の有形文化や第二部の言語芸術に比べて何かつかみどころがない。心意現象は、ものの見方や感じ方、心のくせ、幸福感や恐怖感など精神活動の広い領域をさしている。心意は基本的には見ることも聞くこともむつかしいが、柳田はこの心意を明らかにしていくことが民俗学の重要な目的の一つであると発言している。しかし、心意を明らかにするというのは、言うのは簡単だが実際には容易ではない。柳田は、心意についてのさまざまな課題を想定し、それらを解いていくための手掛かりとして、兆（予兆）・応（のちに卜占と入れ替わる）・禁（禁忌）・呪（呪術）という概念を見出し、兆・応（占）・禁・呪に関わる諸現象を俗信と呼んだ。

第一部の有形文化は今日の民俗学の大部分を占めているが、なかでもモノに関心を注いだ調査・研究は民具研究を軸に推進されており、第二部の言語芸術は口承文芸研究が担っている。第一部、第二部に比べて第三部の心意現象の研究は立ち遅れているが、あえて言えば俗信研究と言えるだろう。それぞれ研究の領域が形成されて専門性を高め独自の分野として自立しているように見えるが、ただ実際には「有形文化」「言語芸術」「心意現象」は相互に密接な関わりを持っている。例えば、柳田国男自身、伝説をどこに入れるかでずい分迷っている。結果的に伝説は第二部の言語芸術に落ち着くが、その経緯について、「これを第二部の最後に置いたのは、仮りにそうしたのであって、伝説は本来一つの信仰であったゆえ、実は第三部に属せしむるべきものなるを、これと昔話とは信仰をなかにして互いに交錯しているので、ここに並べて採集した方が便宜と考えたからである」と述べている。伝説を常に信仰の領域に引き寄せて解釈しようとした柳田の立場からすると、伝説は言語芸術である以上に心意現象として第三部に位置づけたい思いに駆られていたようだ。「伝説は本来一つの信仰であったゆえ、実は第三部に属せしむるべきものなるを」という発言にそれがにじみ出ている。しかし、考えてみると伝説は事物と結びついているという点も一つの大きな特徴として挙げられる。各地の弘法の井戸は、昔、弘法大師がやって来て杖を立てたところ水が湧き出た場所だと伝えている。伝説というのは具体的な事物のいわれを説く話という性格を帯びているので、この場合、杖や井戸に注目すれば当然有形文化としての側面が浮かび上がってくる。こうして見ると、一つの伝説はモノと言葉と心意が分ち難く交錯するところに生成し伝承されてきたと言ってよい。

本章では、日常生活の必需品である道具を取り上げて、それにまつわる俗信に注目しながら道具をめぐる人びとの心意の世界に触れてみたい。鍋や釜の歴史、それらの形態や機能については先学の研究が存するが、ここでは俗信という見方からモノに沁みついた〈心のくせ〉の一面を覗いて見ることにする。なお、地名は報告書に記載された当時のままである。

## 1　鍋蓋の呪力

### (1)　鍋蓋の上でものを切るな

鍋蓋の上でものを切るなという禁忌はほぼ全国的に分布している。鍋蓋の上で切ると、難産する（秋田・京都・和歌山・熊本）、生まれてくる子の顔に傷がつく（秋田・高知・福岡）、兎唇の子が生まれる（石川・愛知・奈良）、双生児が生まれる（宮城・山口）、鼻の低い子ができる（奈良県下市町）、人が死ぬ（愛知県旭市）などと言い、出産や生まれ出る子どもに対する不安を言ったものが多い。この行為を忌む理由として、京都府美山町では「鍋の蓋をまな板代わりに使うな。四十九日の笠の餅は鍋の蓋の上で切る」からだと言い、愛知県岩倉市でも「鍋蓋の上でものを切ってはいけない。四十九日の餅はこうして切る」からだと説明している。カサノモチとは、「葬儀後、四十九日に作る四十九餅のうち、四十九個の小餅のほかに、一つだけ大きく作る餅」（『日本民俗大辞典　上』）のことである。藤原喜美子は、兵庫県三木市で行われる四十九日のカサノモチについて、「一枚の大きくて平たいカサノモチを切る時は、部屋の敷居の上で鍋の蓋の裏側にのせて切る。だから、普段は敷居の上で物を切ってはいけないといい、蓋の上で物を切ってはいけないという」と報告している（藤原　二〇一一）。カサノモチは近親者が引っ張り合ってちぎったあと食べるとか、屋根越しに投げる土地もある。高知県十和村では、「鍋蓋の上で餅を切られん。巳の日正月にすることだから」と言う。巳の日正月は、四国地方で十二月の最初の巳の日に行われる新仏のための模擬的な正月で、墓前で近親者が背中合わせになって一升餅を引きあう。カサノモチや巳の日正月には死者との食い別れの意味が込められている。三木市で「敷居の上で鍋の蓋の裏側にのせて切る」と言うのは、敷居とともに鍋蓋についてもあの世とこの世の境界の時空で用いられる道具であることを示唆している。円い板を左右対称に分ける取っ手で仕切られた鍋蓋の形状そのものがどっちつかずの境界性を帯びている点も見逃せない。双子や兎唇にまつわる禁忌は、取っ手によって分割される相称的な形を持つ鍋蓋と連想が結びついている。

### (2) 鍋蓋であおぐ

『日本産育習俗資料集成』には、「難産で妊婦が仮死の状態にある時は、鍋ぶたであおげば息を吹き返す。産児が泣き声をあげない時も鍋ぶたであおげば泣き出す」（愛媛県宇和島市）という俗信が紹介されている。同様の例は隣りの高知県でも言い、高岡郡仁淀村沢渡では「生まれた子どもが産声をあげないときは、鍋蓋を持ってきて赤ん坊をあおぐ真似をする」と言う。また、和歌山県高野口付近では「産児が死んだようになっている時は鍋蓋で扇ぐと生き返る」といい、三重県津市でも「生れた赤坊が死んでおったときには、鍋ぶたであおぐと生きかえる」との報告がある。ほかにも、「袋児が生まれたら鍋蓋であおいでから皮をとるとうまくとれる」（徳島県）と言う。仮死状態で生まれた子を鍋蓋であおぐという行為は実際に方々で行われていたようだ。斉藤たまは『死ともののけ』（一九八六年、新宿書房）で次のような聞き書きを紹介している。

・ちさ子さんは産婆であった。この近辺、大浦の外の桑浦、小畔、楠甫《くすぼ》あたりまでの子はみな取り上げた。取り上げた子で死んだのはいなかったが、仮死状態で生まれた子は何人もいた。この時鍋蓋であおいだ家が一、二軒あった。産婆はこんな折には人工呼吸をする。口から息を入れたり、また寝せて背の下に手を入れ、上下に上げ下げしたりする。ちさ子さんがこれをしていると、家の者が股くらから鍋蓋であおぐ。「一生懸命あおがるっとたい」とちさ子さんは話して聞かせた。

・出水市から広瀬川に沿って分け入った上大川内《かみおおかわうち》という村で、明治三十二年生れのしなさんもその経験があると語ってくれた。「死んで生まれた子は鍋蓋であおぐ。自分の初めての子生れた時死んでいた。脚気で薬飲んだからだったろう。そしたら下男のばば（五十歳ぐらいだった）すぐに鍋蓋持ってきてあおいだ。何をするかと聞いたら、『こうすると生きっとじゃ』といった。しかし生き返らなかった」

最初に登場するちさ子さんは、熊本県天草市有明町大浦に住む大正九年（一九二〇）生まれの女性である。鍋蓋は、しばしばこの世とあの世の交渉の場で用いられるように、異界のモノに対して影響力を発揮できる道具の一つと見なされてきた。鍋蓋であおぐのは、赤子に取り憑いて命を取ろうとしている邪悪なモノを祓い除け蘇生させようとの狙いと言ってよい。この行為の主眼はモノを祓う点にあるが、同時に、鍋蓋を用いることによって赤子の不安定な魂の動揺をおさえる働きも期待されていたのかも知れない。後述するように、鍋蓋には魂を鎮め落ち着かせる俗信が見られる。

次の話には、悪霊の類に対する鍋蓋の具体的な威力の一面が示されている。愛媛県西条市小松町石鎚中村の曽我正善氏（大正十四年〈一九二五〉生まれ）の話である。

山道を歩きよったら、急に歩けんようになって座り込んでしまう。それを昔の人は、「イキアイモンに行き遭うた」と言いよったですよ。それは目に見えんけんど、イキアイモンちゅうて言うんじゃそうです。今流に言えば、森の妖精じゃわいねえ。それで、その人は動けんので、それをお呪《まじな》いするのに、おかず鍋の蓋で扇ぐんです。昔はご飯を炊く鍋と、おかずを炊く鍋と二つあったんよ。そのうち、おかずを炊くほうの鍋の蓋を、近くの家まで借りにいって、その人を扇ぐんじゃそうです。そしたら風が生臭いので、妖怪は辟易して逃げていくんですね。

で、それからまた歩けるようになる。鍋の蓋を貸すほうも、イキアイモンちゅうて知っとるから貸してくれる〔渡辺　二〇一一 a〕。

イキアイモンとは、山野などで出合うと病気になるとされる行き会い神のことである。興味深いのは、これを祓うためにわざわざおかずを炊くほうの鍋蓋を使用するという点である。曽我氏は風が生臭いため妖怪が逃げていくと説明している。斉藤たまは、岩手県普代村臼井では、「外でせつなくなって帰った者は、上がり縁にねまらせて（坐らせて）おいて、魚鍋をあぶって熱くなったものをかぶせ、それから外に向かって箕であおいだ」との俗信を紹介している〔斎藤　二〇一〇〕。外出時に行き会い神のようなものに取り憑かれたのであろう。右の俗信について斉藤は、魚鍋に意味があるのではないと言い、熱した鉄鍋に呪的な力の根拠を求めているが、この場合、あぶるのが「魚鍋」であるという点は見逃せない。「寝小便をする者に無塩鍋の蓋をかぶせると治る」（石川県鹿島町）という例も、魚を煮炊きする無塩鍋を用いることに意味があるのだろう。同齢者の死の影響を防ぐ耳ふさぎの習俗のなかにも「なまぐさを煮た鍋のふたを耳にあてる」（長崎県五島）土地がある。

妖怪が、煮たり焼いたりした魚の匂いを嫌うという民俗は節分のヤイカガシをはじめ多い。風邪を引いたときスルメを焼くと風邪の神が出ていくという俗信は各地にある。沢田四郎作は「カザのこと」という論文で、「日本の天狗、つまりグヒンサンは生臭いものを嫌うという伝承が各地にある。伊勢の栗谷という山中で、しばしば天狗らしい者に自分の小屋を窺われ、ニボシを焼くと、それがすぐ立ち去った」という話を紹介している〔沢田　一九六九〕。鍋蓋の呪的な力の一端は、煮炊きの結果として悪霊の類が嫌う生臭さものが滲みついているという点であろう。

### (3)　蓋をせずに煮炊きをするな

鍋に蓋をしないで煮炊きをするのを忌む土地は広い（青森・茨城・群馬・長野・愛知・滋賀・京都）。青森県佐井村では、「蓋のない鍋で煮物（湯）をするときは、必ず箸やまたは木片などを入れ、蓋の代用をさせる」という。忌む理由として、死者の湯灌に用いる湯は蓋をしないで沸かすから（青森・茨城・群馬・京都）との説明が見られる。安政四年（一八五七）の「土佐国安芸郡馬路村風土取縮指出控」（原本表紙欠・仮題）には、「但類族隣家一同相集大工等ハ雇越不申即志成もののかん葬用之道具相調入棺之場合身親者縄ヲタスキニ可け縄帯むすび鍋へふたをせずニ湯ヲわかし盥ニ入死人の頭ヨリ笹ニ而少しかけ批拘《サカユキ》に而かけわらお湯てニいたし湯かんをさせ」と記録されている（傍線筆者）（桂井一九七三）。現在も、高知県安芸市下尾川では、「人が死ぬと、すぐに雨だれ落ちに北向きの窯を作り、鍋の蓋を開けたままで少量の米飯を炊き、四つの握り飯にして膳の四隅に置いて供える」という。同県安芸郡室戸町や吾川郡清水村などでは、蓋を取って炊いた飯を死飯《しにめし》と呼んで忌み嫌う。安芸郡田野町で、死飯を持って山仕事に行くと怪我をするというのも、湯灌の習俗を想起するからであろう。蓋をしないままの煮炊きは非日常的な逆さまの行為と言ってよい。関連する俗信として、長野県北安曇郡では「子供の産湯は蓋して沸かす、死人の湯は蓋なしで沸かす」と伝えている。また、馬の飼料を煮るときには蓋をしない（栃木・長野）。蓋をしないで煮ると馬が負傷しない（栃木県黒羽町）といい、もし蓋をきせる（する）ときは返してきせる（長野県北安曇郡）との報告もある。栃木県茂木町では、「馬飲水《マノミズ》を沸かすときに蓋を用いると火事の際馬が馬屋から決して出ない」という。

鍋・釜などの蓋を取ったまま外出するのを忌む伝承もある。「朝、家を出づるに、鍋・壺・櫃・箱などの蓋を閉じ置くべし」（和歌山）、「一軒の主人が外出するときに釜鍋の蓋がとれ居ると其日に凶事が起る」（岐阜県岐南町）、「茶釜の蓋を取ったまま家の人が外出すると二度と帰ってこない。他人が出て行くと物を持ち去られる」（愛知県額田町）、「主人が出る時、櫃や鍋釜の蓋を取っておくと家の福がついて出る」（和歌山・徳島）などという。「家族が食事中に外出をするときお櫃、鍋等の蓋をして送り出さないと怪我をする」（愛知）というのも同想である。牧田茂は「鍋蓋考―鍋や釜になぜ蓋が必要かについて―」と題した論考で、日本の食器にはなぜ蓋のついたものが多いのかという疑問からその信仰的な意味について述べている（牧田　一九六七）。長崎県や佐賀県で嫁が婿の家へ入るとき、カマブタカブセとかナベブタカブセと称して、花嫁の頭に釜や鍋の蓋をかぶせる習わしについて、「明らかに鎮魂―嫁のたましいが実家恋しさのあまり、ふらふらと脱け出したりしないように、嫁のたましいを落ちつかせるためのマジックであったと思われる」と指摘している。そして、鍋や釜に蓋をすることについて、「蓋をすることによって、そのなかにある食べ物が持っている『たま』が脱け出してしまうのを防ごうと考えたのである」と述べている。花嫁の頭に釜や鍋の蓋をかぶせる習俗は九州から多くの報告があり、牧田が指摘するように、蓋をかぶせるという行為には花嫁を婚家に定着させるための呪的な働きが認められよう。

鍋釜に限ったことではないが、容器の蓋を取ったままの状態を忌むのは、外から邪悪なモノが侵入するのではないかという心配もあったようだ。例えば、『綜合日本民俗語彙』のヒザマの項には次のような説明が見える。

奄美群島の沖永良部島でもっとも恐れる邪神をいう。火事の起るのはこのものの所為と信じている。家にこの神がついたといわれると、ただちにユタを招いてヒザマ追出しの儀を行った。ヒザマは、空の甕や桶に宿るといわれ、これらの容器には水を入れるか、伏せておくかした。

空の甕や桶に邪神であるヒザマが宿るという。水で中を満たしておくとか、伏せるというのはヒザマの侵入を防ぐ手段だが、要は空のままで口を開けておくことの不安を物語っている。沖縄には、「カマドの後にある空ガメは常にフタをしておかなければいけない。ヒーダマ（火魂）がやってきて住むという」との報告もある。「夜、風呂桶に蓋をしないと化物が入る」（岩手県川井村）とか、「風呂にはいったあとで蓋をしないと幽霊が入る」（宮城県気仙沼市）というのも共通する心意に根差していると言ってよい。蓋の持つ呪的な働きは、かぶせることでそこにあるものを鎮めて「たま」の逸脱を防ぐだけでなく、蓋には、外部からの邪悪なモノの侵入を防ぐ役割も強く意識されていた。

### (4)　蓋と富、その他

新潟県堀之内町で、「賭け事や籤引きなどの勝負ごとに勝ったり、あみだ札がくるようにするには、近所の家の鉄瓶や鍋の蓋を知られないようにこっそり持ってきて、その場に臨むと勝といわれている」といい、石川県金沢市でも「抽選をする時、盗んだ茶釜の蓋を人に知れぬようにして臍の上にあててくじを引けば一番よいくじがあたる」という。籤を引く際、ひそかに持ち出した他家の茶釜などの蓋を持っているとあたるとの俗信を伝えている土地は意外に多い。「頼母子講に他家の鉄びんのふたをこっそり持ち出して行き抽選すれば当たる」（岩手県住田町）、「無尽を取りたい人は他人の家のお釜の蓋を人の知らぬように借りてきて置けば取れる」（長野県北安曇郡）、「柄子や薬缶の蓋を家人の知らぬように頼母子にもって行くと、富くじにあたる」（長崎県吾妻町）などという。蓋を持ち去られたあとには、当たり前だが蓋のない鍋や茶釜が残る。蓋をしないままの鍋・釜を不吉とする例は先に紹介したが、その理由の一つは福が外に出てしまうということである。静岡県志太郡では「人の出るとき茶釜の蓋を取っておくと家の福がついてでる」といい、愛知県北設楽郡でも「来客が帰るとき茶釜の蓋を取ったままで置くと福の神が出て行く」と伝えている。一方、「食事中にお客が来て、帰るとき飯びつの蓋をすると福の神が逃げない」（愛知県大府市）というのは、福神の出ていくのを素早く防ぐ行為である。こうした例から推測すると、密かに蓋を持ち去るのはその家の富の流出を謀る行為であると言ってよい。しかも、その富は蓋を持っている人間に憑いて移動するとの心意があったように思われる。それが「蓋を持って籤を引くと当たる」という言葉で表現されているのかも知れない。これらの俗信に共通しているのは、その家の者に気づかれぬように蓋を持ち去ることである。思い出すのは、以前、受験生のあいだで流行った「三越デパート前のライオンの像に誰にも見つからぬように跨れば試験に合格する」といううわさだ。鍋・茶釜は家人の身近な場所で使用する道具だけに人目につかぬように持ち出すのは容易でない。三越のライオンに人目を避けてまたがるのも同様だが、これも、厳しい条件を乗り越えればより効果（ご利益）が大きいという考えにもとづくものであろうか。あるいは「盗む」という行為に別の意味が潜んでいるのかも知れない。

蓋にまつわる俗信は実に変化に富んでいる。同齢者が死んだとき、岩手県一関市萩荘では「鍋の蓋で耳をふさいでから知らせろ」といい、三重県松阪市では「訃報に接したら、鍋蓋と皿を両耳にあてて『悪いこと聞くな、いいこと聞け』と三回唱える」という。耳ふさぎに用いる呪物はいろいろあるが、凶報を遮り身体に宿る「たま」の動揺を鎮めるためには鍋蓋は適した道具の一つと言えよう。

次に、鍋蓋に関するその他の俗信をいくつか紹介したい。

・笊に鍋の蓋をすれば産があらい（岩手県盛岡市）
・鍋蓋をいつもきれいにしておくと後産が早く下りる（新潟県十日町）

・朝、飯を炊き鍋の蓋を開けると、まず一杓を取って蓋の裏にのせ山神様に供える（宮城県蔵王町）
・鍋蓋に塩または火を置けば焦げつかぬ（和歌山県高野口付近）
・カマンタ（藁で作った鍋の蓋）を地面に捨ててはいけない。アカマター（魔性のヘビ）が入るから（沖縄県宜野座村）
・古い鍋の蓋は木に掛けておかなければならない（沖縄）
・馬を買ったとき鍋蓋で塩を嘗めさせるとねいらを病まない（長野県北安曇郡）
・雹の降るとき鍋の蓋を庭に投げると被害が少ない（栃木県芳賀郡）
・鍋蓋と鍋蓋を合わすと悪い（和歌山県川辺町）
・鍋の蓋を逆さにしておくと網のくじがあたる（山口県大島町）

## 2　鍋の俗信

### (1)　鍋づるの間からやりとりするな

新潟県山古志村では「自在鉤から下げた鍋のつるの間から物をやり取りしてはならぬ」といい、徳島県西祖谷村にも同様の禁忌がある。鍋づるのあいだから物をやり取りすると「病気になる」（岐阜県荘川村）とか、「茶碗を出すと縁起が悪い」（長野県南箕輪村）といった制裁を伴っている例もあり、兵庫県佐用町では鍋のつるだけでなく、「カンスつるの中から物の貸し借りをすると剣難にあう」と伝えている。宮城県女川町ではこの行為を忌む理由として、「葬儀終了後の開蓮忌に仏に供える団子をつくる。この粉のあまったのでサネゴという餅をつくり、自在鉤に吊るした茶釜や鍋のつるの間をとおして左右から兄弟（姉妹）で引っぱりあって、二つにちぎりわける。それ以外のときにつるの間からのやり取りは禁忌」と説明している。愛媛県石鎚村中村では、新仏のある家で十二月の巳の日に行う巳正月の習俗と結びついている。中村に住む曽我部正喜・テル子夫妻の話では、「冥堂の前で藁を燃やして餅の表裏を炙り、持ち帰って囲炉裏の自在鉤に掛かっているカンス（茶釜）の取っ手の中を一回くぐらせ、二人で引っ張り合って小さく裂き、家族で食べた。このことから、平生はカンスの取っ手の中に物をくぐらせることと、引っ張り餅を忌んだ」という〔渡辺　二〇一一b〕。女川町も石鎚村中村でも、死者との食い別れの場に茶釜や鍋のつるが登場する。女川町ではつるのあいだを通して兄弟が左右から餅を引っ張り合うというが、ここでの二人は、本来、生者と死者を演じているのであろう。このとき、つるはこの世とあの世の境界と見なされている。巳正月における茶釜の取っ手の持つ意味も同じと見てよい。

図Ⅳ-3　弦　　鍋

秋田県大内町では「弱い赤ん坊を鍋づるくぐらせれば丈夫になる」と言い、実際にそうして育てられた人がいたという。群馬県でも「子供の育たない家は鍋のつるをくぐらしてなべと名をつけるとその子は育つ」（傍線筆者）と言い、青森県八戸市では「生まれたらすぐ鍋のつるをくぐらせると丈夫に育つ」と言っている。体の弱い子を箕に入れて辻に捨てたあと健康な人に拾ってもらう習俗は方々にあるが、それと同じ心意に根差している。鍋づるをくぐることで病弱な身体を他界に捨て去り、健康な身体への再生を願う儀礼である。名前まで変えるというのは、それまでの不安な状態を徹底して払拭し切り替える狙いで、観念の上では別の子に生まれ変わらせることである。

長野県諏訪湖地方では、「こうで（空腕）のおきた時は、病む腕を鍋のつるの中へ通して病人が男なら両親の揃っている末の女の子に、女なら末の男の子に、元結か紺の糸で手首を縛って貰えば癒る。此時患者は『何を結《ゆ》う』と聞けば相手は『こうでを結う』と答えて三度唱和する」という。コウデはソラデ（空手）とも言い、過労などによる手の痛みである。群馬県甘楽町でも、「男は両親ある女の長女か末っ子に、女は両親のある男の長男か末っ子に、鍋づるを通して、糸か紐でしばってもらう。障子の間からでも、框を通してでも、股の下からでもよい」という。この呪いについて板橋作美は、「異性は性の逆転である。異性の末子は、もっとも遠い親子関係、親からみて逆の端を言っているのである」と述べている（板橋　一九九八）。ここでの末子は、当然、日常の人間関係の延長ではない。腕を通した鍋づるの向こうで糸を縛る存在は日常の向こう側の世界に属している。糸で縛るのは、コウデの痛みが出ないように結んで封じる意味であろう。新潟県佐渡の畑野町では、空腕の治し方として「男の人がなった場合、双子の姉妹の人に、朝、囲炉裏の鍋のつるの所に手を通して、紐で縛ってもらう。女の人の場合は、男の双子の人にやってもらう」という。

### (2)　つる越しの飯や汁を忌む

『禁忌習俗語彙』にツルカエシ・ツルゴシヤマゴシという項目が収められている。ツルカエシについては、「鍋の弦は必ず盛る方からは反対の側へ下して置く。之を手前へ折返すことをツルッケェシと謂ひ、弦返しの物をよそふと其人から恥をかかされるといふ（新田）」と出ている。自在鉤から鍋をおろしたあとの作法である。現在の私たちから見れば、どうでもよいような些事にうつるが、かつては、つるの位置が料理を盛る者から見てどちら側に下りているかは、安心して食事ができるかどうかを左右するほどの影響力を持っていた。もう一つのツルゴシヤマゴシの項目には、「鍋の弦越しに物を盛ることは大に忌まれる。倒してある弦を越して盛るのは容易だがやはり之を忌む（東蒲原）。此戒めを弦越し山越しと、諺のやうにして記憶する処もある（芳賀）」と見える（柳田　一九七五）。実際、この禁忌は各地で言い、群馬県でも「鍋のつるを手前にかえして茶碗によそるのは山ごしといって悪い」と言う。飯や汁を弦越し・山越しによそうと、「果報を落とす」（岩手県大船渡市）、「言い掛けにあう」（秋田）、「出世しない」（秋田・新潟）、「怪我をする」（福島県高郷村）、「縁起がわるい」（栃木県芳賀郡）、「子供が泥棒になる」（広島県加計町）、「継親にかかる」（大分県大野郡）などという。禁忌を破った際の制裁は、椀に盛った方だけでなくそれを受け取った方にも及ぶと見てよい。この俗信では、飯や汁の椀が鍋づるを越えるのを極端に警戒している。つるを手前に折り返すことを忌むのはそのためであろう。自在鉤から降ろした鍋のつるは普通どちらかに倒すため、掛けているときのようにつるのあいだからのやり取りはできない。つるのあいだでのやり取りを忌む例は先に記したが、倒したつるを椀が越えるのもそれと同じだと意識されていたのであろう。ほかにも、「茶碗を鍋越しに受け取ると朝運が悪い」（山梨県甲西町）とか、「鍋ごしで物を食べると嫁に行くとき犬にほえられる」（奈良県菟田野町）などの俗信がある。

### (3)　から鍋は炊くな

報告例は多くはないが、土地によってはから鍋を嫌う事例がいくつか見られる。から鍋とは「飯を炊く際に、水を入れずに先へ（に）米を入れること」（『禁忌習俗語彙』）である。和歌山県太地町では「空鍋に米をしかければ産が重い」と言い、同県高野口付近では「死人があると、合すりきりの米を空の鍋に入れ後から水をいれて炊き、それが煮える間に熊野の権現さんへ参って来ないと閻魔様にゴウモンかけられると言う。生前参った人はよい」と伝えている。長崎県下五島でも、「飯を炊く際に、水を入れずに先に米を入れる。葬式用の飯だけはこの順序により、常の日はこれを忌む」と言う（『綜合日本民俗語彙』）。米を入れたあとに水を入れるのは、葬式の作法なので平生にはそうした行為を嫌うというのだが、これをわざわざ「から鍋」と呼ぶのはなぜだろうか。別の言い方をすれば、鍋には常に水が入れてあるのが普通で、水より先に米を入れるとすれば「から鍋」にする必要があり、それを特別の状態として意識したのであろうか。

実際、鍋は日ごろから水を入れた状態にしておくものとされ、空にしておくことは忌まれた。青森県八戸市では「鍋釜の空いたとき湯か水を入れぬとかわき児を産む」と言う。岩手県盛岡市では「おまんまが無くなったら鍋にでもおはちにでもサット水入れろ。からにしておけば、産があらい（難産する）」と言い、同じことは福井県小浜市や大阪府豊能郡でも言う。沖縄県では「結婚式の日、婦家に於ては空のままの鍋や釜を置いてはいけない、水でも入れて置くもの。入れなければ子孫が繁盛しない」と言う。また、香川県多度津町では「へっついさんに空鍋をかけるものではない。必ず水一杓入れておくもの。水を入れておかないと産にミズがこないのでカラゴ（難産）になる」と心配する。高知県沖の島の母島で「空の鍋や薬缶を竈の上に置くと不漁になる」と言って嫌うのは、鍋の「空」から漁の「空」への連想が働いているのかも知れない。屋敷内で、空の容器に蓋をしないままにしておくのを不安視する事例については前に触れた。おそらく、鍋に水が入っていたほうが煮炊きの準備をする際の勝手がよく、また、空鍋を直に火にかけることで鍋の傷みを心配したのかも知れない。ただ、「鍋には水」という関係が日常化すると、葬送の場では反転した儀礼的行為となり、そこでの倒立した像が禁忌として日常に影を落とす。

## (4) 鍋のふちを叩くな

長野県川上村では「夜、鍋や竈のふちを叩くものではない」と言う。秋田県でも広い地域で「掛け鍋を叩けば貧乏神が喜ぶ」と言い、同県大館市では「鍋や食器類をガチャつかせると餓鬼が集まる」と言って忌む。ほかにも、「掛け鍋を叩くと扶持食《ふちく》いが来る」(岩手県東磐井郡)とか、「鍋や釜のふちを叩くと火災がある」(岡山)などと言う。和歌山県すさみ町で「鍋や釜の底をかくと貧乏になる。他家の者がその音を聞くと金持ちになる」と言うのも同類の禁忌と見てよい。いずれも、鍋や釜、あるいは食器といった食べ物に関わるモノを叩くなどして音をたてるのを忌む俗信である。禁忌を破った際の制裁には、貧乏神・餓鬼・扶持食いなどが登場する。柳田国男『遠野物語拾遺』二五六には、こんな俗信がつづられている〔柳田 一九七二〕。

蕃椒《なんばん》を一生食わねば長者になる。炉の灰を掘ると中からボコが出て来る。炉ぶちやカギノハナ(自在鉤)を叩くと貧乏神が喜ぶ。膳に向って箸で茶碗を叩くと貧乏になる。椀越しに人の方を見ると醜い嫁や聟を持つ等、どの地方でもいわれている俗信の類が、この地方にも非常に多い。また夜の火トメ(埋火)と、ヒッキリ(大鋸)の刃研ぎなどは人手を借りてするものではないともいう。(傍線筆者)

箸で食器を打ち鳴らすのを忌む俗信は広く言うが、柳田は「山の人生」で、神隠しの伝承を見ていくと、「誰でも考へずに居られぬことは、今も多くの農家で茶碗を叩き、又飯櫃や桝の類を叩くことを忌む風習が、随分広い区域に互って行われて居ることである」と述べて、次のような解釈を示している〔柳田　一九六八〕。

何故に之を忌むかといふ説明は一様で無い。叩くと貧乏する、貧乏神が来るといふもの、他に、此音を聴いて狐が来る、オサキ狐が集まって来ると謂ふ地方も関東には多い。多分はずっと大昔から、食器を叩くことは食物を与へんとする信号であって、転じては此類の小さな神を招き降ろす方式となって居たものであろう。従って一方では矢鱈に其真似をすることを戒め、他の一方では亦此方法を以て児を隠す神を喚んだものと思ふ。

柳田が指摘するように、鍋や食器の類を叩くのは食物を与える際の合図であったにちがいない。その延長に、叩く音を聞いて餓鬼が寄ってくるという想像が膨らんでいったのであろう。「貧乏になる」というのは、そうした餓えた霊に取り憑かれて財を食い尽くされる不安を表現したものである。俗信は「一行知識」とも言われるように短い言葉で表現されることが多いためか、ともすれば非体系的、断片的といった見方をされる場合が少なくない。しかし、「箸で茶碗を叩くな。叩くと貧乏する」といった一見すると意味不明に映る禁忌にも、柳田が指摘したようにその背後にはこうした伝承を生み出した習俗や、それを行なってきた人びとの心意が横たわっている。

(5)　鍋から直接とって食うものではない

鍋のなかのものを直接とって食べるのを忌む。兵庫県神戸市布引付近では「お鉢やお釜やお鍋などの大きな器からじかに物を取って食べると口の大きな子供ができる」と言い、同様のことは、群馬県、福井県小浜市、兵庫県赤穂市などでも言う。ほかにも、鍋に似た子が生まれる（岐阜・愛知）、いやしい子が生まれる（愛知県豊田市）、出世しない（栃木県芳賀郡）、縁遠い（福岡県大平村）などと言う。口の大きな子というのは、鍋や釜の形状からの連想であろう。鍋・釜は煮炊きをする道具であって、煮物や汁を銘々に取り分けて盛る皿や椀とは役割が異なる。食べ物はまず皿や椀に移しそれから口に運ぶもので、鍋から直接とるというのは、鍋を皿や椀のかわりに用いることを意味しており、道具の持つ機能の混乱を生じている。別の見方をすれば、一つの鍋に数人が一緒に、つまり同時に箸を入れることの不安を避けるためと言ってもよい。「同時に同じ」行為が誘発する相互の侵犯性は、心理的な危機意識として俗信のなかにはしばしば見られる〔常光　二〇〇六〕。

また、「妊婦が鍋に口をあてて汁を吸うと鍋の口のような大口の子が生まれる」（岐阜県輪之内町）とか、「鍋の縁へ口をつけて水を呑めば兎口が生まれる」（青森県五所川原市）と言う土地もある。板橋作美は、「やかんなどの口から直接水を飲むと三つ口の子が生まれる（新潟県燕市）」といった俗信について、「土瓶（鉄瓶、薬缶）の口から直接水を飲むことを禁ずる事例は、口が二つになることを暗示しているとも考えられる」と指摘している〔板橋　一九九八〕。

## 3　鍋墨と魔よけ、その他

### (1)　幼児の外出と鍋墨

鹿児島県和泊町では「初立《うったち》のとき、または宮参りのとき、赤ちゃんの額にナビヒグル（鍋墨）をつけ出発した」と言い、高知市布師田では「赤ん坊が三十三日たって外出するときは、その額に鍋墨をつけてやる」と言う。青森県五戸町粒ケ谷地や十和田市赤沼でも、「子を初めて外に出す時、ヤツコといって鍋墨で斜十字×を子の額に描く」と言う。江戸時代の後期に東北地方を歩いた菅江真澄も『おがのあきかぜ』（文化元年〈一八〇四〉）のなかで、「ぬかぐろに十字《やすこ》かいたる乳児《ちご》おひたる女ふたり、天神まうでしなんとてさいだつ」と書き記している（内田他　一九七三）。ぬかぐろとは額のことである。赤ん坊が初めて外出するときに額に鍋墨をつける習俗は各地に見られるが、いずれも、不安定な赤ん坊の魂が邪霊の手にかからぬように魔除けの目的で行われる。額には鍋墨や紅で、○・×・＋・大・犬などと書く。柳田国男は「阿也都古考」のなかで、「今一つの疑問は、宮参りの赤ん坊などに額に犬の字を書くのは必ず紅《べに》であるが、奥州のヤスコなどは墨で書いて居る」と述べて、「尋常の農家に有合せの絵の具としては、墨も墨、鍋墨が先づ唯一のものであった。紅が無かった時代には、世の中一般に先づ是であったろうと思う」と説明している（柳田　一九六九）。

初外出のときは親や周囲の者たちは細心の注意を払って赤ん坊を保護する手立てを講じたが、それ以外でも、かつては子どもが夜間に外出するときには悪霊との遭遇を心配する大人は多かった。高知県上韮生村あたりでは、「日没後の外出には、幼童の額に鍋墨を塗り『インノコインノコ（犬の子の意）』と呼んで魔除けの呪禁にする風があった」と言い、三重県大山田村でも「幼児が夜道歩く時には顔に鍋墨を塗る」と言う。類似の事例は枚挙にいとまないが、特に沖縄にはこの習俗が色濃く伝承されている。例えば、沖縄県本部町では「夜、赤ちゃんをおんぶして他所へ行くときは鍋の煤を赤ちゃんの額につけ、または唾をつけてアンマールミール　タルンミーナヨー（母よりほかに誰も見るなよ）と唱える」と言い、糸満市では「夜、子供を連れて歩く場合はナービヌヒング（鍋のすす）を子供の額につけ、そして『君は強い牛の子、馬の子だよ、父と母に向くのであって、よそを見てはいけないよ』と言う。これは、風邪や伝染病などの悪風、または悪霊が取り憑くのを防ぐためである」と伝えている。また、玉城村では「夜、赤児をつれて他所へいく時は鍋のススを額につけるかサンを結んでもって行く」と言う。鍋墨のほかに唾・サンも魔除けに用いられていることがわかる。唾の呪力については、山里純一が沖縄における外出時の魔除けについて、「鍋墨はハチアッチー（初歩き）の際にもつける。ハチアッチーとは出産後、一週間から一ヵ月位の間に母親が生児を抱いて実家へ行くことで、生児にとって初めての外出となる。普通は家を出る前に鍋墨をつけるが、出掛ける時は唾をつけ、実家で鍋墨をつける地域もある」と述べている〔山里　一九九七〕。唾のように身体の一部でありながら分離可能なもの、例えば爪・髪などには興味深い俗信が多い。宮古・八重山の昔話のなかには鍋墨の由来を説く話のあることが知られており、早くは『遺老説伝』所収の「生児の顔に鍋炲を点ずる由来」に見えている。

このような乳幼児の額などに×や犬などを書く行為や文様をアヤツコと呼ぶが、この習俗の歴史は古く、古記録に見えるアヤツコを分析した斎藤研一は、平安時代末期から鎌倉期における様相について、「アヤツコは、誕生後数年の間、幼少の皇子女が他所へ行啓する際に、出発に先立ってその額に『犬』字が奉書される慣習であり、すくなくとも行啓の目的、行啓先、あるいは行啓に出発する時刻とは無関係に行われるものである」と述べ、史料には現れないが、皇子女だけでなく他の階層においても行われていたであろうという〔斉藤　二〇〇三〕。

節分のような歳の変り目には悪霊が去来すると信じられ、鍋墨をつける風があった。高知県檮原町の石井今朝道さん（明治三十五年生れ）は、次のような体験を話してくれた〔常光　一九九三a〕。

歳の晩（節分の晩）じゃったが、子どもの時分にはのう、額に鍋の墨をつけよったよ。魔よけかなんかじゃなかったかな。

「お前にゃ判子押しちゃるけ、いけん」

言うて、魔ドウがひっぱらんげなこと言うた。夜、女の子らが去《い》ぬる時は、

「魔ドウが来ても、お前にゃ判子押しちゃるけ、連れていかんけ、墨ぬって去ね」

言うて、親らは言うたものよ。あいだ（平生）には
「ひたいに墨やなんか付けな」

言うて、おこられよったよ。


徳島県祖谷地方でも「節分の晩には大人も子供も鍋墨を手ですくうて額の所へつけておく」と言い、また、「生れた子が次々に死ぬと、クルマゴとよんで、死んだ子の額に墨をつけて葬ると、後に出来る子は丈夫に育つと言われている」と言う〔武田　一九五五〕。死んだ子に鍋墨をつける習俗は高知県大方町田野浦にもあり、ここでは「死んだ子どもの額に鍋墨を塗り、『もう生まれ変わってくるなよ』とまじなうふうがある。そうすると次の子が丈夫に育つ」という。子どもの額に鍋墨をつけるのは、通常は悪霊を寄せつけないためだが、クルマゴや病弱で死んだ子につけるのは、再び生まれてくるのを阻止する狙い、つまり、連続する不運や病弱を封じこめて再発を止めるためと言ってよい。

鹿児島県徳之島では、幼児が夜寝るときに体に墨などを塗ったまま寝てはいけないと言い、その理由として松山光秀は、「夜、体から遊離した霊魂が、また元の肉体に戻ってくる時に、墨などを塗っておくと、自分の宿っていた肉体を見誤る場合があるから」と説明している〔松山　二〇〇四〕。ここでの見誤るというのは、遊離した霊魂が墨のために元の体に戻れないということであろう。似た俗信に、「夜眠る時に顔に墨をつけておくと夢を見て魂がかえって来た時ビックリして這入れないでその人は馬鹿になる」（宮崎）という例がある。

## (2)　履物と鍋墨

新しい履物は夕方や夜おろしてはいけないとの禁忌は全国的である。夜おろすと、狐に化かされる（福島・長野・神奈川・三重・兵庫・鳥取・福岡ほか）という土地が多いが、変化《へんげ》にとりつかれる（徳島県藍住町）、病気になる（鳥取）なども言う。やむを得ず使用しなければならぬときは鍋墨を塗る。和歌山県すさみ町では「履物は晩におろすものではない。もしやむを得ない場合はその履物を大黒柱にはかせるか、履物の裏に鍋すみをぬってからおろすとよい」と言い、徳島県木屋平村では「新しい履物は夜はおろしてはかない。葬式の時に夜おろして棺を舁くから。もし、どうしても夜おろすときは、鍋ずみを鼻緒につける」と言う。香川県長尾町多和では、「葬式に行く草履を下すときは鍋墨を裏へ塗る。それをオウエから履いて下りる。草履を最初に下すのは朝はいいが夜はいけない。夜下ろさなければならないときは『魚取りに行くぞ』とか『大師参りに行くぞ』と言って裏へ鍋墨をつけてから下ろすといい」と伝えている。「魚取りに行く」とか「大師参りに行く」というのは、いまは夜ではなく早朝だと偽っているわけで、カムフラージュすることで化かすやもしれぬ狐狸の類いを欺いているのである。また、履物に限らず新しい衣類などを初めて使用する際には鍋墨を塗る（山梨県早川町）という所もある。

鍋墨は一般的だが、ほかにも唾をつけるとよい（鳥取県日吉津村）とか、火にあてるとよい（和歌山）とも言う。この呪いは、もっぱら草履や下駄を履いていたころの俗信だが、しかし、いまでも気に止めている人がいないわけではない。数年前、国学院大学で筆者の授業を受けていた学生が、新しく靴を買ったときにはガスの火をつけて炎の上で靴をあぶってから履くと教えてくれた。面白いことをやるなと思って、なぜそんなことをするのか訊いたところ、

「お母さんがそのようにやれと言ったからやっています」と返事が返ってきた。昔なら鍋墨をつけたところを、いまはすぐには手に入らないのでその代わりにガスコンロで靴をあぶるようになったのかも知れない。以前は、薪の使用とともに鍋・釜は身近な生活の道具で鍋墨を取るのも簡単だった。また、塗りつけやすく一端つけるとすぐには落ちない。そして何より、鍋尻を焼く火炎の勢いが結晶したものが鍋墨であり、鍋墨の呪的な力の源には火の威力が控えている。それが、魔除けとして鍋墨が広く用いられる所以であろう。ただ、この習俗の過去をたどれば、「墨と文字」の文化と交錯する歴史が横たわっているように思われる。

幼児の外出時や、夜間に履物をおろす際の魔除けとして用いる以外にも鍋墨の活躍する場面は多い。鳥取市では「搗きたての餅を焼いて食うな。もし焼くなら鍋墨をつけて焼くと祟らない」と言う。高知県幡多郡でも、搗きたての餅を焼いて食うのを忌むが、その理由として同県西土佐村や大正町では、「旧十二月初巳を『巳の正月』と呼んで餅をつく。この日の餅は、当日の朝もち米を漬け、当日ついて仏に供える。この餅を食べるときには、鍋墨をつけ焼いて食べる」からだと言う。

鍋の底についた煤（鍋墨）は、そのままにしておくと火力が伝わりにくくなるためこまめに取らねばならない。「鍋墨をよく取るほど金持ちになる」（新潟・和歌山）とか、「鍋の墨をよく取る嫁は、細かいことをよく考えている」（和歌山県南部川村）と言う。金属のヘラでカリカリとこそげ落とす光景は以前はどこでも見られたが、ただこれにも禁忌が伴っていて、「葬式ある日に鍋の墨かくな」（三重県御薗村）、「竈神さまの年取（一月三日）の日には鍋墨取るな」（新潟県川西町）、「鍋の墨は午後にはかかないもの」（千葉県下総町）などと言う。上方落語の「鍋墨大根」も、女性が鍋墨を取る作業を見かけることのなくなった今日では、話の内容が実感しづらい演目の一つかも知れない。ほかにも、「女の子が鍋墨をまたぐとこしけになる」（徳島）、「鍋の墨をかいた上へ小便をすると癲癇になる」（長野県北安曇郡）

といった伝承もある。

魔除けに呪力を発揮する鍋墨にはそれ以外の効能も期待されたようで、鍋墨を利用した呪《まじな》いや民間療法が伝えられている。「百日咳の予防には子供を鍋の弦を潜らせ手形を墨で取って手形を戸外に貼る」(秋田)という例は、先に紹介した鍋づるをくぐる俗信と併せて手形を貼る点で興味深い。言うまでもなく、病魔の侵入を阻止するための手形で、相手の目の前に突き出した手の平はこれ以上の接近を拒む意志を表したしぐさと言ってよい。また、「すり傷には、椿油で鍋墨を練って傷口につけると治る」(高知県大方町)、「腎臓炎にはまむしの骨を粉にしこれを麦飯と鍋ずみを入れて練る。それを紙につけ足の裏の土つかずへはる」(岡山)など数多い。さらに、鍋墨を飲む俗信も数々伝わっている。和歌山県高野口付近では「産の重いときは鍋墨又はおはぐろを飲ますと早い」と言い、奈良県下北山では安産促進のまじないには「汁鍋のヘソのスミ(鍋墨)を一寸かいて飲ませる」とよいと言う。そのほか、「子供がびっくりした時には、鍋ずみをのますとよい」(和歌山県南部川村)、「道で衝突して気絶した時、鍋墨をほおばらせると癒る」(愛知)、「心臓のおどる時には鍋墨と米三粒を水にとかして飲むとよい」(岐阜県八百津町)など、鍋墨の魔除け的な効用から派生したと思われる民間医療は多彩である。

### (3) 鍋を被せる、その他

ハンセン病による死者や盆の期間中に死亡した者の葬法として、遺体の頭部に鍋やすり鉢などを被せて葬る「鍋被り葬」が知られている。これについては、今野大輔が「ハンセン病差別の民俗学的研究に向けて」〔今野 二〇〇八〕で先行研究を整理して詳しく論じているので、ここでは筆者が新潟県山古志村で聞いた事例を紹介したい。

昔、隣り村の蓬平で盗みを働いた男が、追われて妻子ともども中野（山古志村）まで逃げてきた。ある農家に入って助けを求め、そこの長櫃の中に身を潜めていた。ところが、まもなく役人の取り調べが始まると、匿っていた家では盗人が隠れていることをしゃべり、突き出してしまった。このことが知れるや、たちまち大勢の村人が押しかけて、盗人を連れだし、頭に鍋を被せて生き埋めにすることにした。盗人は、鍋だけは被せないでくれ、子供の命だけは助けてくれと必死に懇願したが、その声は聞き入れられなかった。最期に男は「この村を呪って泥の海にしてやる」と言い残して死んでいったという。この辺りでは、死者の頭に鍋を被せて埋めると、再びこの世に生まれ変わることができないといわれている。今でも中野に地滑りが多いのは、この時の盗人の祟りのためだと伝えられている〔常光　一九九三b〕。

この話は村内に少しずつ変化しながら分布している。災害発生のいわれを説く伝説である。頭に鍋を被せると、「再びこの世に生まれ変わることができない」と信じられてきた。それは盗人にとっては、転生の望みを絶たれる永劫に救われない地獄の苦しみと言ってよい。伝説からの推論には限界があるが、かつて鍋被せの対象には特定の病死者だけでなく、場合によっては、共同体の秩序を乱す反社会的な行為も含まれていたのかも知れない。鍋に限らず器状のものを伏せる行為には、その場に魂を留めおき逸脱を防ぐ意味が隠されている場合がある。子どもが笊や桶を頭に被ると成長が止まるなどといって忌む俗信も、おそらくそうした呪的な効果に触れることと関係があると思われる。

天気占いの伝承も少なくない。「鍋尻に火がつくと風が吹く」とは広い範囲で言う。土地によっては「西風が起る」（岩手・奈良）とか、「火の粉が沢山つくと風」（群馬・新潟県赤泊村）、「なかなか消えないと風」（愛知県師勝町）などと言う。青木慶一郎は『群馬の天気ことわざ—現代科学との接点—』でこの俗信について、「低気圧や前線などが接近中の湿り気で、焚き木が不完全燃焼すると、鍋や釜の底に煤が着きやすく、狐火となってチカチカ赤く見える。そして間もなく低気圧などが通過し（発達すればなおさら）強い吹き返しの風が吹き出すのである」と解説している（青木　一九八六）。煮炊きの際に鍋底の煤に火がつく現象からの占候だが、事例を広く眺めると、風の前兆だけではない。「鍋尻に火がつくと晴」という伝承もほぼ全国的に分布している。鹿児島県知名町では「鍋ぬ底《なび》灰ぬ《まい》チリチリ躍《おど》ゆる時は晴《はり》」と言い、岐阜県養老町では「鍋の尻の墨に火がついてきらきらと燃えうつっていけば晴天の前兆」とされ、これをたとえて津島祭とも言った。さらに、「雨の前兆」とする土地もほぼ全国的に見られる。奈良県宇陀郡では「鍋の尻の嶽登り」と言って、鍋を焚火から離したあと「鍋尻の煤が提灯行列のように焼けると近いうちに雨が降る」と言う。滋賀県でも、鍋尻に火の粉がついて赤く焼けていくのを山焼けと言い、山焼けができると雨が降ると言う。千葉県印旛村では「鍋の真ん中から煮え立つときは上天気、端のほうから煮え立つときは天気悪くなる」と言う。変わったところでは、雨乞の最後の手段に川や池で鍋の尻を洗うという俗信もある。「九度山町では雨の森に白い鯰がすんでおり、鍋墨を流すと体の汚れるのを嫌うて雨を降らして洗うのだ」と伝えている（和歌山県高野口町）。鍋墨の力とともに、水神の嫌う金物（鍋）を水に入れることでその怒りを挑発する行為とも言える。「鍋や釜を海で洗うと津波がおこる」（沖縄県多良間村）というのも同想である。また、「雷の鳴るとき、蚊帳に入って線香を焚き鍋を叩いていると雷が落ちぬ」（愛知）と言う土地もある。

「鍋の尻が焼けると来客あり」（吉野川沿岸）とか、夢で「鍋や釜の破れるとみれば悲しみあり」（和歌山県吉備町）といった予兆も見られる。岩手県住田町で「昼、昔話をすると寺の鍋が壊れる」と言うのは、昼間に昔話を語るのを忌む「昼昔」の禁忌の一種で、通常は「寺の鐘がわれる」と言う所が多い。また、「子供を死なさずに大きく育てるには、生まれたときナベスケの底をぬいてくぐらせるとよい」（岡山県阿哲地方）と言う。ナベスケは鍋を置く藁の敷物だが、この伝承は先に触れたように、体の弱い赤ん坊を鍋づるのあいだをくぐらせる儀礼と同じであろう。鍋に関してはほかにも次のような俗信が報告されている。

・肉刺《まめ》ができたときは、糸に鍋墨をつけて教えてもらった人の名前を言いながら糸を通す（兵庫）
・鍋を取り合うと二人の仲が悪くなる（福岡県久留米市）
・鍋の上に包丁をのせると子どもが火傷する（栃木県芳賀郡）
・銅《あか》の鍋を使うときは竹の火を使わない（群馬県大間々町）
・物を煮るとき鍋の口を門に向けてはいかぬ。煮物がみな門から逃げてしまう（沖縄）
・鍋のまま牛馬に物を与えると火事のとき死ぬ（秋田県平鹿郡）
・火事のとき馬が馬屋から出ぬときは鍋を先にして出すと出る（秋田県雄勝郡）
・物忘れすれば鍋の耳をクスレば思い出す（奈良県室生村）
・鍋、釜に残った食べ物または杓子につき残ったものを舌でなめてきれいにするのは主婦に限ること（岩手県上閉伊郡）
・鍋底の飯は男に食べさせるものでない（長野県南信濃村）

〔引用・参考文献〕

青木慶一郎　一九八六『群馬の天気ことわざ—現代科学との接点』上毛新聞社
朝岡康二　一九九三『ものと人間の文化史七二　鍋・釜』法政大学出版局

板橋作美　一九九八　『俗信の論理』　東京堂出版
内田武志・宮本常一編　一九七三　『菅江真澄全集』四　未來社
恩賜財団母子愛育会編　一九七五　『日本産育習俗資料集成』　第一法規出版
桂井和雄　一九四八　『土佐民俗記』　海外引揚者高知県更生連盟
桂井和雄　一九七三　『俗信の民俗』　岩崎美術社
神野善治　一九八九　「信仰民具の位相」『信仰と民具—日本民具学会論集』三　雄山閣出版
今野大輔　二〇〇八　「ハンセン病差別の民俗学的研究に向けて」『日本民俗学』二五六　日本民俗学会
財団法人民俗学研究所編　一九五五　『改定　綜合日本民俗語彙』第一巻　平凡社
斉藤研一　二〇〇三　『子どもの中世史』　吉川弘文館
斎藤たま　一九八五　『生とものの け』　新宿書房
斎藤たま　一九八六　『死とものの け』　新宿書房
斎藤たま　二〇一〇　『まよけの民俗誌』　論創社
沢田四郎作　一九六九　『山でのことを忘れたか』　創元社
武田　明　一九五五　『祖谷山民俗誌』　古今書院
常光　徹　一九九三ａ　『土佐の世間話—今朝道爺異聞』　青弓社
常光　徹　一九九三ｂ　『学校の怪談—口承文芸の展開と諸相—』　ミネルヴァ書房
常光　徹　二〇〇六　「『同時に同じ』現象をめぐる感覚と論理」『しぐさの民俗学—呪術的世界と心性—』　ミネルヴァ書房
福田アジオ他編　一九九九　『日本民俗大辞典』上　吉川弘文館
藤原喜美子　二〇一一　『久里—ＫＵＲＩ—』二七号　神戸女子民俗学会
牧田　茂　一九六七　「鍋蓋考—鍋や釜になぜ蓋が必要かについて—」『民間伝承』二七七号
松山光秀　二〇〇四　『徳之島の民俗１　シマのこころ』　未来社
柳田国男　一九六七　『郷土生活の研究』　筑摩書房（初版は一九三五年に『郷土生活の研究法』と題して刀江書院から出版）

柳田国男　一九六八「山の人生」『定本柳田国男集』四　筑摩書房
柳田国男　一九六九「阿也都古考」『定本柳田国男集』一八　筑摩書房
柳田国男　一九七二『遠野物語』　大和書房
柳田国男　一九七五『禁忌習俗語彙』　国書刊行会
山里純一　一九九七「鍋墨の習俗と由来譚」『琉球新報』一九九七年七月八日付
渡辺裕二　二〇一一a「四国の民俗　聞き書き―イキアイモンの話」『日本民話の会通信』二一七　日本民話の会
渡辺裕二　二〇一一b「石鎚中村の死の習俗」『日本民話の会通信』二一五　日本民話の会

〔引用資料〕

○工藤睦男編『大畑町史』一九九二年、大畑町役場　○佐井村編『佐井村誌　上巻』一九七一年、佐井村役場　○毛藤勤治編『岩手の俗言』一九九二年、岩手日報社　○川井村郷土誌編纂委員会編『川井村郷土誌　下巻』一九六二年、岩手県川井村役場　○住田町史編纂委員会編『住田町史　第六巻　民俗編』一九九四年、住田町　○宮古市教育委員会編『宮古市史　民俗編（下巻）』一九九四年、宮古市　○気仙沼町誌編纂委員会編『気仙沼町誌』一九八九年、臨川書店　○本吉郡誌編纂委員会編著『本吉郡誌』一九四九年、本吉郡町村長会　○東北更新会秋田県支部編『秋田県の迷信・俗信』一九三九年、東北更新会秋田県支部　○大内町教育委員会編『迷信と俗信』一九八二年、大内町教育委員会　○大館市史編さん委員会編『大館市史　第四巻』一九八一年、大館市　○上野勇編『利根の俗信上毛民俗ノート一〇』一九六一年、上毛民俗学会　○早川町教育委員会編『早川町誌』一九八〇年、早川町誌編纂委員会　○山古志村史編集委員会編『山古志村史　民俗』一九八三年、山古志村役場　○宇奈月町史編纂委員会編『宇奈月町史』一九六九年、宇奈月町役場　○上平村役場編『上平村誌』一九八二年、上平村役場　○鹿島町史編纂専門委員会編『鹿島町史　通史・民俗編』一九八五年、石川県鹿島郡鹿島町役場　○石川県『石川県史　第五編』一九七四年（復刻版）、石川県図書館協会　○伊藤和吉ほか編『西保村史』一九六〇年、輪島市西保公民館　○南信濃村史編纂委員会編『南信濃村史　遠山』一九八三年（再版）、南信濃村　○南箕輪村誌編纂委員会編『南箕輪村誌　上巻』一九八四年、南箕輪村誌刊行委員会　○長野県編『長野県史　民俗編　第二巻（三）南信地方　ことばと伝承』一九八九年、財団法人長野県史刊行会　○南木曽町誌編さん委員会編『南木曽町誌　資料編』一九八二年、南木曽町誌編さん委

員会　○生坂村誌編纂委員会編『生坂村誌　歴史・民俗編』一九九七年、生坂村誌刊行会　○大町市史編纂委員会編『大町市史　第五巻　民俗・観光資料』一九八四年、大町市　○荘川村史編集委員会編『荘川村史』一九七五年　○岐阜県羽島郡川島町編『川島町史　通史編』一九八二年、岐阜県羽島郡川島町　○岐阜県羽島郡岐南町編『岐南町史　通史編』一九八四年、岐阜県羽島郡岐南町　○八百津町史編纂委員会編『八百津町史　史料編』一九七二年、岐阜県加茂郡八百津町　○輪之内町史編集委員会編『輪之内町史』一九八一年、輪之内町　○蛭川村史編纂委員会編『蛭川村史』一九七四年、岐阜県恵那郡蛭川村　○岩井正尾編『宮村史』一九六八年、宮村教育委員会　○養老町編『養老町史　通史編　下巻』一九七八年、養老町　○東白川村誌編纂委員会編『新修東白川村誌　通史編』一九八二年、岐阜県加茂郡東白川村　○関ヶ原町編『関ヶ原町史　通史編別巻』一九九三年、関ヶ原町　○垂井町編『新修垂井町史　通史編』一九九六年、垂井町　○恵那市史編纂委員会編『恵那市史　通史編　第三巻（二）生活・民俗・信仰』一九九一年、恵那市　○静岡県教育委員会文化課県史編さん室編『静岡県史民俗調査報告書　第九集　草木の民俗―磐田郡水窪町―』一九八九年、静岡県　○静岡県教育委員会文化課県史編さん室編『静岡県史民俗調査報告書　第一〇集　気賀の民俗―引佐郡細江町―』一九八九年、静岡県　○木村文雅ほか編『細江町史　資料編三』一九八三年、細江町　○市橋鐸『俗信と言い伝え』一九七〇年、泰文堂　○額田町史編集委員会編『額田町史』一九八六年、額田町　○西春町史編集委員会編『西春町史　通史編一』一九八三年、西春町役場　○北設楽郡史編纂委員会編『北設楽郡史　民俗資料編』一九六七年、北設楽郡史編纂委員会　○尾張旭市誌編さん委員会編『尾張旭市誌』一九八〇年（復刻版）、尾張旭市役所　○大府市誌編さん刊行委員会編『大府市誌　資料編　民俗』一九八九年、愛知県大府市　○岩倉市史編集委員会編『岩倉市史　下巻』一九八五年、岩倉市　○豊田市教育委員会　豊田市史編さん専門委員会編『豊田市史　一〇巻（資料）民俗』一九七八年、豊田市　○師勝町総務部企画課編『師勝町史　増補版』一九八一年、師勝町総務部企画課　○尾西市役所『起町史　下巻』一九五五年、尾西市役所　○御薗村誌編纂室編『御薗村誌』一九八九年、三重県度会郡御薗村　○小俣町史編さん委員会編『小俣町史　通史編』一九八八年、小俣町　○美杉村史編集委員会『美杉村史　下巻』一九八一年、美杉村役場　○『伊賀東部山村習俗調査報告書　三重県文化財調査報告書第一一集』一九七〇年、三重県教育委員会　○富森盛一『三重県郷土資料叢書第四五集　赤目の歴史と民俗』一九七二年、三重県郷土資料刊行会　○新旭町誌編さん委員会編『新旭町誌』一九八五年、新旭町役場　○郷土誌岡田下編さん委員会編『郷土誌　岡田下』一九七七年、岡田下公民館　○能勢町史編纂委員会編『能勢町史　第五巻（資料編）』一九八五年、能勢町　○竹野町史編纂委員会編『竹野町史　民俗・文化財・資料編』一九九一年、竹野町教育委員会　○佐用町史編さん委員会編

『佐用町史　中巻』一九八〇年、佐用町　○宝塚市史編集専門委員編『宝塚市史　第七巻　別編Ⅰ（文化遺産編）』一九八〇年、宝塚市　○赤穂民俗研究会編『赤穂の民俗　その二　―坂越編（二）―』一九八五年、赤穂市教育委員会　○奈良県史編集委員会編『奈良県史　第一二巻　民俗（上）』一九八六年、名著出版　○奈良県教育委員会事務局文化財保存課編『十津川』一九八一年、奈良県吉野郡十津川村役場　○下市町史編纂委員会編『大和下市史』一九五八年、下市町教育委員会　○御杖村史調査委員会『御杖村史』一九七六年、御杖村役場　○山本玄房ほか編『東里村史』一九五七年、東里村史編集委員会　○波多野村史編纂委員会『波多野村史』一九六二年、波多野村史編纂委員会　○曽爾村史編集委員会『曽爾村史』一九七二年、曽爾村役場　○那智勝浦町史編さん委員会編『那智勝浦町史　下巻』一九八〇年、那智勝浦町　○川辺町史編さん委員会編『川辺町史　第二巻　通史編　下』一九九一年、川辺町　○上南部誌編纂委員会編『上南部誌』一九六三年、南部川村　○森　彦太郎編『南紀土俗資料　全』一九七四年（復刻版）、名著出版　○太地町史監修委員会監修『太地町史』一九七九年、太地町役場　○すさみ町誌編さん委員会編『すさみ町誌　下巻』一九七八年、和歌山県西牟婁郡すさみ町　○吉備町誌編纂委員会編『吉備町誌　下巻』一九八〇年、吉備町　○岩出町誌編集委員会編『岩出町誌』一九七六年、岩出町　○由良町誌編集委員会編『由良町誌　通史編　下巻』一九九一年、由良町　○日吉津村編『日吉津村誌　下巻―歴史と行事を中心として―』一九八六年、日吉津村　○鹿野町誌編集委員会編『鹿野町誌　下巻』一九九五年、鹿野町　○島根県教育委員会編『尾原ダム民俗文化財調査報告書　尾原の民俗（本文編）』一九九六年、島根県教育委員会　○温泉津町誌編さん委員会編『温泉津町誌　下巻』一九九五年、温泉津町　○江津市誌編纂委員会編『江津市誌　下巻』一九八二年、江津市　○佐藤清明『趣味叢書第一五編　岡山県俗信千三百集』一九三五年、土俗趣味社　○加計町役場編『加計町史資料　下巻』一九六二年、加計町役場　○波多放彩『福栄村史』一九六六年、福栄村史編集委員会　○藍住町史編集委員会編『増補　藍住町史』一九八七年（復刻版）、臨川書店　○西祖谷山村史編纂委員会編『西祖谷山村史』一九八五年、徳島県三好郡西祖谷山村　○多度津町誌編集委員会編『多度津町誌―本誌―』一九九〇年、多度津町　○柳谷村誌編集委員会編『柳谷村誌』一九八四年、愛媛県上浮穴郡柳谷村　○城辺町誌編集委員会編『城辺町誌』一九六六年、城辺町　○東予市誌編さん委員会編『東予市誌』一九八七年、東予市　○伯方町誌編纂会編『伯方町誌』一九八八年、伯方町誌編纂会　○十和村史編纂委員会編『十和村史』一九八四年、十和村　○芦屋町誌編集委員会編『芦屋町誌』一九七二年、芦屋町役場　○岡垣町史編纂委員会編『岡垣町史』一九八八年、岡垣町　○水巻町郷土誌編集委員会編『水巻町誌　全』一九六二年、福岡県遠賀郡水巻町教育委員会　○『西谷　その歴史とその民俗』一九六五年、小倉郷土会　○久留米市史編さん委員会編『久留米市史　第一巻』

一九八六年、久留米市　○久留米市史編さん委員会編『久留米市史　第五巻』一九八六年、久留米市　○武雄市史編纂委員会編『武雄市史　下巻』一九八一年、国書刊行会　○大和町史編さん委員会編『大和町史』一九七五年、大和町教育委員会　○吾妻町編『吾妻町史』一九八三年、吾妻町　○井之口章次『日本の葬式』一九六五年、早川書房　○水俣市史編さん委員会編『新　水俣市史　民俗・人物編』一九九七年、水俣市　○佐土原町史編纂委員会編『佐土原町史』一九八二年、佐土原町　○和泊町誌編集委員会編『和泊町誌（民俗編）』一九八四年、鹿児島県大島郡和泊町教育委員会　○下野敏見『種子島の民俗Ⅱ』一九九〇年、法政大学出版局　○町誌編纂委員会編『知名町誌』一九八二年、知名町役場　○東郷町郷土史編集委員会編『東郷町郷土史』一九六九年、鹿児島県薩摩郡東郷町　○中種子町郷土誌編集委員会編『中種子町郷土誌』一九七一年、中種子町　○島袋源七『山原の土俗』一九七七年（復刻版）、名著出版　○金城繁正編『玉城村誌』一九七七年、玉城村役場　○むぎ社編集部編著『沖縄の迷信大全集一〇四一』一九九八年、むぎ社　○沢祇字誌編集委員会編『字誌たくし』一九九六年、沢祇字誌編集委員会　○宜野湾市史編集委員会編『宜野湾市史　第五巻　資料編四』一九八五年、宜野湾市　○呉我誌編集委員編『呉我誌』一九七六年、呉我区　○仲田栄松編『備瀬史』一九九〇年（復刻版）、ロマン書房　○北中城村史編纂委員会編『北中城村史　第二巻　民俗編』一九九六年、北中城村役場　○宜野座村誌編集委員会編『宜野座村誌　第三巻　資料編Ⅲ　民俗・自然・考古』一九八九年、宜野座村役場　○糸満市史編集委員会編『糸満市史　資料編一二　民俗資料』一九九一年、糸満市役所　○多良間村誌編纂委員会編『村誌　たらま島』一九七三年、多良間村

# 五　俗信と由来譚——中国浙江省の調査から

## はじめに

平成十四年（二〇〇二）から五年まで、神奈川大学の福田アジオ氏を代表とする「中国江南沿海村落の民俗誌的研究」（科学研究費補助金）に参加する機会を得て、主に俗信について調査を行なった。調査地は、浙江省象山県東門島及び温嶺市石塘鎮で、東シナ海に面した沿海部の村落である。

成果の一端は『中国江南沿海村落民俗誌』（神奈川大学大学院歴史民俗資料学研究科）、『昔話伝説研究』二七号に発表した。筆者が歩いたのはごく一部の地域にすぎないが、それでも俗信について考えるうえで触発されることが多かった。本章では、聞き取り調査にもとづく資料をもとに、俗信について述べてみたい。

## 1　猫を木につるす由来

猫が死ぬと首に縄をかけて木につるすという習俗はよく知られているだけでなく、いまでも一部では行われている。

人によっては、猫の首に金色の紙を巻いて縄でくくり木につるす（石塘鎮東興村）、お札を首に巻いて紐で木につるす（石塘鎮里箬村）という例もある。つるす木は特に決まってはいないようだが、山の中の高い木につるす（東門島・石塘鎮）、お墓の近くの木につるす（東門島）、城隍廟あたりの木によくつるしていた（東門島）などという。印象深い習俗だけに、つるすようになった訳についてさまざまな説明がなされており、昔話としても語られている。飯倉照平編訳『中国民話集』には、この習俗の起源を説く「猫と虎とネズミ—虎に木登りを教えなかった猫—」という福建省の話が紹介されている。

昔、虎はのろまでわからずやだったため、ほかの動物から馬鹿にされていた。あるとき、ネズミの家の壁の穴からとなりに住む猫のようすを覗き見てその技の一部を覚えた虎は、全ての技を知りたいと思い猫の弟子になる。やがて、あらゆる技を身に着けた虎は、突然、師匠の猫を裏切る。以下は虎が猫を襲う場面である。


　ある日のこと、いつものように猫を背中に乗せて出かけた虎は、猫が気を許したすきに地面へふり落とした。それから猫にとびかかって、体じゅうをひっかき血だらけにして、死にそうな目にあわせた。猫はあわてて木の上にかけのぼった。この技だけがまだ虎に教えていなかったのは、猫にとってほんとに幸いだった。

　とらは眺めているだけで手の出しようがなく、石の壁によりかかってどなりちらした。

「死んだ猫は木につるせ。死んだ猫は木につりさげろ」

猫も負けずにどなりかえした。

「死んだ虎は壁にかけろ。死んだ虎は壁にさげろ」

猫と虎が仲たがいをしたのを知って、ネズミは危険を感じ、夜のうちに逃げだして山をおりた。そして昼は外に出ないようにし、夜になると出てきて食べ物を盗んでたべた。しかし、猫から逃げきるわけにはいかなかった。あとを追って山からおりた猫は、ネズミを爪でひっかけてかみつき、腹のたしにした。それからは、山の上では虎が百獣の王となった。

いまでも猫と虎とネズミはあいかわらずかたき同士だし、いまでも虎は木に登れない。またいまでも、人々は死んだ猫を木につるし、打ちとった虎をしばらく壁にかけておいてから皮をはぐのである〔飯倉　一九九三〕。

猫が死ぬとなぜ木につるすのかその由来を説明する昔話で、類話は台湾にも伝承されている。こうした話が生まれる背景に、死んだ猫を木につるすという習俗があるのは言うまでもないが、それではなぜ木につるすのだろうか。その理由について尋ねたところ、次のような説明を聞いた。

1　猫には七つの命があるので、つるさないと生き返る。つるせば生き返らない（東門島）。
2　猫は七つの命を持っているので七回生まれ変わる。つるすと生まれ変わってこない（東門島）。
3　人のあまりいないところの大きな木につるす。猫には七つの命があり、土に埋めると復活する（東門島）。
4　土に埋めると猫は七人の下女に生まれ変わると伝えられている。猫をつるした縄が腐って落ちるのはかまわないが、そうでないのに猫が落ちるのはよくない。そのときは、結びなおしてつるす（東門島）。
5　木につるす位置は高いほどよい。こうすると、来世で人になれる（東門島）。
6　木につるすと閻魔様が自殺をしたと思うが、つるさないと殺されたと思って仕返しにくる（東門島）。
7　つるさないと、仏様は猫が殺されたと思って仕返しにくる（東門島）。

8　猫は鼠をとってくれた（獲って食った）から、鼠に死体を食べられないようにつるす（石塘鎮）。
9　猫は十二支に入っていないので土には埋められない（東門島）。
10　木につるすのは、猫が天国にいくため。土に埋めるとえんぎがわるい（東門島）。

8以外はすべて東門島の事例である。ところで、死んだ猫を木につるす習俗はわが国の南西諸島でも行われていた。沖縄島中部の民俗を記した佐喜真興英の『シマの話』に、「猫が死んだら島人は屍の首をくくって森の木に下げた。猫を地中に埋葬することは絶対になかった」とあり〔佐喜真　一九七四〕、島袋源七の『山原の土俗』にも、「猫が死んだら銭六厘を添えて木にかけておくこと。喘息を病むから」と見える〔島袋　一九七四〕。大木卓は『猫の民俗学』で、猫の葬法をめぐる沖縄の習俗を取り上げたなかで、「猫が死んだら樹にかけるというのは大陸東南部辺に古くからある習慣らしく、明の『潜確居類書』に『玉屑』を引いて、〈猫死不埋在土、掛干樹上〉とあるのは沖縄でいわれたことと同じです。（中略）要するに中国東南部の福建省の各地にこの習慣が伝わっていたのですが、なぜそうするかというわけは一般人にはわからなくなっていました」と述べて、中国の東南部からの伝播を示唆している〔大木　一九七五〕。

木につるすわけについて、大木は沖縄で猫をアダンなどの常緑樹にかけることに注目し、「猫の樹上葬には、憑き祟る死霊を畏怖した時代の信仰の名残りがあって、憑物動物である家畜の猫を神聖視し、乃至はその霊力を怖れる心持が特別に残って、その死に当っては由来した常世へ戻すために、乃至は冥界の神のもとに捧げ、新たな再生を願う心が、そうした神の依代であり常世の生命の象徴である常緑樹に掛けることで成就するとしたのではないか」と推測している〔大木　一九七五〕。永野忠一は『猫の幻想と俗信』で、恵原義盛の『奄美生活誌』に「猫は天から遣わされたものであるとし、これが死んだらその死体は破損して使用に堪えなくなったテル〔負籠〕やイビラク〔魚籠〕に入れて樹上につるします。なるべく人家から離れている海岸のアダンの木の枝に下げます。天にその霊を返すとの考えからのようです」〔恵原　一九七三〕という報告をもとに、「猫はニルヤの使者とする思想から、猫の屍―猫だまが昇天し再生することを願うことに相違ない」と大木に近い解釈をしている〔永野　一九七八〕。永野の言う再生は天に帰る意味で、木につるすのは「少しでも地上を離れて天に近くと願う人々の熱烈な心の表白である」という〔永野　一九七八〕。

筆者が東門島で聞いた話のなかにも、つるすのは「猫が天国にいくため」「来世で人になれるから」という例があったが、しかし、もっとも多かったのは事例の1～4のように、猫には七つの命があるのでその生まれ変わりを阻止するためにつるすというものだった。そこには、猫の霊を他界に送り込むためというよりも、地中に埋めると生まれ変わるが、中空につるすと生まれ変われないという観念が読み取れる。何ゆえ猫の生まれ変わりを忌むのか、そのわけについては「下女に生まれ変わるから」という話しか聞くことができなかったが、その背後には魔性のモノとしての猫が帯びている性格が横たわっていそうだ。『台湾風俗誌』には、「死猫吊樹頭即死したる猫は必ず樹枝に懸け吊すの意なり。本島人の迷信若し猫の死屍を地に埋め雨に湿ひ日中に露出する時は妖怪となりて人を害す。若し樹枝に吊せば干燥して人を害せず再び猫となりて生ると云ふ」と見える〔片岡　一九八三〕。沖縄県国頭郡大宜味村では、猫は普通の動物とはちがい化けて出たりするので、死ぬと古いザルに入れ、海岸近くのアダンの木にぶら下げたという〔平良　一九七〇〕。多様な猫の葬法のなかでも、死体を木につるすという習俗の背後にうかがえるのは、地中に埋めると何らかの負の要素を帯びた存在として生まれ変わる可能性があり、中空に晒すのはそれを阻止する手段だという点である。木につるすのは、「閻魔様が自殺をしたと思う」からとか、「鼠に死体を食べられないため」「猫は十二支に入っていないから」などの説明はのちに生まれた変化形であろう。

猫が死ぬと木につるすが、犬が死ぬと海に流すという話もよく耳にした。例えば、石塘鎮東興村では「猫が死んだら木につるすが、犬が死んだら縄でくくって海まで引っぱっていき、海に流す」という。ただ近年は、「猫は木にかけ、犬は海に流す」という習俗も廃れつつあるようで、「猫が死ぬとむかしは木につるしたが、いまは海にすてる。年寄りのなかにはいまでも木につるしている者がいる」（石塘鎮東海村）とか「猫が死ぬとむかしは縄でくくって木につるしたが、いまは海にすてる」（石塘鎮小箬村）という人もいた。犬が死んだら海に流す習俗は『奄美生活誌』にもみえている〔恵原　一九七三〕。

## 2　蛇の禁忌と由来

蛇を指さしてはいけないという禁忌も、日本同様、広く知られているが、その伝承内容には話者によって変化が見られる。いくつか紹介してみよう。

・蛇を指さすと、指が腫れたり切れることがある（東門島）
・蛇を指さすと、その指は蛇になる。さしたときは、反対の手を手刀にしてさした指を切るとよい（東門島・石塘鎮里箬村）
・蛇を指さすと、指がくさる。さしたときは、唾を三回吐く（東門島）
・蛇を指さすと、蛇が仕返しをする。さしたときは、両手の人差し指の先をくっつけてほかの人に手刀で切っても

らう（東門島）

・蛇を指さすと、指が蛇の形のようになる。さしたときは、両手の人差し指の先をくっつけて、それを誰かに切ってもらうが、このとき、切る人が「あなたは鋭い刀がよいか、鈍い刀がよいかと」と訊く。「鋭い刀」と答えると切る。「鈍い刀」と答えてはならない（東門島）

・蛇を指さすと、蛇のような細長いものが指に入る（石塘鎮東興村）

・蛇を指さすと、蛇の毒が指先から入る。さしたときは、ほかの人にその指を手刀で切ってもらう。さすときは、親指を隠したにぎりこぶしでさせばよい（石塘鎮東興村）

・蛇を指さしたら、田蟹花という草をとってきて指につける（石塘鎮海浜村）

・蛇を指さしたとき、ほかの人の名前を呼んではいけない。その名前の人に蛇が仕返しをするかも知れないから（石塘鎮東湖村）

蛇の指さしの禁忌一つをとってもこれだけの変化があって興味がつきない。日本でも、禁忌を犯すと指がくさるなどと言い、指に唾を吐きかけたり指を切るしぐさを行う。鈴木棠三の『日本俗信辞典』には、蛇を指さしたときの呪《まじな》いとして、「指が腐らぬようにユビキリをする。ユビキリには、指を切るまねをする（岩手・神奈川・和歌山・島根・大分）のと、親指と人さし指でつくった輪（あるいは菱形）を切ってもらう（福井県小浜市）か、或いはその変形などがある。前者の中にも、ダンキダンキと言いながら鉈で指を切るまねをする（秋田県雄勝郡）、他の子にユビキリをしてもらう、それには手を斜めにしてその指を三度たたく（福島）、ヘビをさした指を他人の食指で自分の年の数だけ切るまねをしてもらう（長野県下伊那郡）、など種々のやり方がある」と見えている〔鈴木　一九八二〕。切るというしぐさによって蛇の影響を断ち切ってしまおうという意図は共通している。どうしても、蛇を指ささねばならぬときには、握りこぶしをつくってさす（石塘鎮里箬村）とか、蛇を指さすときは、親指を握り隠した形のこぶしでさすとよい（石塘鎮東興村）というが、日本でも「ヘビを指さして指が腐らぬようにするためには、握りこぶしでさせ（三河・加賀・紀伊・播磨・安芸・周防）、親指を隠して指させ（富山県小矢部市）」と言っている〔鈴木　一九八二〕。また、蛇は特別に執念深い動物とされ、日中ともに蛇の半殺しを忌む。蛇を殺すときには完全に殺す。半殺しにするとあとから仕返しをされる（石浦鎮沙塘湾）とか、蛇は生殺しにするな。頭を完全につぶさないと仕返しにくる（石塘鎮東興村）などという。

調査は、特定の話者のもとを何度も訪ねるやり方ではなく、廟のなかや道端で出会った人から聞くことが多かった。特に、廟は信仰の対象としてだけでなく、地域の人びとのコミュニケーションの場で、さまざまな人が出入りする空間である。ここで話を聞いているとすぐに周りに人の輪ができる。俗信は身近な話題だけに、筆者の問いかけに対して周りの人からさまざまな反応がかえってくることもしばしばだった。同時にいろいろな発言が交錯して、収拾がつかなくなったこともあったが、ときには、話者の話した内容に触発されるように新たな話題が飛び出して、さらに興味深い話に展開することも少なくなかった。

平成十七年の夏に禹王廟で、陳永義さん（六十五歳・男・東興村）から話を聞いていたとき、陳さんが「蛇に噛まれた夢は、殺された蛇が仕返しにきているためだ」と言ったのを受けて、たまたま傍で耳を傾けていた汪玉彩さん（六十四歳・女・東興村）が次のような話をした。

昔、ある夫婦が山の中に住んでいた。あるとき男が薪をとりに山に行き、刀で木を切ろうとしてそこにいた蛇の体を切ってしまった。男は二つに分かれた蛇の体の尻尾のほうを持ち帰った。そして、川の近くに埋め、その上に石を置いて「この川の水がふえてこの石を流したら仕返しにきてください」と言った。あるとき大雨がふって川の水がふえ、本当に石を流してしまった。夜、男が蚊帳の中で寝ていると、蛇の頭の方があらわれて蚊帳の上の穴から入ろうとした。しかし、刀で切られた切り口が大きくなっていたため、そこがつかえて下りられなかった。そこに奥さんがきた。奥さんは夫の名前を呼ばずに、ゴザを取り出して起こした。蛇は逃げていった。

この話を語ったあと、「だから蛇は生殺しにするな。頭を完全につぶさないと仕返しにくる」という俗信に結びついていた。これからさらに「家の中の蛇は殺してはいけない」という禁忌に移っていった。右の話は、俗信の由来譚として伝承されていることがわかる。このような由来譚が日本にあるのかどうか定かでないが、ただ、殺された蛇が報復のため夜間に侵入してくるとの例は少なくない。蛇を殺すと、夜になって寝間へおそってくる（和歌山）、枕元へ来る（広島）、晩に化けてくる（奈良・愛知）、夜仇をとりにくる（長野）などと言って心配する〔鈴木　一九八二〕。

俗信とその由来を説く伝承が日常生活のなかで生きている例は、庭木の禁忌でも聞くことができた。「ビワは庭に植えてはいけない。実ができるころに植えた人が亡くなる」（石塘鎮東湖村）とか、「ビワの木を植えてよいのは老人だけ。子どもは植えてはいけない。ビワは成長して実をつけるようになると誰かが死ぬから」（東門島）などと言う。ビワの禁忌は日本でも一般的で、屋敷にビワを植えると病人が絶えないとか、主人が死ぬなどと言って嫌う。庭木としてビワを忌む理由については、寺に植える木だから民家に植えるべきではない（千葉・東京）、葬式のときビワの葉を飾りにつけるので、この木を植えると死ななければならない（福井県三方郡）、ビワの木は葬式の時の天蓋につけるので、庭に植えてはならない（大分県南海部郡）などさまざまだが、なかでも葬式の際に用いるためとの説明が多いようだ〔鈴木　一九八二〕。井之口章次も、禁忌の背景には、葬列の野道具の竜頭の耳などにビワの葉を使うところがあることからの連想を指摘している〔井之口　一九七五〕。

先の、汪玉彩さんは子どものとき、姉と一緒に枇杷の木を植えようとしたら、母親が止めて、次の話をしてくれたという。

昔、家に二人の息子がいた。ある日、二人の息子は一本ずつ枇杷の木を植えた。だんだん大きくなって一本の木に花が咲き、実がなったが、するとそれを植えた息子が病気になって死んだ。やがて、もう一本の木に花が咲き実がなると、息子が病気になった。母親は二本の枇杷の木を切ってしまった。すると息子の病気がよくなり死なずにすんだ。だから若い人は枇杷の木を植えてはいけない。お年寄りは植えてもよい。

ビワの禁忌の由来譚である。汪さんによればこの話は典故（故実）にあるという。お年よりは植えてもよいというのは、実のなる頃には死ぬからということのようだ。日本でも、加賀では、実生のビワが成長して、実がなる年に種を播いた人は死ぬと言い、千葉・福井・三重・奈良県では、植えた人が死ぬまで実がならぬと言う。それで、ビワは老人が植えるものだ（福井）と言う〔鈴木　一九八二〕。鈴木棠三は『日本俗信辞典』で、岡山県の「ビワは死ねなろう」という伝承について、「この意味は、植えた人が死ぬ頃にならぬと、実がならない。本来は、結実まで長年月を要することをいったものであるが、逆の解釈をされて、ビワが人の死を好むもののようにいわれたのだ、との説明もある」と述べている〔鈴木　一九八二〕。

## 3　漁・海に関する俗信――温嶺市石塘鎮

沿海部の村落では、六十歳以上の男性の多くが漁業に携わった経験を持っている。それだけに漁や海に関する俗信は豊富に伝承されている。海上で水死体（元宝）を見つけたときにどうするかという対処の仕方についても、実際に遭遇した体験があるかないかは別にして、多くの人が似通った知識を持っている。男の元宝は上向きに、女は下向きに浮いていると誰もが言う。郭修喜氏によれば、まず、漁師は元宝に向かって、「あなたを港まで連れて行くが、あなたは私たちの船を守ってください、豊漁にしてください」と言うと言い、陳其才氏も、「これから一緒に帰りましょう。よろしく船を守ってください」と声をかけるものだと教えてくれた。元宝を捕捉するには、先を輪にした縄をつくって投げ入れ、「帰りたければ輪の中に入ってください」と言うと不思議に自分から入るものだという。縄ではなく、布団のカバーを投げ入れ、それに元宝を入れるという例もあった。元宝の浮いている向きが反対の場合の対応はまちまちで、向きに関係なく連れて帰ると言う人もいれば、反対の場合は連れて帰らないと言う人もいた。陳其明氏は、「村に帰りたければひっくり返れ」と声をかけるものだという。反対の向きで浮いている元宝は、「神様を信仰していなかったからだ」とか「行いが悪かったからだ」と説明されるように、生前の行いがよくなかった結果と見られている。

元宝を補捉する縄を引っぱると輪がしまるようになっている。元宝は船の中に上げて連れ帰る場合と、縄の先につけたまま港まで引いて帰る場合がある。連れ帰った元宝は身元がわかればかえす。家族に会うと元宝は鼻血を出すという説明も共通している。金子林氏は、四十代のときの体験として、他人が連れ帰って海辺に置いていた元宝に奥さんが面会したとき本当に鼻血を出したのを見たと話してくれた。身元のわからない元宝については、船の乗組員で簡単な葬式をするが、そのやり方や埋葬地は必ずしも決まっているわけではないようで、話者によって一定していない。元宝を連れ帰ったためにその後、漁運に恵まれたという話はよく耳にしたが、反対の話も伝えられている。郭修喜氏は「二、三十年前、ある船が元宝を見つけたが上げずに漁を続けた。翌日にも同じ元宝が現れたがやはり上げなかった。しかし、その船は暴風雨に遭って三人も死んだ。元宝を上げないと安全面でもよくない」と話してくれた。

水死体に関する伝承を紹介したが、ほかにも漁に関する俗信、特に禁忌の類は少なくない。例えば、船中で「鬼」「死ぬ」「苦しい」「沈む」「ひっくり返る」「風」といった言葉を口にしたり、大声を発するのを忌む。不吉な言葉だけでなく、「船の中で口笛を吹いてはいけない。風がでる」「船の便所では左の手は使ってはいけない」「歌をうたうな。魚が逃げる」などの禁忌もある。口笛の禁忌は日本でも言うが、鄭達春氏によれば、「昔、帆船の時代には、風が無いと風が出るように口笛を吹いた」こともあったという。以前は女性を船に乗せるのも嫌ったという。また、食事中に魚の目玉を食べると船に描いてある目が魚を探せなくなるとか、皿の中の魚をひっくり返して食べると出漁中の船がひっくり返るといった類感に基く禁忌も見られる。そのほか、船に止まった鳥による吉凶も興味深い。帆柱に撤尿婆鳥が止まるのは凶とされ、そのときには飯を炊く棒で帆柱の下を叩いて逃がすというが、一方、ツバメが船に止まるのは吉兆とされている。

生後一カ月以内に死んだ子どもは、山の墓に埋めずに海に流すということが以前には広く行われていたようだ。石塘鎮里箬村では、「生まれて一カ月以内に死んだ子どもは昔は海に流した。子どもは裸で莫蓙のようなものに包む。莫蓙の中には何も入れない。家族が海岸に流しに行く。昔は海に流している子どもをよく見かけた。一カ月以内の子どもは人間ではない。以前はへその緒を切る鋏が不衛生で七日以内に死ぬ子どもが多かった」と聞いた。石塘鎮小箬村のK氏は、「赤ちゃんが一カ月以内に死ぬ（夭死人）と茣蓙に包んで海に流した。流すのは母親以外の家族の者。土葬すると生まれ変われないが、海に流すと生まれ変わることができる。二十年ぐらい前までやっていたが、その後、海に流す人と土に埋める人に分かれた」と話してくれた。山の墓に埋めると犬が掘り出して食べるともいうが、この民俗に共通しているのは、一カ月以内に死んだ子どもは人間ではなく、海に流すことで生まれ変わることができる、あるいは、早く生まれ変わってくるという観念である。

本章では、猫の葬法と蛇・ビワに関する禁忌、海の俗信について紹介したが、調査で記録することができた約八百の俗信のなかには、日本の伝承と共通するものが少なくない。今後は俗信研究の分野においても、東アジアの伝承を視野に入れた考察が進むものと思われる。

〔引用・参考文献〕

飯倉照平　一九九三『中国民話集』一八七〜一九〇頁　岩波書店
井之口章次　一九七五『日本の俗信』弘文堂
恵原義盛　一九七三『奄美生活誌』一〇九頁　木耳社
大木　卓　一九七五『猫の民俗学』一〇五〜一一〇頁　田畑書店
大林太良　一九七七『葬制の起源』角川書店
片岡　巌　一九八三『台湾風俗誌』青史社
佐喜真興栄　一九七四『シマの話』『日本民俗誌体系』一一　角川書店（初版は一九二五年に郷土研究社から発行）
島袋源七　一九七四『山原の土俗』『日本民俗誌体系』一一　角川書店（初版は一九二九年に郷土研究社から発行）
鈴木棠三　一九八二『日本俗信辞典―動・植物編』枇杷の項目　角川書店
平良豊勝　一九七〇『喜如嘉の民俗』沖縄療友会印刷

常光　徹　二〇〇六「漁と海に関する俗信」福田アジオ編『中国江南沿海村落民俗誌―浙江省象山県東門島と温嶺市箬山―』神奈川大学大学院歴史民俗資料学研究科
常光　徹　二〇〇七「資料　中国浙江省像山県東門島の俗信（一）」『昔話伝説研究』二七
永野忠一　一九七八『猫の幻想と俗信―民俗学的私考―』五〇～六二頁　習俗同攻会

# V

# 伝説の時間と昔話の時間

研究史素描

# 一　伝説と昔話――伝説の三つの特徴

## はじめに

たしか明治四十三年に、私が『遠野物語』という書物を世に公けにした時に、その終りの所に遠野地方のムカシコが二つほど載りました。之はその著者が、偶然に子供の時の記憶を持って居ただけであって、それを筆記した私までが、まだ此時には「昔話とは何ぞや」という事を考えて見ようともしませんでした。

柳田国男が、昭和二十三年（一九四八）に刊行した『日本昔話名彙』の序文の一節である。『遠野物語』は、今日の分類で言えば世間話が大部分を占めるが、野村純一は、そこに顔を出している伝説と昔話の扱われ方から、口頭伝承に対する当時の柳田の認識を推して「『遠野物語』成立の頃、柳田の裡には伝説と昔話、あるいはそれらと世間話というように、後、これを民間説話の三本柱に見立てることへの用意は疎か、伝説と昔話を截然と画するそうした見解はまだ未分化のままに、おそらくはこれを一括して民譚、もしくは民間説話の一端として掌握する思いがあったに過ぎなかったと察せられる（1）」と述べている。『遠野物語』誕生の前後、柳田のうちで未分化の状態にあったハナシの群は、やがて「伝説」「昔話」「世間話」といった用語で区別され、その範囲と特徴が明示されてくる。今回、編集部から筆者に与えられた「昔話と伝説」というテーマの設定を考えてみても、そうした状態に彫り刻まれた分類という概念を前提とした発想であるのは言うまでもない。柳田の研究は伝説への関心からスタートをきった。その後、昔話研究に手を染めていくが、しかし、どのような状況と経緯のなかで「伝説」と「昔話」を発見し、創造してきたのかについてはよくわかっていない。というよりも、本当にわかるということはありえないだろうが、本章では、まず、明治の終りから昭和初期までの著作のなかに残された記述を手がかりに、その間の研究の足跡を簡単にたどってみる。そのうえで、柳田が重要な指標とした「伝説の三つの特徴」を検討してみたい。

## 1　伝説・昔話への関心

### (1)　信仰と伝説

明治四十三年（一九一〇）二月に発表した「十三塚」(2)は、伝説について触れた最も早い時期の論考だろう。文献から抄出した十三塚の所在と、地名に見える十三塚の所在を列挙したあとに、「土地の口碑の軽視すべからざるは勿論なり。殊に戦死者を埋めたりと言う伝説の如きは、東西の諸国に亙れり」と述べた。簡単な記述だが、十三塚の疑問を解くにあたって、塚の由来を語る言葉を伝説と呼び、土地に伝わる口碑を視野に入れる必要性に触れているのは示唆にとむ。同年十二月には続編を『考古学雑誌』に書いているが、二編ともその狙いは、各地に分布する十三塚について、特に塚を境に築く風習や信仰、十三の名義を解き明かすことに置かれている。ここには、まず解明したい目的があって、塚にまつわる言い伝え、つまり伝説への関心はこの目的に接近していく手がかりを得ようとするための素材と見てよいだろう。

また、この年（明治四十三年）の十二月には、長者伝説以下十六種の伝説を手短に解説した「伝説の系統及分類」(3)を発表している。高木史人は、『遠野物語』が刊行された直後にこの文章が著されていることについて、「『遠野物語』の中に出てくる『伝説』の語が、現在いうところの『伝説』のように、『昔話』と一対の語として意味づけされていなかったのにもかかわらず、現在の『伝説』の語との間にそれほど意味の違いを認めにくい」(4)と鋭い指摘をしている。そして、この時期柳田が実在を信じて収集していた山人に関する「見聞談」に注目し、「『現在』の『見聞談』と『原始』をつなげるための手段として『伝説』が創造された」のではないかとの見解を示した。

今ここで、山人との関連を評する用意はないが、高木が注目したように、柳田の伝説観を探るうえでは見逃せない論考であるのはまちがいない。それは、伝説に対する関心の持ち方、興味の所在がかなり明確に示されているからだ。

・道教の説に従えば金も鶏も共に西方の象徴で、又太陽信仰とも因縁がある。（中略）金鶏伝説は時として山神の信仰とも結合して居る。（金鶏伝説）
・自分は隠里の伝説を以て岩窟の信仰と関連するものと信じて居る。（隠里伝説）
・外国に亙って類型の多い宝物の神話は、日本に於いては終に此の如き世話女房の伝説に変形して居る。（椀貸伝説）
・石の数が天然に殖えて行くと言う信仰は同時に子安神の本原であろう。（生石伝説）
・女神信仰の最後の変形と見て宜しい。（姥神伝説）

・神に奉仕する婦人が神の特恵を受けて長命であったと云信仰は古くから有ったものらしい。（八百比丘尼伝説）
・三女神伝説は古代に於いて宗像神の信仰と結合して居るらしく思われる。（三女神伝説）
・山神に馬を結び付けた諸国の信仰には、別に何か由来があるらしい。（神馬伝説）
・飲料の外耕作の為にも水の大事な日本で、不測の溜水を霊視するのは川童を待たずして既に動かぬ信仰でもあったであろう。（硯水伝説）

「伝説の系統及分類」から抜き出してみた。柳田が掲げた事例には、このように何らかの点で信仰との交渉を解説するものが多い。明治四十三年に柳田が分類した伝説が今日一般に理解されている伝説の概念と重なり合うとの指摘は、習俗や信仰と脈絡を持つと見なされる具体的な物や場所などにまつわって、もっぱらその由来を説く言い伝えを伝説と見なす姿勢を手放さなかったということでもある。伝説の根幹に信仰との影響関係を常に見据えていたことは、「一目小僧その他」などの諸論に明らかだが、それを端的に表現しているのが次の言葉である。

昔話が追々に研究せられて来ると、如何に内容では縁の深いものがあろうとも、其成り立ちからみて伝説はハナシで無い。その世に伝わって居るのはコトであって、コトバで無かったことを感ぜずには居られない。（「昔話覚書」昭和十年〈一九三五〉）

コトとは、信仰現象をさしている。つまり、伝説を信仰現象から読み解くところに研究の基軸を置いた姿勢は、終始変わることがなかったと言ってよい。しかし、柳田が伝説と呼んで強い関心を持ち続けてきた、事物にまつわる言い伝え、それ自身が帯びている独自の特徴とは何かということを明確に論じるのは、後述する「木思石語」（昭和三年）まで待たねばならない。それは、口頭伝承のなかで伝説とはちがった存在である昔話への認識を深めていく過程で徐々に具体的な輪郭を結び始めていったようだ。

## (2)　昔話への関心

大正五年（一九一六）に『郷土研究』に発表した「童話の変遷に就て」(5)で、柳田は『紀伊有田郡昔話集』を取り上げて感想を述べている。この書は昔話集と銘打ってはいるが、当然のことながら、今日一般的に通用している昔話の概念や分類に従ったものではなく、各種の話が収録された書であることは文章の内容からうかがえるが、そのなかで特に目についた話についてこのように記している。

之に比べると此集の一半を占めている在来の童話が、如何にも土臭く且つ所謂あまり子供らしいのが目につく。しかも十年十五年後の採訪に際して、既に跡を収めて居るのは恐らく此方面の昔話であろう。今でも稍〻遅きに失した憾みはあるが、此だけでも取留めたのを幸福と思わねばならぬ。瘤取系統の二人爺の話、之と筋を引いた和尚と小僧の話及び鬼と人間との葛藤等、幾つかの類型を列ねて一緒に収録してあるのは後の研究者に取っては少なからぬ便宜である。

柳田がこの昔話集のなかに価値を認めた「在来の童話」というのは創作や文献からの影響を受けていない「口承の

話」[6]をさしているのは明らかで、また、研究者にとっては、瘤取り系統や和尚と小僧など類型が確認できる話を収録している点を評価しているのも注意しておきたい。二年後の「狸とデモノロジー」[7]（大正二年）では、カチカチ山・舌切り雀・花咲か爺に触れ、「此善魂、悪魂は実に世界のお伽咄に共通のもので、カチカチ山の如きも亦一変形なるに過ぎぬ」と指摘して、のちに隣の爺型と呼ばれるようになるタイプが広く分布し、カチカチ山もその一類型にすぎないことを述べている。

大正十五年の「昔話の新しい姿」[8]では、大分県のキッチョン話（吉四六話）を中心に、吉五、彦一、彦七など地域ごとに活躍するおどけ者について論じた。佐々木喜善の『紫波郡昔話』に登場する「もんじゃの吉」からヒントを得て、吉と呼ばれる名にはかつて「うそつきの民間英雄」という意味が込められていたのではないかと想像している。おろか村話にも言及しているが、興味深いのは「昔話の種はもと微細なる胞子の如きもので、夙に散乱して繁殖の地を求めて居たらしい。故に多くは時も處も無く、又人の名も必ずしも大切でなかった」と、昔話の特徴を挙げていることである。

### (3) 昔話と童話

現在、口承文芸の調査や研究に関わる私たちが当たり前のように使っている「昔話」という用語は、じつは昭和の初期に柳田によって戦略的に打ち出されてきた。その経緯と意図については、重信幸彦が詳しく論じている[9]。重信は、当時の童話という名称に向けられた柳田の見方を、「〝子供のための話〟という前提を批判し、童話は昔話から選択されたものにすぎないという指摘は、子供の心との関わりを重視した当時の童話論に対する真っ向からの挑戦だった」[10]

と述べている。昔話と童話については取り立てて区別しないで使用している時期もあるが、昭和三年（一九二八）四月に『日本文学講座16』に載せた「昔話解説」では、〝子供らしさ〟〝童話と昔話〟の項を設けて「童話は即ち或民族の口承文芸の、ほぼ終に近い一つの時期、もしくは次の文化に移ろうとする段階の如きものの、名称と謂ってよかったのである」「単なる娯楽や笑いの為に、彼等の相手をして居ればよいという心持で、人が童話を語るようになったのは、ほんの近頃の変化であった」と説いている。ここでは、童話と呼ばれているものの名のもとに昔話が取り込まれてしまうことの危険性に触れて、例えば「衰退期に入って子供を対象に語られる以前の聞き手は大人であったこと」「伝承に根付いていて同じ話を繰り返し聞きたがること」などを挙げつつ、童話との比較から両者の違い、つまり昔話が本来備えていたと考えられる特質を浮き彫りにしようとしている。

### (4)　「昔話解説」の意義

このように「昔話解説」は、童話と昔話の問題に鋭く切り込んだものだが、実はそのこととも関わって、「昔話とは何か」ということを具体的に示そうとした。「そこで問題はどうすれば『昔話』の範囲を、今少しく熟視に適するように、具体的に区画することができるかという点に移って行くが」とみずからに問いかけるような言葉にその意気込みがうかがえる。

仙台の方言では昔話をザットムカシ、越後の蒲原地方では、アッタテンガノニと謂う。共に此一句を以て後々迄も、小児の昔話が始められたからである。斯んな形式を固定したのも、座頭の黄色な作り声の力であろうが、それが又トントムカシと同様に、千年来の一大条件に、丸々背き得なかった面白い証拠である。最後の文句にも亦古くからの定型がある。東京などではソレデオシマイ。古風な話し方ではソレデイチガサカエタ。越後では之を一つくねって、エッチガサッカエボロントモゲタと謂うそうだ。奥州南部ではソレデドンドハレ。富山付近ではカタッテモカタライデモ候。秋田では又ハイモノガタリカタリ候と謂ったらしい。(中略)子供の用に供するに至って、色々滑稽に言いかえたかと思われるが、何等かの定まった文言を付けることだけは、なお成人の昔話からの引継ぎであった。

話の最初と最後に添えられる決まった文言に昔話に固有の形式を見出し、「要するに昔話は後代に記憶せられんが為に、特に形を整えて叙述する説話であって、其点は恐らく今一つ以前の、正式なる神話も同様であったろう」と形式の持つ力を説き、その源を神話に求めている。関心の方向は、「例えば昔話という名の起りと目すべき最初の一句の如きも、伊勢物語は必ず『昔男』を以て一貫し、今昔物語も亦『今は昔』で終始して居るのに」とか、「上古の歌物語の、『事のかたりごともコヲバ』と同じ趣旨なることは想像し得られる」などと、歴史的な系譜を推測し、それからの変遷の動機を解説することに傾注していると言ってよい。全体のなかで形式について述べた箇所はわずかだが、「仏蘭西などの昔話には聴手の坐睡を防ぐべく、中程にも時々挾む定文句があったというが、我々の中にもあったか否か、まだ確かめて見ることが出来ない」といった発言には、諸外国の情報も視野に入れながらわが国の「昔話の範囲」を規定するための手がかりを模索する姿勢が表れている。(11) ほかにも、「世間話の勢力拡大が昔話の衰退につながったこと」「小さ子譚と信仰」「笑話の担い手」など、この後、柳田が意欲的に展開していく課題がちりばめられている。昔話の規定に向けた目論見は中途半端なまま終わっているが、しかし、内容的には昔話研究の重要な布石を打った論考と位置づけられよう。「昔話解説」で童話のあり方を厳しく批判し、「昔話の範囲」を規定しようと試みたのは、この時期の柳田が民俗学の市民権の獲得を目指して、その体系化と方法論の整備を急いでいた動向とおそらく密接に結びついていると思われる。

## 2　伝説の三つの特徴

### (1)　伝説は無形式

「昔話解説」を書いた昭和三年（一九二八）は、柳田の口承文芸研究にとってエポックをなした年と言ってよい。同年の五月に「一寸法師譚」を発表し、八月からは『旅と伝説』に「木思石語」の連載を始める。[12] 書き出しは、「今でもまだ伝説という言葉は、可なり色々の違った意味に使われて居る。出来ることなら一定して置く方が便利であるが、其為には今少し御互いに話し合って見る必要があると思う」という一文から筆を起こしているように、伝説の範囲を定めることを主要な目標の一つにしていた。そして、「口と耳で承け継いで居る昔のもの全体」を総称したものが口碑で、伝説はそのなかに含まれると述べたあと、「口碑の中で、特に『伝説』と称する一種類」に顕著な特徴として三つの点を挙げている。

其一つは伝説の形式というか、或は寧ろ無形式といった方が正しい。即ち伝説には定まった順序、話し方が無いのみならず、之を語るべき人にも時にも、一切の制限というものが無いことである。[13]

この、最初に掲げた事柄が伝説の持つ特徴であることを示すために、昔話の次のような特徴を取り上げて比較を試みた。昔話には、「語り始めの句がある」「語り収めの句がある」「物語性に富み内容の展開に約束事のようなものがある」「語りの時と場所がある」「話し手（語り手）にも制限がある」などの点で、「誰が聴いても是は昔話と認める話は、存外に限られて居るものである」と述べている。伝説と昔話との関係は相互に触発されつつ認識を深めていったにちがいないが、ここで「無形式」それ自体を伝説の特徴として挙げたのは、その前提として昔話が具備している形式性が強く意識されていた。伝説は無形式で定まった「順序がない」「話し方がない」「語り手、語る時に制限がない」という指摘は、昔話の特徴をそっくり裏返したものと言ってよい。ただ口承文芸の調査の現場を体験すればわかることだが、柳田の言う昔話の形式や語り手・語りの場などの特徴は、昔語りの実態にすべて当てはまるものではなく、まして、実態をそのまま映し出したものでもない。過去に遡ればこれらの特徴がより顕在化した姿で語りの実態と響き合っていたことは予想できるが、しかし、「昔話の特徴」はあくまで資料報告の積み重ねや経験等のなかから抽象化された概念である。柳田が各種の情報をもとにこのモデルを描いた意義はきわめて大きいが、注意を要すると思われるのは、昔話の特徴を反転させたところに伝説を位置づけているために、昔話を「〜がある」「〜がある」と述べているのに対し、伝説は「定まった順序、話し方がない」「語るべき人や時に制限がない」などすべて否定的に表現されていることだろう。つまり、「ある」の昔話に対して「ない」の伝説という比較のなかから双方の差異を鮮明に浮かび上がらせている。この後、現場を歩く人びとから、昔話の「ある」を検証する個々の事例は報告され続けるが、反面で「ない」ことの意味が問われる機会は乏しかった。うがった見方かも知れないが、柳田の「ない」の発言は、「ある」の発言に対して、見失ってきた面が大きかったのではないだろうか。例えば、伝説は「無形式」であるという場合に、語り始め・収めを伴わないという点では理解できるが、「伝説には定まった順序が無い」との指摘は、伝説を常に信仰現象に引き寄せて発想する柳田の指向性が反映したものであろう。確かに、昔話と対比されるときある種の説得力を持っているのは事実だが、しかし、複数の話が類話としてまとめられ特定の話名が与えられるのは、そこに共通のモティーフと一定の配列の傾向がうかがえるからであり、伝説の「定まった順序」を全面的に否定することはできない。関敬吾は、「伝説は報告であって物語でないから、昔話の如き形式はないが、一定の型があり様式があって、これを一つ枠として、主人公は変りながら存在するものである」[14]と述べて、過去の出来事が繰り返し報告されていくうちに定まった型ができ、人物名などは入れ替わっても人びとの支持を集めることが伝説の要件と見ている。

## (2)　信じられていること

柳田の言う「無形式」は、伝説の三つの特徴の三番目に挙げた、

伝説は信ぜられて居ることである。[15]

との認識と密接に連動している。「伝説は、知りかつ信ずるという心の働きに過ぎぬゆえに、同じ話主でも相手と場合により、幾通りにも言いかえることができる」（『伝説』）といった説明によく表れている。伝説を絶えず信仰現象のレベルに引き寄せて解釈しようとする柳田にとって、伝説は「第一にそれが我々の謂う言語芸術で無く、実質の記憶であった」（「昔話覚書」）わけで、「伝説の説話化」は、むしろ信仰の衰退を意味する寂しい状況とさえ映っていたようだ。伝説から信仰や習俗の古態を探ろうとした柳田の深く鋭い洞察は豊穣な成果をもたらし、著書を読み進めれば「伝説とは何か」という問いもそこに集約されていく感があるが、このことについて、斎藤純は、「伝説は信仰に起源

するものという柳田の予想する結論が、伝説とは何かを認定する段階で、先取りされているのである[16]」と、柳田の伝説研究の主要な関心事が伝説を狭く規定していったことの本質を突いた。そして、「およそ学問的な研究は、厳密な定義による専門用語によるべきものであるが、同時にその定義が、対象の持つ多様な特質を切り捨ててしまい、その特質に応じて多様に展開されるべき研究の方向を、狭く規定している場合も少なくないと思う[17]」と述べて、伝説という言葉で指示される対象の広がりを各種の資料に探り、また、今日の伝説研究の新たな可能性について論及している。斎藤が言うように、多様な可能性を視野に入れていくとき「伝説は信じられている」という指標を、しばしば、私たちが自明の条件のように用いることについても、その内実を注視する必要があるだろう。「信じられている」とはどういうことだろうか。柳田自身、各所でさまざまな言い回しをしている。

・伝説の昔話と異なって居る根本の重点は、彼は努めて内容の真実でないことを表白しようとして居るのに反して、是は何としてでも言い伝えの全部を信じ且つ信ぜしめようとしたことに在る。（「昔話覚書」）
・歴史と提携することになったのである。それというのが伝説は本来信ずべきものの名であり（「昔話覚書」）
・即ち聴いたから信ずるというよりも、本来信ずる必要があって之を聴こうとしたのである故に（「木思石語」）
・幽霊の言ったことならば昔の人は信ずることが出来たのである。（「木思石語」）
・是を面白おかしく話そうとする者だけが、前後に色々の潤飾を施すので、そういう人たちは多くは信じて居ない。伝説には本来之を信ずる者が少しでも必ずある。（「昔話覚書」）
・伝説のみはこの二者に反して、曾て信じられたものを信じ続けようとしたのであったが、それは時代と共に不可能になって来る。（「昔話覚書」）

・ただし以前は知っている者だけは皆信じたという時代であったかと思うが、近頃は信ずる人の数が限られようとしている。（『伝説』）

柳田の伝説研究には、「信じる」ということと関わって、伝説と歴史の関係、伝説の合理化、宗教者の関与など幾多の問題が論じられている。ただ、伝説は「本来信ずべきもの」「本来信ずる必要」「本来之を信ずる者」といった具合に、しばしば「本来」という言葉に回収されてしまう。何が「本来」なのか判然としないが、おそらく、黙って信じているのが伝説の純粋な形であると言っているように、それは生きている信仰そのものに根差した状態を指しているのであろう。「伝説は信じられている」という特徴は、右の引用にも窺えるように、本来、昔の人、曾て、以前は、などと抽象的な表現で括らない限り、眼前の伝説をこの言葉で特徴づけるのはむつかしい。もちろん、過去に遡ればというのは傾向としては頷けるが、それにしても、昔の人はみんな信じていたということはありえない。こうした点について大島建彦は、「伝説の信憑性については、さまざまな段階を認めることができる。極端な場合には、みずから平家の子孫と信ずるものにむかって、『それはうそだろう』と疑ったりすると、本気で怒られるかもしれない。それに対して、目の前の二つの沼が、何とかいう大男の足跡であったといっても、そのとおりまじめに信ぜられるわけではない」[18]と述べて、「伝説がどれだけ信ぜられるかということは、何がどのように伝えられるかということと、深いかかわりをもっている」[19]と指摘している。関敬吾は早くに、「伝説内容の信憑性は不変なものではなく時代、地域、文化状態、さらに語り手聴き手の性質などの諸条件によって異なりかつ変化する」[20]と伝説の信憑性を鵜呑みにする危険性を説き、伝説の内面的な信憑性は今日すでに失われており「人はそういっている」というような、昔語りと同じような表現方法が見られると述べている。柳田の掲げた「伝説は信じられている」という特徴は、昔話との違いを知るうえで一定の効果を挙げている。そして、何より信仰と分かちがたく結びついていることを前提にしたとき有効な指標となり得るが、その前提が希薄になってくれば、伝説とよばれる言い伝えはただの痕跡か一片の化石の扱いを受けかねない。柳田は決してコトバの問題を排除したわけではなかったが、強烈な信仰への接近の影に伝説の言語伝承としての面が埋没していったことは事実である。野村純一や福田晃らが編んだ『日本伝説体系』[21]が「文化叙事伝説」と「自然説明伝説」の分類枠を設けたのは、資料の全国的な体系化を図ると同時に、口承文芸研究における伝説の文芸的性格を評価する仕事であった。伝説の信仰への遡及は魅力的で重要なテーマであることに変わりはないが、今一度「信じる」とはどういうことかを問い直し、同時に、関が言うように信憑性が失われている現状において、これまでの方法に囚われない研究が求められている。近年の町の観光化や村起こしのなかに登場する伝説などは、信じられているか否かという指標はほとんど意味を持たないケースも少なくない。むしろ「信じられていない伝説」が、積極的に話されたり活字化されたりする過程で変容し、新たな意味を帯びてくる現実なども伝説研究の守備範囲であろう。

### (3) 伝説と事物

伝説のもう一つの特徴については、次の要件を挙げている。

話に物があり記憶に具体的な足場のあることを挙げることが出来る。『旅と伝説』が写真を最も有力なる杖柱として、進出しようとして居るのを見てもわかる如く、伝説には土地と関係せず、風物と結合せずに浮遊するものは殆ど一つも無い。否之を他の色々の説話と区別する為めには、寧ろ一つの地に根を下し、動かし移すことの

出来ぬという点を、標準としようとする人さえあるのである。(22)

先の「信じられている」ことと関わって言えば、事物と結合して話されることが伝説の信憑性を高める作用として働いている。話に物があり、記憶の具体的な足場となっている事物について述べた箇所を、著作からいくつか拾ってみる。

・元々伝説はそういう目につき記憶し易い外形があればこそ出来たので、殊に樹や石の珍しい姿は、殆ど其発生の唯一つの根拠と言ってもよかった。（「木思石語」）

・少なくとも事実だと信ずる者が一部にはあって、その証拠には現に記念の樹がある、山の名があるというような、一種昔風な論理でこれを支持しようとしている。（『伝説』）

・折々はそのただ一部の、言わば証拠というようなものだけが、忘れ残された場合もあるのである。物言わぬ木石を証拠というのはおかしいが、かつて旅から運んで来た話ならば、それを一つの土地に括りつけるためにことに必要であり（『伝説』）

珍しい木や石などはときとして信仰の対象となって伝説を産む。「事物」の役割については、話の真実性を保証する機能を強調しているが、他方では「一処に定着して入代りの無い物には、それ自身古い話を思い出させ又忘れさせぬ力があった」（「木思石語」）と周到な目配りを忘れてはいない。話を想起させ記憶する事物の存在については、近年、梅野光興が、高知県大豊町での調査をもとに興味深い見解を打ち出した。梅野は、伝説の内容を呼び起こす何らかの手がかりになるようなものを伝説の〈記憶装置〉と呼び、それが伝承のいきわたる空間を限ってしまうのは、「〈伝説〉という記憶形態が、人びとがお互いに対面してつきあい、習俗や地域生活を共有していく民俗社会のもっぱら用いる方法であるということと無関係でないだろう[23]」と言う。そして、「過去の記憶をも共有しようとするとき、民俗社会では文字によらず生活空間のなかの木や石や風景を〈記憶装置〉としてそのなかに書き記していったのである。つまり、伝説とは民俗社会に特有な記憶の方法だったのである[24]」「〈記憶装置〉は、文字による記憶とちがって内容をそのまま伝えるものではないため、伝説は伝承者の解釈を不断に受けつづける。ただし過去から伝承されていく要素も残るので、伝説には現在と過去が混在することになる[25]」と分析している。ここには「伝説を語る人びとがその内容の確からしさを保証するための証拠という意味から解き放つ[26]」狙いがこめられている（傍点筆者）。

事物に関しては、同じ内容を伝える事物が点々と各地に分布するという伝説の類型性の問題を避けては通れない。

> 伝説には通例不動の地点目的物が伴う以上に、十の八九まではそれに名があって、其名称が又各地共通のものが多い。近い都村なら模倣剽窃の疑も懸けられるが、百里二百里を隔てて九州にも奥羽にも同じ名の塚や淵、それから至ってよく似た説明を保存せられる例がおおく（中略）どうして此様に似て居るかを、不審がらずには居られない。（「木思石語」）

なぜよく似た話が各地に伝えられているのかという疑問については、「昔話覚書」で「是を発生せしめた精神的条件の一致」とか「中世の語り物と語り部」の関与を示唆している。また、歴史との違いなどに言及しているが、特に、類型に着目していく過程で必然的に浮上してくるのは、伝説の分類をどうするかであった。

「他の多くの採集事業と同じく、或程度に達すると更に分類の興味を加えて来るわけである。自分等の見るところでは村毎に三つ五つ、全国では何十万と算えるかも知れぬ伝説でも、末には案外限られたる項目の下に、系統を立てて其成長の順路を極めることが出来るかと思う」（「木思石語」）

伝説の分類に注がれた柳田の関心の中心は、其成長の順路を極めることで、それは「木思石語」の別の箇所で、「日本のみに特に成長変化したものが、どの種の伝説であったかを知る為に、蒐集と分類を出来るだけ古い方へ進めなければならぬ」とか「蒐集者の便宜を考えて、少しでも面倒な理屈を略き、自然に伝説の起源まで進んで行かれるような分類方法を、採用して貰う必要があると思う」と述べているように、分類の核心は伝説の変遷の跡をたどることにあった。これは終始一貫した態度と言ってよい。分類とは類型の識別であり、変遷の過程、換言すれば伝説の起源への遡及を可能にする手がかりは類話の比較のうちに隠されているとの読みがある。「土地を隣して各段階の成長が見られぬのみならず、更に翻っては其衰亡枯槁の過程をさえ知ることが出来るのである（「木思石語」）との一言に如実に示されている。類話間の変化の諸相を比較する作業から触発されるヒントの重要性は首肯できるが、伝説関係の諸論に明らかなように、柳田の主眼は、あくまで資料の配列から立ち現れる歴史的変遷の過程を予想し、その先に話の生成の契機となった信仰や習俗を見据えている。ただ、類話が帯びている差異を時間軸に沿って還元する手法は誰にでも可能なわけではない。差異の距離を解釈しながら過去へ遡及する試みは、距離を埋める解釈そのものに柳田国男という膨大な知の裏づけがあることを忘れてはならないだろう。

分類の基準は「主として伝説の対象に由って、就いて語らるゝ目的物の普通の順序に並べて見ようとする」（「木思石語」）として、「木の伝説」「石の伝説」「塚の伝説」「水の伝説」などを挙げて、対象物による分類案を提起した。

この分類案の構想を基本的に受け継ぐかたちで結実したのが昭和二十五年（一九五〇）に刊行された『日本伝説名彙』である。

## 3　伝説の語られ方

### (1)　情報と伝説の時間

「木思石語」で示した伝説の三つの特徴は、昭和十年（一九三五）の『昔話研究』創刊号から連載を始めた「昔話覚書」[27]のなかで、より明確に昔話との違いを強調している。

（イ）一方は是を信ずる者があり、他方には一人も無いこと
（ロ）片方は必ず一つの村里に定着して居るのに対して、こちらは如何なる場合にも「昔々或處に」であること
（ハ）次には昔話には型があり文句があって、それを変えると間違いであるに反して、伝説にはきまった様式が無く、告げたい人の都合で長くも短くもなし得るということ[28]

右の三点を挙げて、「是れだけは先づ認められたものとして私の話を進める」と自信のほどをのぞかせた。岩瀬博は、柳田が昔話との比較によって浮かび上がらせた三つの特徴が、あたかも伝説の定義として通用していることに対して、「右の三点の指摘は、伝説の特徴を示すものではあっても、伝説の概念規定をしているとは言い難い。対比は比較の問題であり、特徴を把握することは可能としても、必ずしも本質に触れるとは限らないからである」[29]と、改めて概念規定の根本から問い直す必要を訴えた。梅野も先の論文で、三つの特徴は「昔話という光源をあてて浮か

びでた影を見ているだけという気もする」と発言しているように、いったん、昔話の光源を取り去ったところで、「伝説」それ自身が放っている光のなかに見えてくる姿を凝視するべきであろう。ここで見落としてならないと思うのは、「昔話覚書」以降、柳田は三つの特徴の一つ一つについて事あるごとに伝説と昔話とを対比して解説をしていくが、振り返って昭和三年の「木思石語」では、昔話との比較は伝説の「無形式」だけで他の二点については触れていない。つまり、伝説が「信じられている」ことと「特定の事物と結びついている」というこの二点は、昔話と一対の関係に置かなくとも説明できる特徴として扱っている。

「無形式」というのは、そのままでは捉えどころのない概念で、自立した特徴とはなり得ない。何が無形式なのかは、昔話の持つ形式に対置させることで、その具体的な対応関係に置かれたとき初めて意味が与えられる。昔話の形式との比較を抜きには輪郭を結ばない特徴である。

「信じられている」あるいは「信じられていた」というのは、柳田の伝説観の根幹に横たわっている信念にも近い前提のように感じられる。ここに伝説はコトバかコトかの攻めぎ合いが生じる。〈耳の伝説〉と〈目の伝説〉、伝説の文芸性と信仰とをめぐる葛藤でもあった。むろん、コトバとコトは不即不離の関係にあり、個々の伝説にも文芸性の濃い内容のものもあればそうでないものもある。当然、研究者の関心の持ち方は多様であってよい。福田晃は「伝説とコトバ」(30)と題した文章のなかでこう述べている。

元来、神話や伝説は、コトバによって語り継がれたものである。あるいは、それを語り継がねばならなかったというべきかもしれない。神話が大いなる共同体に属する専門の徒によるのにたいして、伝説がささやかなるムラの長老に従うという違いはあるにしても、いずれも語り継ぐことの内的要請にもとづくものであった。そして、その要請は、祭儀と相応するものであり、言霊《ことだま》の発現に平穏な生活を期すればこそのものであった。その意味で伝説はコトバによる伝承を志向するものであり、文芸化の歩みをうかがわせるものである。

この発言は、コトの探究に傾斜していった柳田の捉え方に対して、コトバの復権を意図した発言と見てよいだろう。伝説の発生と生命力が、多くの場合に信仰現象と密接に関わってきたのは紛れもない事実であろうが、それがコトバによって語り継がれ、語り継ぐことの内的要請にもとづくものであったことを忘れてはならない。事物から想起されるコトの由来が、何らかの虚構性に彩られた話として繰り返し語られ類型を形作っているのは、信じられているか否かの次元とは別に、伝説が口承文芸としてあることを物語っている。そして、柳田が力説する「信じられている」という特徴には、さまざまな偏差があることを自覚したうえで有効な指標であることはまちがいない。

「事物に結びついて語られる」という特徴は、伝説に共通する指標だが、単に「事物に結びついて」というだけでは世間話などとの違いが必ずしも明瞭でない。ここでは、〈記憶装置〉としての事物が伝える情報（物語・事件など）の語られ方、つまり、時間認識の違いが考慮されるべきであろう。この点に関しては長野晃子の次の指摘が興味深い。

歴史上のいつの時代、いつの時点でも、最近の話、現代の話として語られることが、世間話を伝説から切り離す、一つの指標になると考えられる。(31)

長野は、「事件の報告」である世間話が、私たちの生活時間の内で絶えず現在の話として語られるのに対し、伝説は「歴史時間のある一時点に起った話」として語られ、昔話は「いつ起こったか分からない、時間に無関係の話」として語られると説明している。(32)常に身辺の話題に現在化した語られ方をする世間話の時間と違って、伝説の時間は、現在の延長線上にある遠い過去のある時点で（本当に）発生したと語られる時間のことである。伝説はそうした語り方で、事物にまつわる現代の情報の解釈を過去へ送り込んでいるという言い方もできる。「歴史時間のある一時点」とは、常に事件発生のときが特定されているという意味ではない。これは柳田の言う話法の方式と重なる視点と言ってよいだろう。伝説の三つの特徴は、相互に補完的な関係にあるが、「事物が伝える過去の情報であることと、情報の語られ方に表出される時間の認識」が、伝説を特徴づける最も普遍的な指標ではないかと思われる。

## (2)　伝説と昔話の変換

伝説と昔話が交錯する問題に、同じモティーフあるいは内容と見做される話が、昔話として語られる場合もあれば伝説として定着している場合も見られるということがある。柳田は、「伝説と昔話と、二つが現代に伝わって居る形は丸で別でありながら、其内容には争うべからざる一致のある場合は多い」（『昔話覚書』）、「若い美しい一人の娘が水の神に娶られたという言い伝えは、一方の端では笑うべき昔話となり、他の一方の端では歴史に近い確信となって伝わり、なおその中間には無数の等差がある」（『伝説』）などと述べて、八石山・文福茶釜・機織り淵・蛇聟入（苧環型）などに言及している。「或種の伝説と或昔話とは、最初共通の起源をもち後に岐れて各特別の形態をとって伝承し流布したかと思われる」（『昔話覚書』）と、本来同根だったものが時間的な経過をへて分かれた道筋を想定したり、また、一定の条件が揃えば「昔話が、ふと転身して伝説に化することもあったのである」（『昔話覚書』）とも言っている。伝説の昔話化、昔話の伝説化をうながしたいくつかの要因に触れた箇所は少なくないが、関敬吾は、「同じ内容の物語を、あるものを伝説といい、あるものは昔話というのは信仰の有無に帰せられる。信仰がなくなれば昔話となると主張されたが、その決め手は必ずしも明らかに示されていない。むしろ、生活におけるそもそもの機能が問題であろう[33]」と、伝説や昔話の機能の面から説明されるべきだと主張している。佐藤健二は昔話と伝説の変換について、「柳田国男は、伝説／昔話の対称的な区分を、採集されたテクストの内容上の種差とは、かならずしも考えていない。むしろ分類は、そのテクストと話された場・話す主体との関係の種差をとらえているのである[34]」と指摘した。『日本昔話名彙』『日本昔話集成』『日本昔話大成』といった分類の整備は、利用する者にとっては実に便利で有益な情報を提供してくれる。ただ、ある内容の話が昔話であるかそうでないかといった判断を、カタログに照らし合わせて認定し、それですべて決定したかのように思い込んでしまう危険を孕んでいるのも事実だ。重信幸彦が、昔話の「童話化」について柳田が発言した「つまり童話は話の種類で無く、単に話法の差異を示す語にすぎぬとも言い得られる」（「昔話覚書」）という内容に注目して、童話化とは「話が生起する場のメディア状況や送り手と受け手の関わり方の変容に規定された『話法』の問題として語られた[35]」と、話法と場の問いとして述べたのも、ここでの課題に通底する視座といってよい。

伝説・昔話研究に関する柳田の知的な触手は驚くほど多方面に伸びていて、見通しの利く整理を容易には許さない。裏返せばまた多様な情報源にアンテナを張り巡らしていたことの証左でもある。伝説研究の初期において、この分野の先駆者であった高木敏雄の影響の大きかったことは、関敬吾が「伝説は無形式で、記憶に具体的な足場があり、信じられること、この三つが伝説の要件である（「木思石語」）と述べている。この概念規定は日本民俗学会の定説となっているが、高木・柳田両氏の見解は基本的には同一であって、『昔話は詩的であり、伝説は歴史的である』と定義したヤコブ・グリム見解を基礎としたものである[36]」と指摘していることからもうかがえよう。昔話でも佐々木喜善の仕事に刺激を受けて関心を深めていったことはよく知られているが(37)、この代表的な二人に限らず、柳田国男という飽くなき知の海には数えきれないほどの情報の川筋が注ぎ込んでいたにちがいない。

〔註〕

(1)　野村純一・三浦佑之・宮田登・吉川祐子編『柳田国男事典』（勉誠出版、一九九八年）一四七頁。野村は本書で、柳田が従来の「御伽話」とは違う、その土地で語られている独自の特徴を持つムカシムカシ（昔話）に出会ったのが『遠野物語』であったと指摘している。

(2)　『定本柳田国男集』第一二巻（筑摩書房、一九六九年）所収。

(3)　『定本柳田国男集』第五巻（筑摩書房、一九六八年）所収。

(4)　高木史人「昔話と伝説」（『説話の講座』二〈説話の言説—口承・書承・媒体—〉勉誠社、一九九一年）。

(5)　柳田国男「童話の変遷に就て」（『郷土研究』四巻六号、一九一六年）。

(6)　重信幸彦はこの点について、「実際には、口承の場の想像力は、書物を通して得た話も口伝えで得た話も、貪欲に飲み込んでいた」と指摘している。「御伽話、童話、民話」（『岩波講座　日本文学史』第一七巻「口承文学二・アイヌ文学」岩波書店、一九九七年）七四頁。

(7)　『定本柳田国男集』第二二巻（筑摩書房、一九七〇年）所収。

(8)　『定本柳田国男集』第七巻（筑摩書房、一九六八年）所収

(9)　前掲註(6)。

(10)　前掲註(6)八二頁。

(11)　外国の例がわが国の昔話伝承に適用できるかどうか、慎重に見極めながら昔話の特徴をさぐろうとしている。昔話の特徴については、前年（一九二七年）の『童話研究』六巻二号で内山憲堂が「童話術とは何ぞや」と題した文章を書いている。内山は、小話または説話（Marchen）の特徴について「時間が明でないこと、『昔々』であって、西暦前何年でもなければ文政何年でもない」「場所が明でないこと」といった点を挙げ、「さて小話は人間の生活の変化、欲求の発達、智力の進歩に伴ひて変遷して次第に大人

の信仰を失ふに至る、而して後世一の大人の信仰を失ひて子供と替る、これが所謂童話である」と述べている。また、早くに上田敏（一八七四〜一九一六）が、神話・伝説・お伽話の差異について論じており、今も有効な概念であることは、野村純一が「伝説研究の歴史」（『日本神話・伝説総覧』新人物往来社、一九九三年）で指摘している。柳田は各種の情報をもとに、何よりも、それぞれの土地で語られている話の実態の把握に力を注ぎ、そこから「昔話」の範囲を定めようとしている。

(12) 『旅と伝説』第八月号〜第十一月号、第二年第三号（三元社、昭和三年八月〜十一月、昭和四年三月）に掲載。
(13) 「木思石語」（『旅と伝説』一九二八年九月）二頁。
(14) 関敬吾「伝説の民俗学的解釈―伝説の背景としてのハレ―」（『関敬吾著作集』三、同朋舎出版、一九八一年）二五二頁。
(15) 前掲註(13)九頁。
(16) 斎藤純「『伝説』という言葉から―その可能性をめぐって―」（『口承文芸研究』第一七号、一九九四年）一三三頁。
(17) 前掲註(16)一三三頁。
(18) 大島建彦『日本民俗学』（東洋大学通信教育部、一九九四年）二六一頁。
(19) 前掲註(18)二六一頁。
(20) 関敬吾「民話と伝説」（『関敬吾著作集』三、同朋舎出版、一九八一年）二二九頁。
(21) 荒木博之・野村純一・福田晃・宮田登・渡邊昭五編『日本伝説体系』全十五巻・別巻二（みずうみ書房、一九八二〜一九九〇年）。
(22) 前掲註(13)六頁。
(23) 梅野光興「記憶する民俗社会―伝説研究の再検討―」（『日本学報』第一〇号、大阪大学文学部日本学研究室、一九九一年）五一頁。
(24) 前掲註(23)五一頁。
(25) 前掲註(23)五五頁。
(26) 前掲註(23)五〇頁。
(27) 『昔話研究』一号〜一二号（三元社、一九三五年五月〜一九三六年四月）。

(28)「昔話覚書」(『昔話研究』第四号、三元社、一九三五年八月)二頁。
(29)岩瀬博「伝説概念―分類と領域・定義・発生・機能・信仰圏など―」(『伝承文芸の研究―口語りと語り物』三弥井書店、一九九〇年)九三頁。
(30)福田晃『神語り・昔語りの伝承世界』(第一書房、一九九七年)一九二頁。
(31)長野晃子「世間話の定義の指標(1)―世間話は、伝説、昔話とどこが違うか―」(『世間話研究』第二号、世間話研究会、一九九〇年)三一頁。
(32)前掲註(31)。
(33)前掲註(20)二三〇頁。
(34)佐藤健二『流言蜚語―うわさ話を読みとく作法』(有信堂高文社、一九九五年)一五四頁。
(35)前掲註(6)八三頁。
(36)前掲註(14)二五二頁。
(37)例えば、石井正己「『聴耳草紙』の方法」(『昔話―研究と資料』二三号、一九九五年)、「昔話叙述の方法」(『口承文芸研究』第一八号、一九九五年)などがある。

# 二　世間話

## はじめに

「はなし」は「はなす」という動詞の名詞形で、さまざまな話題やうわさ話など多様な意味を含んでいるが、その特徴は自由にものを言うことにある。

従来、世間話の調査・研究は伝統的なムラ社会で話題にされてきた話、それも類型性を具えた奇事異聞に関心が注がれてきた。しかし、近年は、世間話をもっと幅広い視野から対象化していこうという柔軟な発想とともに、私たちの暮らしの現在を足もとから問い直していく手段としての世間話の可能性が議論されている。

### 1　奇事異聞への関心

一般に「世間話」という言葉は、世の中のさまざまなできごとについての話、四方山話という意味だが、この語を学術用語として用いることを提唱し、その後の口承文芸研究に大きな影響を与えたのは柳田国男である。昭和十年

（一九三五）六月発行の『昔話研究』二号で、「世間話という語は学術的でないかも知らぬが、是等を総括し且つ昔話と対立させるのに、似つかわしい名前だから、私は採用する」と述べている。

もともと「世間」は、「生きもの（有情世間）とそのいきものを住まわせる山河大地（器世間）、あるいはこれら二つを構成する要素としての五蘊（五蘊世間）の総称」を意味する仏教用語で、「世」は時間、「間」は空間の意だと説かれている。のちにそれが、「現世での縁《えにし》につながる他者との関係において、人生をいとなむ状況であることを意味する」ようになり、「『世間』はしだいに、はなはだ人間くさい関係をあらわすことばとして、もちいられるようになった」のだと言われる〔井上　一九七七〕。柳田は、世間について「日本の俗語では、我土地でない処、自分たちの属しない群を意味している」〔柳田　一九六八ａ〕とか、「実際の日本語に於ては、今の社会といふ新語よりも意味が狭い。是に対立するのは土地又は郷土で、つまり自分たちの共に住む以外の地、弘く他郷を総括して世間とは言って居たのである」〔柳田　一九六八ｂ〕との見解を示している。しかし、『世間とは何か』を著した阿部謹也は、「世間という言葉は『世の中』とほぼ同義で用いられているが、その実態はかなり狭いもので、社会と等置できるものではない。自分が関わりをもつ人々の関係の世界と、今後関わりをもつ可能性がある人々の関係の世界に過ぎないのである。自分が見たことも聞いたこともない人々のことはまったく入っていないのである。世間や世の中という場合、必ず何らかの形で自己の評価や感慨が吐露されていたのである」と述べている〔阿部　一九九五〕。一見、両者は矛盾しているように見えるが、これは「世間」という言葉が多義的な意味を帯びて機能している実態を物語っている証ではないだろうか。「世間」はどこかに決まった形で客観的に存在するものではなく、どのようなものを、あるいはどこからどこまでを世間と認識するかというのは、主観的、相対的な問題で、どこに基準を求めるかで違ってくると言ってよいだろう。

ところで、柳田は右のように「世間」を解釈したうえで、「そこから出た話だから幽界の消息と同じく、仲間の好奇心を刺激するのである」と指摘している〔柳田　一九六八a〕。「そこから」とは、この場合広く他郷を指していて、その意味では「世間話」は自分の郷里ではない土地である世間からもたらされる話という性格を帯びている。村の外から持ち運ばれてくる話のなかには、村内で日ごろ聞きなれた話や経験とは違った新鮮な驚きや関心を呼ぶものがあった。情報の乏しかった時代には、目新しくてめずらしい話題は今日から想像する以上にもてはやされ、各地を渡り歩く旅芸人や宗教者、職人、行商人などはそうした話を運ぶ伝播者の役も担っていた。彼らは、どのような話が村の人たちには喜ばれ、もしくは目を丸くされるかを知り抜いているうえに、まことしやかに地名や人名を取って付ける術はよく解していた〔柳田　一九六八b〕。柳田は、「一つの奇事異聞が幾らでも運んで来られる。それが世間話の最も豊富なる倉庫であり、我々の炉端の文芸に革命を引起こした主要な力であったことは、今ある材料からでも安々と立証し得る」と説いている〔柳田　一九六八a〕。もちろん、外の世界からもたらされる話だけでなく、村の中でもしばしば、狐狸に化かされた話、火の玉や幽霊話、大力の持ち主や奇人・変人の話、異人殺しなどが、人びとの口の端にのぼり注目を集めたことだろう。ただ、かつての村内ではこのような話の種は思いのほか限られていたようだ。

従来、世間話の調査は、どちらかといえば外の世界との交流が乏しかったムラ社会を舞台に取り沙汰されてきた奇事異聞の収集に関心の目が向けられ、そこで見出された類型的な分布を示す話を素材に研究が進められてきた傾向が強かったと言える。しかし、情報化時代の今日、こうした関心の対象となるようなムラはどこにも存在しない。大島建彦は、早くに「世間話のとらえかた」〔大島　一九六三〕と題した論文で次のように述べている。

ここに取りあげたような世間話がさかえるのは、とざされた村の仲間うちであった。村落社会の近代化、とくに義務教育の徹底とマスコミュニケーションの普及によって、外部の正確な知識が、じかにもたらされるようになると、これまでの世間話の人気も、めっきりおとろえてしまう。しきりに話を求めた村人の気持は、別の新しい刺激の方にむかっていく。もちろんすっかり近代化した社会でも、かなり変質した世間話が、あいかわらず生きつづけるであろう。

「ここに取りあげたような世間話」とは奇事異聞をさしているが、このように述べたのち、大島は、民俗学の立場ではとざされた村々に生きてきた世間話をあくまで民間伝承としてとらえるべきではないか、それが世間話研究を通して日本人の心をさぐる一つの道のように思われると主張している。

大塚英志は世間話について、柳田の考えをヒントに、「『世間話』とは自分たちの世界の外部についての話、ということになる」と述べ、そのうえで「かつての村社会のように村境がその居住者たちの共通感覚となることは、生活圏が錯綜している今日の都市では困難だが、それでも個々の人々にとって生理的に『外』と見なされる空間は存在する。『世間話』はそういった意味で人々の生活空間における生理的な内／外を暗示している。（中略）『世間』の中にはより広い知識や見方、経験といったニュアンスがある。つまり『世間』話には聞き手の知識や常識、これまでの経験の外にある話という側面が見出せる」と発言している〔大塚　一九九四〕。とかく、珍談・奇談・奇事異聞といった言葉と同列に並べられがちな「世間話」だが、そこには大塚が言うように、何らかの意味で常識や経験の外にある話という要素が認められる。というよりも、そうした要素が顕著で、そこに類型性が確認される話を「世間話」と見なしてきたと言うべきかも知れない。

大島建彦は世間話について、「いくらまことしやかに話されても、そのとおりあったことではなくて、やはり『お話』なのである。ただ単なる空想よりも、事実とのつながりが、いっそう人の心を動かすにちがいない。世間話の特色としては、何よりもその場にふさわしく、聞き手に迎えられるような自由なものいいをすることであった」と述べている〔大島　一九七〇〕。野村純一は、集団の内部に生まれたうわさが「いったん世間に漏れて尾鰭がついたり、あまつさえそれに個々の恣意的な解釈や判断が添加、布置されると、これはもう『話』、要は放しとしてかってに一人歩きを始める。世間に開放、あるいは解放されて、さまざまに取り沙汰されるわけである。これを『世間話』という」との認識を示したうえで、なかでも文芸性の付与されている話を重視する姿勢を鮮明にしている〔野村　一九九五〕。

日常の常識や経験の外に属すような内容（おもに衝撃的なできごとや奇事異聞など）で、類型性（モティーフや話型の共通性。一定の分布と持続性）が認められ、しかもその言述が生活時間のなかで事実をよそおって肥大化していくような性質を帯びた話、といったところが、これまでの「世間話」の大方のとらえかたではないかと思われる。

## 2　昔話と世間話

冒頭で、柳田国男は世間話を学術用語として使用する理由として、昔話と対立させるのにふさわしい点を挙げていると言った。昔話や伝説との比較から世間話の特徴が浮き彫りになる面もある。例えば、昔話と世間話を対比した場合、昔話は昔語りとも言われるように独特のリズムと抑揚を持つカタリだが、世間話は自由なものの言い方をするハナシである。また、昔話は語り始めや語り収めなどの形式を伴っていることが特徴として挙げられるが、世間話にはそれがない。長野晃子は、世間話を定義する指標について、事件が本当にあったこととして常に現在の話として報告される点に着目し、「歴史時間に規定され、事物の説明をする」伝説と、「特定の時間から解放され、事件を一要素とする物語である」昔話との関係を論じている〔長野　一九九〇〕。興味深いのは、同じ内容の話であっても、話され方、つまり、語り手の時間認識による意味づけの違いが、それを「昔話」「伝説」と呼ぶか、「世間話」と呼ぶかを分けるとの指摘である。確かに調査の場では、こうしたケースに出会うことがたまにある。男に変身した蛇が夜間に娘のもとを訪ねて孕ませるという話は、「蛇聟入り」と称される昔話として広く分布しているが、同じ内容であっても、土地によっては岩穴や淵などのいわれを説く伝説として伝承されており、ときには、訪ねてきた蛇に魅入《みい》られて本当に子どもを孕んだ女の話、つまり世間話になっている。身近な話題として常に現在化した話され方をする点に世間話の特徴があると言えよう。

昔話と世間話の関係について、柳田はこんな発言もしている。

是ほど自由な借用と複製を許されて居りながら、なほ或時代には世間話の種が尽きて、古びきつた昔話を記憶の底から引出し、それを焼直して新らしい衣裳を着せて、近頃の事件のやうにして話して居たことである。昨年どこそこの川端で狐に騙された者があるといひ、何とか寺の和尚の若い頃の話だとか、何村の物持が運の開け始めだとか、さも〲そこきりで他には無いやうに、今でも説き伝えて居る一条の物語が、少しく昔話を知る者には半分聴けば後はわかるやうな、定まつた形を持って居るといふ例は無数にある。〔柳田　一九六八a〕

昔話と世間話ではその形式性や時間の認識のあり方に違いが見られるが、しかし、話の内容面に注目すると共通するものが数多くある、つまり、昔話をもとに世間話化した話のあることを指摘している。それは、「新らしい衣裳を着せて、近頃の事件のやうにして話して居た」という指摘からわかるように、常に新たな状況をつくり出し、身辺の話題として現在の時間のなかに取り込むことで昔話は世間話に姿を変えるという意味だが、このことは、自由なもの言いであるはずの世間話が思いのほか話型にとらわれていたことを示唆している。

## 3　方法としての世間話

奇事異聞を主な対象としてきた世間話研究は、昔話や伝説研究の進展に比べるとゆるやかな足取りだったが、しかし、地味ながらも着実に成果を蓄積してきた。ところで、逸早く世間話研究の重要性を説いた柳田国男だが、炉端の世間話が永いあいだ奇事異聞といった類型にとらわれてきたことについては、談話の技術としてのハナシが持っている可能性を阻害してきたと批判している。昭和六年（一九三一）に『綜合ヂヤーナリズム講座　第一一巻』に載せた「世間話の研究」で、次のように発言している。

・折角自由に発展しかゝつて居る今日の世間話が種の方からも又話術の方からも、直ぐに類型に堕ちて下らぬものになつてしまふのも、有りやうはこの美しい言霊の国に生れながら、古今の言語芸術の是ほど顕著なる分堺に心付かず、いつ迄も株を守つて兎を待つやうな、頓狂なる態度を棄て切らぬ為であつた。

・兎も角も我々の世間話は囚はれて居る。以前カタリが博して居た喝采をそのまゝ相続しようとするので形式が古くさい。さうして其為に世の中が馬鹿に淋しい。

この論文のなかで、「私は大分久しい前から、談話の技術の成長して来た経路を考へて見ようとして」と述べ、ハナシについては「時おくれて発達した生活技術であった」と表現している。ここでは主にカタリとハナシの関係が論じられているが、柳田が談話の技術（方法・手段）の一つであるハナシとしての世間話の可能性を強く意識していたことがわかる。こうした見方から捉え返すと、世間話がカタリの類型にとらわれすぎているという右の引用文の背景に、本来、自由なもの言いの技術であるべき世間話への批判が横たわっていることが読み取れる。地方の世間話がなかなか類型から抜け出せない理由の一つに、他郷から珍しい話を運んできた旅芸人や宗教者などの影響も挙げている。重信幸彦は「世間話研究」を再検討し、柳田が見据えていた談話の技術としての世間話が忘れられ、その後の研究が伝承性を前提とした奇事異聞に傾斜していった問題点を指摘して、次のように述べている。

柳田がこの「世間話研究」に込めた「問」を、我々はこう「読む」ことができる。つまり、日常生活がこの国の「近代」という仕掛けのなかで否応なく拡大、変質しているにもかかわらず、それを捉えるべき自由な談話の技術である「世間話」はなお「型」にとらわれ「奇事異聞」ばかりに熱中して足元で展開する現実を捉えていない、という「世間話」に対する批判的な問いかけとして。そして、少なくともこの「世間話研究」で柳田が問うた「世間」であり「世間話」とは、かなり「近代」に対して自覚的な概念だったと読み得るのではないだろうか。こうして押さえ得る「世間」とは、「ムラ」の外を単純に示すのでもなければ、「中心と周縁」「内と外」という枠組みのなかで「世界」であり「境界」といった概念に回収可能な「超自然」的なものを語る「奇事異聞」ばかりが問題になる場でもない。そこは我々のあずかり知らぬところから、我々の日常生活の質を否応なく変えてしまう様々な近代的「制度」の政治的力学が交錯する場ともとらえ得るに違いない。〔重信　一九八九〕

こうした文脈のなかで読むとき、「世間話」は「我々の『近代』という経験を自らの足元から意識化してゆく道具として立ち現われるはず」だと主張している。重信はこの論文で聞き書きの問題についても検討し、聞き書きの場が、語り手と聞き手の相互作用の場である点を踏まえて、「相互作用とは、互いがその『場』を通して変質してゆくことをも前提としている。『聞き書き』の『場』で出会う〈世間話〉もまた、その相互作用のなかで紡ぎだされてくる言葉の姿に他ならない」と述べている。話の場に関しては、小池淳一が「世間話と伝承」という論文で、「世間話を話の内容にこだわることなく、その話し手と聞き手の関係に注目することで特質を浮かび上がらせようと明確に意識した」武田正の研究を紹介している〔小池　一九九五〕。そして、世間話の多面的な世界を、話の分類から読み解いていく可能性と、併せて、分類という方法で世間話を把握することの限界について触れている。

小池は、世間話を考えていく際の姿勢として、話者が自己の人生を振り返ったときに語らずにはいられないような想いのこもった話や、これまで認定されてきた話型には収まらなくても「我々の心を強くつかむ話、笑いを引き起こす話、忘れかけていた感覚をよびさますような話など」にも関心を注ぐべきだと発言している。そして、何をもって世間話と認定するかという問題については、次のようなゆるやかな定義を提出している。

現代に生きている人々が生活の中で他者との関係性のなかにおいて発する言説全ては世間話なのではないか、と位置づけたい欲望にかられているのです。これは民俗学やその周辺で理解されてきた定義よりも一般に使われている世間話という語のイメージへと寄り添っていく定義です。こうした漠然とした言い方を敢えて提出するのは、日常生活を言語化すること、あるいは言語を媒体として生活を構築していくことを話型というこだわりをぬきにして対象化したいためです〔小池　一九九五〕。

話者の日常生活における苦労話や思い出話など、従来の世間話研究ではほとんど関心を持たれることのなかった領域を、「生活譚《たん》」の名称のもとに積極的に掬いあげていこうとの動きもでてきた。「生活譚」を方法として提起した根岸英之は、その意義について、次のように述べている。

いつの時代にあっても、暮らしぶりは変化しており、地域間・世代間の相違は、生じていたに違いない。けれども、戦後の急速な変貌とそれに伴う人口の移動は、それまでは日常的な見聞きの中で共有可能だった生活感覚をも変えていった。近い生活圏に暮している者同士であっても、「かつてこの辺りはどのような環境だったのか」「そこに生きる父祖たちはどのような生活方法を身につけて来たのか」「そして〈現在〉に生きる我々はどのような生活を築いていけばいいのか」といったことを知るためには、もはや意識的に〈聞き〉〈話し〉て、「話」として共有することが必要となったのである。〔根岸　一九九三〕

根岸は「生活譚」について、近代化の変貌の著しい〈現代〉にあって、共有することが難しくなった暮らしぶりを〈ことば〉を通じて、自己認識の方法として知ろうという欲求から生まれた新しい談話のあり方であり、自分たちの〈現在〉を足元から問い直していく一つのしかけとして位置づけている。世間話に向かい合う立場はさまざまだが、「世間話とは何か」を問うことは、「世間話」ということばで何を明らかにしようとするのか、という問題意識を突きつめていくことだと言ってよいだろう。宮田登は「世間話研究の意義」のなかで、次のように述べている。

従来の「世間話」の研究史の上では、もっぱら採集される場が、農山漁村部に限定される傾向があった。昔話・伝説類の古風なタイプである変容以前のものに高い価値を求めた視点からいうと、当然そうなるのであるが、「世間話」の領域では、完形・本格の基準を設ける必要性がない。むしろハナシとしてどのようなプロセスをとり、どう展開しつつ変容していくのか、そして「世間話」を構成する諸要素の中で、民衆意識として抽出されるもののなかからどのような世界観を把握できるかを問題とすべきなのである。〔宮田　一九八六〕

〔引用・参考文献〕


阿部謹也　一九九五　『「世間」とは何か』　講談社
井上忠司　一九七七　『「世間体」の構造―社会心理史への試み―』　日本放送出版協会
大島建彦　一九七〇　『咄の伝承』　岩崎美術社
大塚英志　一九九四　「噂の商品論」『都市にはびこる奇妙な噂』　光栄
小池淳一　一九九五　「世間と伝承」『境界とコミュニケーション』　弘前大学人文学部人文学科特定研究事務局
重信幸彦　一九八九　「『世間話』再考―方法としての『世間話』へ―」『日本民俗学』　第一八〇号
武田　正　一九八二　「世間話試論」『昔話世界の展開』　置賜民俗学会
長野晃子　一九九〇　「世間話の定義の指標（1）―世間話は、伝説、昔話とどこが違うか―」『世間話研究』二号、世間話研究会
根岸英之　一九九三　「市川民話の会編『市川の伝承民話』―『生活譚』の展開と可能性を中心に―」『昔話伝説研究』第一七号
宮田　登　一九八六　「世間話研究の意義」『現代民俗論の課題』　未来社
野村純一　一九九五　『日本の世間話』　東京書籍
柳田国男　一九六八ａ　「口承文芸史考」『定本柳田国男集』六　筑摩書房
柳田国男　一九六八ｂ　「世間話の研究」『定本柳田国男集』七　筑摩書房

# 三 俗信

## 1 柳田国男の俗信論

### (1) 民俗資料の三部分類

現在、「俗信」という用語は、兆（予兆）・占（卜占）・禁（禁忌）・呪（呪術）を中心に、妖怪・幽霊・憑物に関する伝承を含んで用いられる場合が多い。「カラス鳴きがわるいと誰か死ぬ」（予兆）、「蹴り上げて落ちた下駄が表だと晴、裏返ると雨」（卜占）、「夜、爪を切ってはいけない」（禁忌）、「霊柩車を見たら親指を隠せ。隠さないと親が死ぬ」（呪術）といった例からもわかるように、身近な生活の一コマをすくい取りながら、比較的短い言葉で表現される内容が大部分を占めている。平生は気に止めていないようでも、いざとなると意外に気にかかるのが俗信で、日常の具体的な場面で影響を及ぼしていることが少なくない。

俗信研究の道を拓きその意義を説いたのは柳田国男である。柳田は、昭和九年（一九三四）に出版した『民間伝承論』や、翌年出した『郷土生活の研究法』で、民俗資料の分類についてヨーロッパでの先行例を紹介しつつ、三部分類案を示した。分類の意図については『郷土生活の研究法』で、次のように述べている。

最初に眼に訴えるものをもってくる。これならどんな外国人や他所者でも、注意しさえすれば採集することができるから、論理の上から言っても第一におくべきものであろう。次には言うまでもなく耳を通して得らるるもの、そうして第三には見たり聞いたりしただけでは、とうていこれを知ることのできない、単に感覚に訴えるもの、となるのが自然であろう（傍線筆者）〔柳田　一九六七〕。

このように、眼に映ずる資料を第一部とし、耳に聞こえる言語資料を第二部に、心意や感覚に訴えて理解できるものを第三部に入れて、次のような分類構成をしている。

第一部　有形文化（1住居・2衣服・3食物・4資料取得方法・5交通・6労働・7村・8連合・9家　親族・10婚姻・11誕生・12厄・13葬式・14年中行事・15神祭・16占法　呪法・17舞踏・18競技・19童戯と玩具）

第二部　言語芸術（1新語作成・2新文句・3諺・4謎・5唱えごと・6童言葉・7歌謡・8語り物と昔話と伝説）

第三部　心意現象（1知識・2生活技術・3生活目的）

第三部は第一部、第二部とは異なり、「知識」「生活技術」「生活目的」に分けている。これは「知識」に基づいて「生活技術」（手段と方法）を駆使し、人は何のために生きているのかという「生活目的」を解明することが狙いであった。心意現象は、ものの見方や感じ方、心のくせ、幸福観や好き嫌いの感情など精神活動の広い領域を指しており、柳田は、こうした心意現象の解明がこの学問の目的であるとさえ言っている。ただ実際問題として、民俗資料を三部のいずれに分類するかという判断は必ずしも単純ではない。例えば、柳田自身、伝説を言語芸術とするか心意現象とするかで迷った末に第二部の昔話のあとに置いている。常に信仰との関係で伝説を捉えようとした柳田の関心事がその迷いを誘ったのであろうが、伝説と事物との繋がりを強調すれば第一部の有形文化と結びつく側面を持っている。つまり、三部分類は民俗資料を分類する際の有効な指標として機能しているのは事実だが、それぞれの資料はモノと口承と心意が分かち難く交錯するなかに多面的な意味を生成している存在である点を忘れてはならない。

## (2) 心意現象と兆・応・禁・呪

柳田は、まず「知識」には批判的知識と推理的知識があると説き、推理的知識に「兆」と「応」という概念を設定した。例えばこのように述べている。

推理的知識を分類すると、このうちで一番古いものは「兆」であって、これはそのことの未だ現われざる以前に、未来のことを推測する基礎となるものである。即ち今あるAというものは、これは将来のA′の原因であるとするのである。そうしてその現われたものを「験」という。即ちこれは予想したものが果たして予想通りあらわれることで、これに対して「応」は結果があってはじめて原因をたずねるもの、たとえば親が死んだとか、稲にたいへん虫がついたとか、あるいはまた旱魃にあったという異常事態があると、道理であの時何だか烏鳴きが悪かったとか、あるいはまた正月にああいうことがあったが、あのせいだというふうに、結果の出た後から遡って原因を過去に求めるもの、いわば験から逆に兆を求めるものである。ゆえに時の関係からいえば、兆の方は上から下へ向い、応は下から上に向うものである〔柳田 一九六七〕。

「兆」はある現象から未来のことを推理する知識である。そして、兆に対応する関係として「応」の概念を設定している。「応」はある結果からその原因を過去にさかのぼって推測することであるという。例えば、「烏の鳴きかたが悪いと近いうちに親が死ぬ」というのは兆だが、応は「親が死んだ、そういえばあのとき烏の鳴きかたが悪かった」と推理の方向が過去に向かう。ただ、兆と応の関係について柳田が、「結果の出た後から遡って原因を過去に求めるもの」と述べている点には若干の疑問が残る。はたして、「原因」と「兆」は同じことかどうか。常識的には、人が死んだのは烏の鳴き方が直接の原因とは考えられない。烏鳴きはあくまで兆しである。

「生活技術」では、現在まで残っている昔からの生活技術の意味を明らかにすることによって、前代の人びとの人生観がわかるのでないかと述べ、その手段・方法としての「呪（呪術）」と「禁（禁忌）」に注目した。呪術の性格については、「まず呪はそういう兆候があってから、これを封じてワザハイをなくしようとするもの、即ちそういうことがやって来られては困るというものと、既に来てしまってからなくしようとするもの、たとえば病気になってからそうさせた原因のあるものを除こうとするものとがある」（柳田　一九六七）と説明している。そして、生活技術としての呪に注目する意義について次のように発言している。

我々の知識と技術の結びつきはきわめて緊密であった。今残っている以前の技術のなかには、その基礎となっていた知識は消えてしまって、何のことだか解らずに、ただ技術のみが惰性でもってわずかに残っているものが多い。これによって前代の人生観が分ると思うのである。即ち私たちがこうして一つ一つの技術を注意してみようとするのは、その基礎をなす知識であるところの、世の中の見方がどうであったかを、知ることに目的があるのである（柳田　一九六七）。

呪（呪術）は災いを防ぎ除去するための生活技術であるが、ただ、そのようにすることで何故効果がもたらされると考えたのか、その裏づけとなっていた知識は消えて、技術としての呪のみが伝承されている場合が多いという。呪術を深く意識する向こうに柳田が見据えていたのは、呪を意味づける基礎としてあった前代の人生観、世の中の見方を知ることであった。具体的な事例は挙げていないが、例えば、モノモライ（麦粒腫）を治す呪《まじな》いを例に取れば、これができたときには、近所の家々を訪ねて障子の穴から手を出し、その家の子どもからお握りをもらって食べればよいとの伝承がある。今日から見れば取るに足りないたわいもないことのように映る、まして、こうした呪いを生活の技術と呼ぶことには違和感を持つ人も少なくないだろう。しかしかつて、モノモライを治す方法・手段として、つまり生きた技術として機能していた社会があった。ここではその方法・手段の優劣を問うことではなく、要はそうすることでなぜモノモライが治ると考えたのか、呪いの背後に横たわる人びとの病気観や世界観を明らかにすることであろう。呪を生活の技術と捉える柳田の考えは、俗信と心意の問題を考察するうえで大切な指針を示していると言ってよい。

また、禁については、「こういうことを『為《し》てはいけない』という不行為であった。推理によって予想せられる災害に対して、呪の代りに用いられた、自己防衛の最後の手段であった。（中略）この禁こそは一番に、郷土研究の必要な部分である。どうしても郷土人自身の研究にまたねばならぬ部分、といったのはこれだったのである。いくら国が同じだといっても、これだけはその郷土以外の者には分らない。なぜならこれは為ないことだから」と解説している〔柳田　一九六七〕。ここで疑問が残るのは、はたして禁忌は郷土以外の者にはわからないことなのかどうか。上記の文のあとに、「私がかつて『郷土研究』という雑誌を編輯していた時に、こうした禁について気がついた二つの点があった。その一つは禁には全国的に非常に共通した点の多いこと、その数の多いこと」だと述べていることと齟齬をきたしている。ここで柳田が予想しているように、禁忌はきわめて類型的で広く分布し地域性は希薄だと言ってよい。そもそも為ないということを身につける過程、あるいはそれを他者に伝えるためには、言葉やしぐさ、見る、聞く、真似るといった何らかの行為をぬきには伝わらないはずである。

「知識」と「生活技術」を通して明らかにしようとした「生活目的」とは、その時代の知識・社会観・道徳などを知り、人びとは何を目当てに生きていたかを明らかにすることで、「だいたいに人は幸福とか家を絶やさぬといったようなことを目当てに生活をしたのではなかろうか。即ち以上言った知識と技術とのすべては、実はこの第三部の生活目的への橋になっていたものである」と述べている。

「知識」「生活技術」「生活目的」について解説するなかで、心意現象に関わるさまざまな課題を想定している。柳田は、それらを分析し解明していく概念として、兆・応（のちに占に替わる）・禁・呪を見出したと言ってよいだろう。そして、心意現象に関わる諸事象を俗信と呼んだ。『北安曇郡郷土誌稿 年中行事篇』第三輯（昭和六年）で、「主として同郷人の永年共住の感覚を通さなければ、採集し難いような心理上の諸事実を一部とし、不十分ながら之を俗信などと名づけている」と述べている。ただ、「不十分ながら」という言葉を添えているように、心意現象の多様な可能性を表現する語として使用することには不安も抱いていた。それは次のような発言にもにじみ出ている。

元来が俗信という語は突嗟の訳字であって、簡便だから使って居るものの、我々が知ろうと心掛ける前代知識の、全部を包括するには大分に狭過ぎて居る。その総称はよい代りの見つかるまでそっとして置くとしても、此語に囚われて内容を誤解してはならなかった。私の分類も当座のものではあるが、先ず性質に従うて体と用、もしくは単なる知識と術芸との二つに分ち、更にその二つを今からと今までの、時の前後に分けて見ようとするのである。兆応禁呪の四つの漢字が、大体にこの分界を弁別させるに足るかと思う〔柳田　一九三二〕。

## 2　俗信の捉え方

### (1)「俗信」の意味と変遷

ところで「俗信」という語だが、その出自についてはよくわかっていない。柳田国男は、昭和七年（一九三二）に発表した「俚諺と俗信の関係」と題した論文で、「元来が俗信という語は突嗟の訳字であって」と記しているがそれを裏づける具体的な記述はない。その後、今野円輔は「俗信という言葉は、スーパースティションを含めたポピラービリーフの訳語であって国民一般がふつうに信じ行なっていること、といった程度の意味である」と述べ〔今野　一九五二〕、井之口章次も『日本の俗信』のなかで、superstition が原語と思われると指摘して、同様の見解を示している〔井之口　一九七五〕。一方、『日本俗信辞典』を著した鈴木棠三は、解説で「俗信という熟語は、諸橋氏『大漢和辞典』には載っていない。中国では使用されていなかったものと見える。恐らく、『俗間信仰』などを縮約した近代の造語なのであろう」と述べている〔鈴木　一九八二〕。また、古家信平は、「俗は雅に対する語であるが、俗信という用例は漢語にもなく、この用語は柳田国男による造語と思われる」と柳田の関与を示唆している〔古家　一九九九〕。

「俗信」の語について筆者が確認したところでは、『東京人類学会雑誌』二三巻二六五号〔明治四十一年〈一九〇八〉〕に出口米吉が、「飯杓子に対する俗信の由来」と題した論文を発表している。出口は同誌二四巻二七五号〔明治四十二年〕に掲載した「小児と魔除」でも俗信の語を用いている。俗信という語の成立の経緯については今後の課題として残されているが、新しく登場した「俗信」という語はその後どのような意味を帯びて使われてきたのだろうか。大正二年（一九一三）年に創刊された民俗学の専門月刊誌『郷土研究』を開いてみよう。一巻二号（大正二年四月）から南方熊楠の「紀州俗伝」の連載が始まっている。俗伝とは、俗間に言い伝えられていること、世間の言い伝えの意味（『日本国語大辞典』）だが、南方は紀州の民間伝承をこの名称を用いて紹介しており、ここには禁忌や呪《まじな》いなどが数多く含まれている。ほかにも、「俚諺俚伝」「禁厭《きんえん》」「雑俎《ざつそ》」「言い習わし」などの語のもとに兆・占・禁・呪にまつわる伝承が紹介されている。では「俗信」はどうだろうか。「俗信」の語は一巻三号（大正二年五月）に桜井秀が報告した「俗信雑記」が早い。桜井はその後も同じ題名で文章を書いているが、その内容は、中世の記録や作品を用いた古文献による考証であって、禁や呪に関する記述は見られない。また、この雑誌の編集者であった柳田国男は、二巻八号（大正三年十月）から禁忌に関する資料の紹介と募集を始めるが、これを俗信とは呼ばずに「言習はし」と言っている。

その後、民俗学関係の月刊誌『旅と伝説』の一巻一〇号（昭和三年十月）にも、茂野幽考「南島の俗信と伝説」が掲載される。「俗信」の語が用いられているが内容は伝説や神話に関する話である。青森県八戸地方を中心に発行された地方新聞『奥南新報』は、興味深い民俗事象を数多く紹介していることで知られるが、昭和四年の三月から四月にかけて掲載された「八戸地方の俗信（一）（二）」と、夏堀謹二郎が報告した「俗信さまざま（一）（二）」は、「俗信」の名のもとに兆・占・禁・呪に関する短い表現の伝承を集めたもので、現在の俗信資料の報告と変わらない。

この問題、つまり「俗信」と兆・占・禁・呪との関係について鈴木棠三は、『旅と伝説』の四巻一〇号（一九三一〈昭和六〉年一〇月）の小野秋風の採集報告「人体俗信集」や、六巻三号（昭和八年三月）に一挙に掲載された「備後の俗信」「鳥取県の俗信一束」「房総地方の動物に関する俗信」「埼玉県越谷地方の俗信」に注目し、これらが禁忌を主とする採集報告であることから、「『俗信』概念がほぼこの頃から固定したと見うる」と述べている。そして、この動向に大きな影響を与えたと思われるのが昭和七年に信濃教育会北安曇部会が蒐集編纂した『北安曇郡郷土誌稿　第四輯　俗信俚諺篇』であったという〔鈴木　一九八二〕。

「俗信」の語はいろいろな意味で使用され、また、兆・占・禁・呪に関する伝承も多様な名称で紹介されていたことがわかる。「俗信」という語が、主に兆・占・禁・呪に関する伝承を意味する用語として広く使用され定着するようになったのは、鈴木が指摘するように昭和六〜八年頃ではないかと思われる。

## (2)　曖昧な俗信概念

心意現象をさぐる方法としての俗信の重要性は早くから意識されてきたが、必ずしもそれに見合った成果が蓄積されてきたわけではない。大きな要因は俗信概念の曖昧さであろう。柳田国男が見出した兆・応・禁・呪のうち「応」については、その後「占」に替わり現在に至っている。昭和十七年に柳田が関敬吾と共著で出した『日本民俗学入門』の質問項目では兆・占・禁・呪となっており、この考えが定着して今日に至っている。兆と応は表裏の関係にあり、結果から兆しをたどる場合でも実際には兆のかたちで表現されることが多いという発想に基づくものかも知れないが、ただ、応に替わって生活技術である卜占が入った理由は定かでない。また、『日本民俗学入門』では兆・占・禁・呪のほかに「妖怪・幽霊」と「医療（民間療法）」とを加えている。

俗信について系統的に整理し理論的な枠組みを最初に示したのは井之口章次の『日本の俗信』（昭和五十年）である。井之口は、俗信は古い信仰や呪術が退化し断片化したものとするそれまでの一方向的な捉え方を否定し、俗信と信仰とが密接に関わりながらも、ともに共存する関係を説いた。井之口は俗信を「超人間的な力の存在を信じ、それに対処する知識や技術」と規定し、その種目については兆・占・禁・呪・妖怪・憑物を含めた〔井之口　一九七五〕。この定義はこれまで俗信と見なされてきた事象を包摂しているが、しかし、人間社会を超えた外界に対する人間の働きかけすべてを含み、「俗信」だけの属性を示しているわけではないとの指摘がある〔小嶋　一九八三〕。

俗信研究の停滞の理由として、真野俊和は、その範囲が茫漠としていているうえに種類が多岐にわたっていて、統一的な理解が困難になっている状況を指摘している。真野は、『日本民俗学事典』（大塚民俗学会編）などにおいて、俗信の領域を兆・占・禁・呪および諺・唱え言・幽霊・妖怪を含むとしていることの矛盾について、「諺・唱え言・幽霊・妖怪などはいわば資料の存在形態を示しているのであり、それに対して前者はむしろ習俗の機能性に着目した領域規定であるといってよい」と述べている〔真野　一九七六〕。確かに、兆・占・禁・呪の四つの機能は、産育・婚姻・葬送・年中行事・祭礼等々あらゆる領域に存在するものであり、その意味では葬送習俗とか年中行事などと分類されるような独自の領域というものはないと言ってよい。真野は柳田が兆・占・禁・呪を設定した意図について、「彼は俗信の研究領域を決めようとしたのではなく、人々の心意（中略）を分析し構造化し記述するに当たっての道具概念として、習俗の四つの機能を見出したのである」と説明している〔真野　一九七六〕。

兆・占・禁・呪の機能性に着目し、実態としての俗信の範疇を設定することの困難さを説いた真野の考え方は俗信を考えるうえで重要な指針になると思われる。しかし実際には、これまで、俗信は民俗をさまざまに分類するときの範疇の一つであるかのように扱われてきた。ある民俗事象が俗信か否かを区別するときに判断に迷う場合が少なくない。この点について小嶋博巳は、個々の事象が範疇の境界に位置することから生じるあいまいさであるよりも、われわれの範疇の立て方そのものの不安定さに由来すると指摘した。小嶋は、俗信か否かを区別する指標として、①非体系性、②呪術的性格（個人的・臨時的・道具的・操作的・非情緒的性格）、③非権威的・周辺的性格、という三つの特徴を挙げている。そして、「〈カラス鳴きが悪いと人が死ぬ〉という言い伝えやモノモライに罹った時に井戸にダイズを落とす呪いなど『俗信』という語からただちに思い起こされる伝承の数々は、これら三つの特徴のいずれをも兼ね具えており、そのゆえに、『俗信』とすることに異論がない。それに対して、指標の一部のみを充たすものについては、それを『俗信』とみる立場とそうでない立場とがありえたわけである」と述べている〔小嶋　一九八三〕。

### (3)　俗信の論理と世界観

多様な領域を横断する俗信は、一行知識にも譬えられるように短い言葉で表現される場合が多く、それが、非体系的、断片的と見なされてきた大きな原因の一つと言ってよい。しかし、仮に俗信が断片的なものだとしたら、広範囲に分布し伝承されているのはなぜだろうか。この問題について福澤昭司は、「一見して非体系的・断片的に思われる文化要素であっても、深層的には体系的であり、そこに個人を超えて共有される論理や感情があって、はじめて伝承されていくのではないか」と述べて、長野県におけるモノモライ〈麦粒腫〉の呪いを取り上げて、伝承の背後に横たわる論理や病気観を明らかにした〔福澤　一九八七〕。吉成直樹は、高知県沖の島の漁師のあいだで伝承されている、出産は不漁、人の死は豊漁をもたらすという俗信を分析し、人間の生死に際して魚と人間の生命がこの世と他界の間で交換されるという、漁師たちが抱いていた世界観を浮き彫りにしている〔吉成　一九九六〕。こうした視点は、柳田国男が俗信を研究する意義として、例えば、生活技術としての呪いの背後にあってその裏づけとなっていた前代の人生観や世の中の見方を知ることだと言ったことと通底する。板橋作美は、俗信を語るときにしばしば使われる非体系性や断片性、非論理性といった特徴について、それは俗信自体の特徴ではなく、研究者自身が非体系的、断片的にしか見ることができないためだと言い、俗信は文化の論理を表現したものと考える立場から、文化記号論の方法を駆使して体系的、論理的な俗信のしくみを明らかにした。なかでも、俗信の因果関係について、「俗信が言っている関係は、本質的には換言関係であり、因果関係であるにしても共起的因果関係（「何々することは、何々をすることに等しい、何々することと同じようなものだ」）であるか、または（文化的な）論理関係をいっているのであり、物理的な原因と結果としての因果関係ではなく、せいぜい擬因果関係または偽因果関係であると考えられる」との新しい見解を示している〔板橋　一九九八〕。

## 3　制裁の裏側にある幸福観

兆・占・禁・呪に関する知識と生活技術は習俗の多様な領域に通底していると言ってよい。今日、俗信と言えば妖怪・幽霊・憑物を含めて言うことが多いが、この点に関しては先に述べたように、妖怪・幽霊のような資料の存在形態を指すものと、兆・占・禁・呪のように習俗の機能性に着目したものとでは、資料の性格や水準に著しい違いがあるという真野俊和の指摘がある。

兆・応・禁・呪のなかでも柳田は特に禁を重要視し、禁忌は郷土の人以外にはなかなかわからないことだから、郷土人自身によって研究されなければならないと説いた。「だいたい第三部の全体がそうであるが、郷土研究の第一の目的は、禁忌の研究にあるとも言い得られるほどである」〔柳田　一九六七〕との発言からもその特別の思い入れがうかがえよう。ところで、禁忌を重視した柳田の真意はどこにあったのだろうか。この問題をさぐる手掛かりとして、柳田の弟子でのちに民俗学・国文学者として活躍する鈴木棠三（本名・鈴木脩一）との俗信をめぐるやり取りが興味深い。

鈴木棠三が柳田国男を介して俗信と出会った経緯については、『日本俗信辞典―動・植物編』（角川書店）の序で、次のように述べている。

私は、昭和四年春、国学院大学予科に入学すると間もなく、柳田国男先生の門に入ったのであったが、最初の年の暑中休暇の課題として、俗信の分類というテーマをいただいた。そして、資料カードを一袋貸与されたのであった。これを、どのような方針によって分類すればよいのか、先生は、私の質問にこたえて、制裁の面から分類してみるがよかろうと指示されたのである。私は、一夏の間、このカードをいろいろに並べ替えて比較した結果、禁忌を犯した場合の制裁にどのような種類があるか、ほぼ知ることができた。禁忌を犯せば、そのために病気になる、一生治らない、家の中から死人が出る、親が死ぬ、大怪我をする、等々の種々相が認められたが、結局それらは、表現の違いに過ぎず、要するにきびしい罰を受けるという事に帰してしまうのではないか。それならば、なぜ表現法の分類をする必要があるのだろうか。旧制中学を出て間もない私の未熟な頭脳では、その程の考えしか浮かんで来ないのであった。九月になって学校が始まると、私は、謹んでカードを先生に返上した。よく分りませんでした、と復命したので、先生は苦笑して受取られた。この時、表現の相違うんぬんを申し上げたなら、先生は何らかの解説をされたのであったかも知れないと、今にして残念に思う〔鈴木　一九八二〕。

このとき柳田国男から預かったのは、俗信のなかでも禁忌に関するカードだったことがわかる。鈴木が分類の方針を質問したのに対して、柳田は禁忌を犯した際の予想される制裁の面からの分類を指示したという。しかし、十八歳の学生には手も足も出なかったに違いない。この難問を民俗学を始めて日の浅い鈴木になぜ課したのだろうか、興味を引かれる。鈴木は、カード返上の際に制裁に関する表現の違いを問うていれば何らかの解説があったかも知れないと述懐しているが、このときの柳田の意図は、まさに「制裁の面から分類してみるがよかろう」というアドバイスに端的に表れている。この言葉は、その場の思いつきで言ったのではなく、当時、柳田自身が禁忌の制裁にまつわる伝承群を手がかりに、心意を解明する方法を模索していたからであろう。『郷土生活の研究法』で、民俗資料を第一部「有形文化」・第二部「言語芸術」・第三部「心意現象」に分類したことは冒頭で触れたが、なかでも心意現象を重視して、「実はこれこそ我々の学問の目的であって」と述べている〔柳田　一九六七〕。柳田は、禁忌を生活技術として位置づけ、人びとの生活目的を明らかにしていく手段としての重要性を認めていた。

今日「そんなことをしてはいけない」と子供などのそうすることをとめていること、例えば「蚯蚓に小便をかけてはいけない」といったようなことは、とめている親たちもそうすることは行儀が悪いためにいけないのか、または他に何かの理由があっていけないのか、知らない場合が多い。私がかつて「郷土研究」という雑誌を編輯していた時に、こうした禁について気がついた二つの点があった。その一つは禁には全国的に非常に共通した点の多いことと、その数の多いこと。いま一つはそれを冒した際に制裁のあること、そうしてそれには変化が多く、しかも何らかの法則があったこと。この最後の点は実はとくにこれから調べなくてはならない（傍線筆者）〔柳田　一九六七〕。

柳田は、雑誌『郷土研究』（大正二〜昭和九年）の編集に携わっていたときに、各地に伝承される禁忌に着目し重点的に紹介している。その際に気づいたのは、先にも述べたように禁忌は類型的で広範に分布するということだった。

そしていま一つの関心事は、禁忌を犯した際の予想される多様な結果の背後には、そこに通底する「何らかの法則」があるのではないか、という予測であった。鈴木に制裁の面からの分類をすすめたのは、禁忌研究の可能性に確かな方法的視座の獲得を目論んでいた柳田のこうした意図が反映していると見てよいであろう。この問題に柳田がなぜこだわったのか、その真意は、「禁にはまた制裁が伴っていて、それがたいていは死目に遭えぬとか、気違いになるとか、あるいはまた縁が遠いとかいうような共通の法則であったのである。こういうことからいったい昔の人は、何をもって幸福としていたか、これが不行為との関係によってだいたい見当がつくような気がする」という一文にある〔柳田　一九六七〕。ここに柳田の狙いが明瞭に示されている。つまり、禁忌に伴う制裁を反転すれば、そこに人びとが何を幸せと感じていたのかが読み取れると考えていたのである。禁止事項を破った際に見られる「親の死に目に会えない」という制裁は、裏返せば、子どもとして親の死に目に立ち会うことの大切さを物語っており、そこから人びととの幸福観の一面を明らかにする可能性を深ろうとしていたと見られる。鈴木の質問に対して禁忌の制裁の面からの分類をアドバイスした柳田の発言にはこうした意図が隠されていたにちがいない。

俗信カードをめぐる柳田との出会いを契機として、その後の鈴木は折にふれ俗信研究の動向に目配りしている。昭和五十七年（一九八二）に出版した『日本俗信辞典―動・植物編』は、それまで未整理のまま各種の報告書に分散していた俗信資料を収集・分類し、広く利用できる形にしたものでその意義は大きい。

〔引用・参考文献〕

青森県環境生活部県史編さん室編　一九九八　『奥南新報〈村の話〉集成上』
板橋作美　一九九八　『俗信の論理』　東京堂出版

井之口章次　一九七五　『日本の俗信』　弘文堂
小嶋博巳　一九八三　「『俗信』覚書―概念の再検討にむけて―」『民俗学評論』二三
今野円輔　一九五二　「文化遺産と迷信」迷信調査協議会編『日本の俗信二―俗信と迷信―』　技報堂〔復刻版一九八〇、洞史社〕
信濃教育会北安曇部会編　一九三二　『北安曇郡郷土誌稿』四　郷土研究社
真野俊和　一九七六　「兆・占・禁・呪―俗信の民俗―」　桜井徳太郎編『日本民俗学講座』三・信仰伝承　朝倉書店
鈴木棠三　一九八二　『日本俗信辞典―動・植物編』　角川書店
関　一敏　一九九六　「俗信論序説」『族』二七
常光　徹　二〇〇六　『しぐさの民俗学―呪術的世界と心性―』　ミネルヴァ書房
常光　徹　二〇〇九　「俗信と心意現象」『日本の民俗信仰』　八千代出版
福澤昭司　一九八七　「病と他界―長野県内の麦粒腫の治療方法の考察から」『日本民俗学』一七二号
古家信平　一九九九　「俗信」『日本民俗大辞典』上　吉川弘文館
柳田国男　一九三一　「民間暦小考」信濃教育会北安曇部会『北安曇郡郷土誌稿』第三輯　郷土研究社
柳田国男　一九三二　「俚諺と俗信との関係」信濃教育会北安曇部会『北安曇郡郷土誌稿』第四輯　俗信俚諺篇　郷土研究社
柳田国男　一九三四　『民間伝承論』　共立社
柳田国男　一九六七　『郷土生活の研究』　筑摩書房〔初版は一九三五年に『郷土生活の研究法』と題して刀江書院から出版〕
柳田国男・関敬吾　一九四二　『日本民俗学入門』　改造社
吉成直樹　一九九六　『俗信のコスモロジー』　白水社

# あとがき

生活の「知識」と「技術」である俗信は、日々の暮らしのなかのさまざまな場面で機能している。俗信に関心をもつようになってから、身近な生活の場のちょっとしたできごとや変化に目を止めるようになったのは、ともすれば見過ごしがちな人間関係の機微を自覚するよい機会だと思う。ただ、それが論文に結びつくことは怠惰なせいもあってほとんどないが、あれこれと想像をめぐらすのは楽しい。先日も、関西の大学に通っていた娘が、「関東では食事の際に箸を横に向けて置く人が多いのに、むこうでは縦に置く人が多い。入学した当時はなんとなく違和感があった」という話をしていた。そういえば、私が生まれ育った高知県中土佐町の魚屋では魚の頭を上にして、つまり縦に並べていたが、東京では横に並べている店が多い。日本列島の西と東で、タテとヨコの文化の地域性のようなものがあるのだろうか。単なる思いつきにすぎないのだが、卑近な生活体験の延長線上にこんなイメージを膨らませていくのも俗信の魅力である。

俗信は日々の生活に根ざした言い伝えだが、しかし、その根底に横たわる文化は一地域のみでは捉えきれない広がりや歴史的な深度をもっている場合が少なくない。勤務先の国立歴史民俗博物館では、数年前から民俗展示のリニューアルに取り組み、本年三月十九日にオープンした。私が担当した展示の一つに「しぐさと呪文」というコーナーがあって、そこでは、災厄や不浄感を祓うさまざまなしぐさについて紹介した。最近はあまり見かけないが、以前は子どもたちがよくやっていた「エンガチョ」も一例として取り上げた。ある種の不浄感が移るのを防ぐ呪的なしぐさである。やり方はいくつもあるが、よく知られているのは中指を人差し指の上で交差させて斜め十字の形をつくるものだ。このしぐさはヨーロッパでも広く行われており、『ジェスチュアーしぐさの西洋文化』（デズモンド・モリス他著、多田道太郎・奥野卓司訳、筑摩書房）には、魔除けをはじめいくつかの意味があると報告されている。また、鎌倉時代に制作された『平治物語絵巻』信西巻には、鉄蛭巻の薙刀に結び付けられた信西の首が三条大路を進んでいくのを見る人びとのなかに、やはり指を斜め十字に交差させている人物が描かれている。ささやかなしぐさの背後にも、時空を超えて伝承されてきた民俗文化を垣間見ることができる。こうした例はほかにも少なくない。

私自身も、本書の「俗信と由来譚」で述べたように、福田アジオ氏が代表の「中国江南沿海村落の民俗誌的研究」（科学研究費補助金）に参加する機会を得て、二〇〇二年から五年まで浙江省の沿海部の俗信調査を行なった。また、二〇〇七年から九年まで中国民間故事調査会（代表・花部英雄）に参加して、貴州省黎平県岩洞村の口承文芸と俗信の調査に従事した。限られた地域の調査ではあったが、生活のなかに実に豊かな俗信が息づいていて、日本とも共通する伝承を数多く確認することができた。しぐさの例で言えば、浙江省象山県東門島では、蛇を指さしたときは、左右の人差し指の先をくっつけてそれを傍にいる人に手刀で切ってもらう。これはエンガチョでもよく見られる不浄感を祓うしぐさと同じである。俗信研究もいずれはアジアから世界を視野に入れた調査・研究が展開されていくであろう。

本書でも折にふれて言及したが、錦絵をはじめ絵画資料のなかにもしばしば俗信が登場する。そこには丙午《ひのえうま》、麻疹《はしか》除けの呪い、丑《うし》の刻《とき》参りなど庶民の関心が深いテーマが取り上げられている。川柳や雑排も庶民生活を映し出す俗信の宝庫であり、また、俗信的な知識の活用と普及という面では雑書や重宝記の果たした役割は大きい。今後は、今まで以上にこうした分野に目配りしながら研究を進めていきたいと考えている。

本書は、昨年、吉川弘文館編集部の一寸木紀夫さんが、私の研究室に見えられた際の会話のなかから生まれた企画である。今回、一書にまとめるにあたっては、高知県立歴史民俗資料館の梅野光興さんには資料の照会などでひとかたならぬお世話になった。深く御礼を申し上げたい。最後に、貴重なアドバイスをいただいた一寸木さんと伊藤俊之さんに感謝申し上げる。

二〇一三年四月

常光　徹

# 初出一覧

Ⅰ　神霊の宿る木

一　二股の木と霊性（原題「二股の霊性と怪異伝承」小松和彦編『日本妖怪学大全』小学館、二〇〇三年）

二　菅江真澄が描いた神の木（原題「描かれた神の木―二股と連理の木をめぐって」『真澄学』第三号、二〇〇六年）

三　縁切榎と俗信（原題「絶縁の呪力―縁切榎の由来をめぐって」小松和彦編『妖怪文化研究の最前線』せりか書房、二〇〇九年）

Ⅱ　怪異と妖怪

一　「土佐お化け草紙」の俗信的世界（原題「妖怪絵巻と民間説話―「土佐お化け草紙」の民俗的背景」国立歴史民俗博物館編『異界談義』角川書店、二〇〇二年）

二　流行病と予言獣（『国立歴史民俗博物館研究報告』第一七四集、二〇一二年）

三　蚊帳をのぞく幽霊（原題「蚊帳と幽霊」小松和彦編『妖怪文化の伝統と創造』せりか書房、二〇一〇年）

四　妖怪の通り道―なめら筋（原題「なめら筋―妖怪の通り道」『平成22年度特別推進研究調査報告書　音声としての呪文・呪歌・唱え言の総合的研究』、國學院大學文学部花部英雄研究室、二〇一一年）

Ⅲ　民間説話と俗信

一　「食わず女房」と歳の晩（日本昔話学会編『昔話と俗信』〈『昔話―研究と資料―』第二八号〉、三弥井書店、二〇〇〇年）

二　「幽霊滝」と肝試し譚（原題「肝試し譚における怖さの変容」『説話・伝承学』第五号、一九九七年）
三　「偽汽車」と「消えた乗客」（原題「乗り物のうわさ話―明治時代の「偽汽車」と「消える乗客」」福田晃・岩瀬博・花部英雄編『口頭伝承〈ヨミ・カタリ・ハナシ〉の世界』〈『講座日本の伝承文学』第十巻〉、三弥井書店、二〇〇四年）

Ⅳ　俗信の民俗

一　長居の客と箒（新稿）
二　虫と天気占い（原題「天気と俗信」『歴博』第一六五号、二〇一一年）
三　巳正月と後ろ手（原題「巳正月と御田植祭にみる「後ろ向き」の行為について」『国立歴史民俗博物館研究報告』第一四二集、二〇〇八年）
四　道具と俗信―鍋と鍋蓋（『民具マンスリー』第四五巻一・二・七号、二〇一二年）
五　俗信と由来譚―中国浙江省の調査から（説話・伝承学会編『説話・伝承の脱領域』岩田書院、二〇〇八年）

Ⅴ　伝説の時間と昔話の時間―研究史素描

一　伝説と昔話―伝説の三つの特徴（小松和彦・野本寛一編『芸術と娯楽の民俗』〈『講座日本の民俗学』第八巻〉、雄山閣出版、一九九九年）
二　世間話（日本口承文芸学会編『はなす』〈『シリーズことばの世界』第三巻〉、三弥井書店、二〇〇七年）
三　俗信（原題「俗信と心意現象」宮本袈裟雄・谷口貢編著『日本の民俗信仰』八千代出版、二〇〇九年）

（本書をまとめるにあたって、既発表の論文については加筆・修正等をおこなった）

著者略歴
一九四八年、高知県に生まれる
一九七三年、國學院大學経済学部卒業
都内の中学校教員を経て、
現在、国立歴史民俗博物館・総合研究大学院大学文化科学研究科教授　博士（民俗学）

〔主要編著書〕
『学校の怪談―口承文芸の展開と諸相―』（ミネルヴァ書房、一九九三年）
『土佐の世間話―今朝道爺異聞―』（編、青弓社、一九九三年）
『うわさと俗信』（高知新聞社、一九九七年）
『妖怪変化』（編、『ちくま新書』、筑摩書房、一九九九年）
『しぐさの民俗学―呪術的世界と心性―』（ミネルヴァ書房、二〇〇六年）
『国立歴史民俗博物館研究報告―兆・応・禁・呪の民俗誌』第一七四集（編、国立歴史民俗博物館、二〇一二年）

妖怪の通り道
俗信の想像力

二〇一三年（平成二十五）七月二十日　第一刷発行

著　者　常《つね》光《みつ》徹《とおる》

発行者　前田求恭

発行所　株式会社 吉川弘文館
郵便番号一一三―〇〇三三
東京都文京区本郷七丁目二番八号
電話〇三―三八一三―九一五一〈代〉
振替口座〇〇一〇〇―五―二四四番
http://www.yoshikawa-k.co.jp/

印刷＝株式会社 平文社
製本＝株式会社 ブックアート
装幀＝黒瀬章夫


ISBN978-4-642-08195-5